G

O—1619.
D—11.

@

28180

HISTOIRE

PHILOSOPHIQUE

ET

POLITIQUE

Des Établissemens et du Commerce
des Européens dans les deux Indes.

PAR

Guillaume-Thomas Raynal.

TOME QUATRIEME.

A GENEVE.

M. DCC. LXXXI.

TABLE
DES
INDICATIONS.

LIVRE SEPTIEME.

Conquête du Pérou par les Espagnols. Changemens arrivés dans cet empire, depuis qu'il a changé de domination.

Tome IV.   a ij

LIVRE HUITIEME.

Conquête du Chili & du Paraguay par les Espagnols. Détail des événemens qui ont accompagné & suivi l'invasion. Principes sur lesquels cette puissance conduit ses colonies.

Fin de la Table du Tome quatrieme.

HISTOIRE

HISTOIRE
PHILOSOPHIQUE
ET
POLITIQUE
DES ÉTABLISSEMENS ET DU COMMERCE DES EUROPÉENS DANS LES DEUX INDES.

LIVRE SEPTIEME.

Conquête du Pérou par les Espagnols. Changemens arrivés dans cet Empire, depuis qu'il a changé de domination.

I. Peut-on applaudir aux conquêtes des Espagnols dans le Nouveau-Monde ?

JE ne me suis pas proposé d'être le panégyriste des conquérans de l'autre hémisphère. Mon jugement ne s'est point laissé corrompre par l'éclat de leurs succès au point de me dé-

Tome IV. A

rober, & leurs injuſtices & leurs forfaits. J'é-
cris l'hiſtoire, & je l'écris preſque toujours
les yeux baignés de larmes. L'étonnement a
quelquefois ſuccédé à la douleur. J'ai été ſur-
pris qu'aucun de ces farouches guerriers n'ait
préféré la voie ſi ſûre de la douceur & de
l'humanité, & qu'ils aient tous mieux aimé
ſe montrer comme des tyrans que comme
des bienfaiteurs. Par quel aveuglement étrange n'ont-ils pas ſenti qu'en dévaſtant les contrées dont ils s'emparoient, ils ſe nuiſoient
à eux-mèmes, & qu'ils renonçoient par leur
cruauté à une poſſeſſion plus tranquille & plus
lucrative? On aſſure que dans les contrées
où l'homme n'avoit point encore paru, les
animaux les plus timides, s'approchèrent de
lui ſans frayeur. On ne me perſuadera jamais qu'au premier aſpect de l'Européen,
l'homme ſauvage ait été plus farouche que
les animaux. Ce fut ſûrement une fatale expérience qui l'inſtruiſit du péril de cette familiarité.

Quoi donc, les nations ſeront-elles plus
cruelles entre elles que les ſouverains les plus
oppreſſeurs envers leurs ſujets? Les ſociétés
dévoreront donc les ſociétés! l'homme ſera
plus méchant que le tigre! la raiſon ne lui
aura été donnée que pour lui tenir lieu de
tous les inſtincts mal faiſans! & ſes annales
ne ſeront que les annales de ſa perverſité! O
Dieu! pourquoi as-tu créé l'homme? igno-
rois-tu que pour un inſtant où tu pourrois

regarder ton ouvrage avec complaisance, cent fois tu en détournerois ton regard ? les atrocités que les Espagnols devoient commettre dans le nouveau-Monde auroient-elles échappé à ta prévoyance ?

Ici vont se développer des scènes plus terribles que celles qui nous ont fait si souvent frémir. Elles se répéteront sans interruption dans les immenses contrées qui nous restent à parcourir. Jamais, jamais le glaive ne s'émoussera ; & l'on ne le verra s'arrêter que lorsqu'il ne trouvera plus de victimes à frapper.

II. Extravagances & cruautés qui marquent les premiers pas des Espagnols dans l'Amérique méridionale.

Ce sera encore Colomb qui ouvrira la carriere. Ce grand homme avoit découvert la terre ferme de l'Amérique, mais sans y descendre. Ce ne fut que lorsque l'isle de Saint-Domingue fut solidement établie, qu'il jugea convenable de donner plus d'extension à ses entreprises. Il pensoit qu'au-delà de ce continent étoit un autre océan qui devoit aboutir aux Indes orientales, & que les deux mers pouvoient avoir une communication. Pour la découvrir, il rangea, en 1502, les côtes le plus près qu'il étoit possible. Il touchoit à tous les lieux qui étoient accessibles ; & contre la pratique des autres navigateurs, qui se conduisoient dans les terres qu'ils visitoient comme n'y devant jamais revenir, il traitoit les peuples avec des égards qui lui

A ij

concilioient leur affection. Le golfe de Darien l'occupa plus particulierement. Il prenoit les rivieres qui s'y jettent pour le grand
canal qu'il cherchoit à travers des périls si
éminens, avec de si excessives fatigues. Dé-
chu de ses espérances, il voulut laisser une
petite colonie, sur la riviere de Belem, dans
le pays de Veragua. L'avidité, l'orgueil, la
barbarie de ses compagnons lui ravirent la
satisfaction de former le premier établissement Européen dans le continent du nouvel
hémisphère.

Quelques années s'écoulerent encore sans
que les Espagnols se fixassent sur aucune plage. Comme ces aventuriers ne recevoient du
gouvernement que la permission de faire des
découvertes, il ne leur tomboit pas dans l'esprit de s'occuper de culture ou de commerce. La perspective des fortunes éloignées
qu'on auroit pu faire par ces voies sages,
étoit trop au-dessus des préjugés de ces tems
barbares. Il n'y avoit que l'appât du gain
présent qui pût pousser les hommes à des entreprises aussi hardies que l'étoient celles de
ce siecle. L'or seul les attiroit au continent
de l'Amérique, & faisoit braver les dangers,
les maladies & la mort qu'on rencontroit sur
la route, à l'arrivée ou dans le retour ; & par
une terrible, mais juste vengeance, la barbarie & la cupidité Européennes, épuisant à
la fois d'habitans les deux hémisphères, à la
destruction des peuples dépouillés, joignoient

celle des peuples brigands & meurtriers.

Ce ne fut qu'en 1509 qu'Ojeda & Nicueſſa formerent, mais ſéparément, le proj.t de faire des conquêtes ſolides & durables. Pour les affermir dans leur réſolution, Ferdinand donna au premier le gouvernement des contrées qui, commençant au cap de la Vela, finiſſent au golfe de Darien, & au ſecond de tout l'eſpace qui s'étend depuis ce golfe fameux juſqu'au cap Gracias à Dios. L'un & l'autre devoient, en débarquant, annoncer aux peuples les dogmes de la religion chrétienne, & les avertir du don que le pontife de Rome avoit fait de leur pays au roi d'Eſpagne. Si ces ſauvages refuſoient de courber un front docile ſous ce double joug, on étoit autoriſé à les pourſuivre par le fer & par le feu, & à réduire à l'eſclavage les nations entieres.

Et c'eſt le chef de la plus ſainte des religions qui donne à autrui ce qui ne lui appartient pas? & c'eſt un ſouverain chrétien qui accepte ce don? & ces conditions ſtipulées entre eux ſont la ſoumiſſion au monarque Européen ou l'eſclavage; le baptême ou la mort. Sur le ſimple expoſé de ce contract oui, on eſt ſaiſi d'une telle horreur que l'on prononce que celui qui ne la partage pas, eſt un homme étranger à toute morale, à tout ſentiment d'humanité, à toute notion de juſtice, qui ne mérite pas qu'on raiſonne avec lui. Pontife abominable; & ſi ces contrées

dont tu difpofes ont un légitime propriétaire,
ton avis eft donc qu'on l'en dépouille? fi elles
ont un légitime fouverain, ton avis eft donc
que les fujets lui foient infidèles? fi elles ont
des dieux, ton avis eft donc qu'elles foient
impies? Prince ftupide, & tu ne fens pas
que les droits qu'on te confère, on fe les arroge? & qu'en les acceptant, tu abandonnes
ton pays, ton fceptre & ta religion à la merci
d'un ambitieux fophifte, du machiavelifte le
plus dangereux?

Mais il étoit plus aifé d'accorder ces ab-
furdes & atroces privileges que d'en faire
jouir les fuperftitieux, les barbares aventuriers qui les avoient follicités. Les Indiens fe
refuferent à toute liaifon avec des étrangers
avides qui menaçoient également leur vie &
leur liberté. Les armes ne furent pas plus favorables aux Efpagnols que leurs perfides ca-
refles. Les peuples du continent, accoutumés
à fe faire mutuellement la guerre, les reçurent avec une audace inconnue dans les isles
qu'on avoit fi facilement conquifes. Des fleches empoifonnées pleuvoient fur eux de toutes parts; & aucun de ceux qui en étoient
percés n'échappoit à une mort plus ou moins
affreufe. Aux traits lancés par l'ennemi fe
joignirent bientôt d'autres caufes de deftruction; des naufrages inévitables dans des parages inconnus; un défaut de fubfiftances
prefque continuel fur des contrées entierement incultes; les maladies particulieres à

ce climat le plus mal-fain de l'Amérique. Le peu qui avoient échappé à tant de calamités & qui ne purent pas regagner Saint-Domingue, fe réunirent à Sainte-Marie du Darien.

Ils y vivoient dans l'anarchie, lorfque Vafco-Nugnès de Balboa parut au milieu d'eux. Cet homme, qui fut honoré du furnom d'Hercule par les compagnons de fes forfaits, avoit un tempérament robufte, une valeur audacieufe, une éloquence populaire. Ces qualités le firent choifir pour chef; & toutes fes actions prouverent qu'il étoit digne de commander aux fcélérats qui lui avoient donné leur fuffrage. Jugeant qu'il devoit fe trouver plus d'or dans l'intérieur des terres que fur la côte d'où des rapines répétées l'avoient arraché, il s'enfonça dans les montagnes. Le pays lui offrit, dit-on, d'abord de ces petits hommes blancs dont on retrouve l'efpece en Afrique & dans quelques isles de l'Afie. Ils font couverts d'un duvet d'une blancheur éclatante. Ils n'ont point de cheveux. Ils ont la prunelle rouge. Ils ne voient bien que la nuit. Ils font foibles, & leur inftinct paroit plus borné que celui des autres hommes. Ces fauvages, s'il eft vrai qu'ils aient exifté, étoient en petit nombre : mais il s'en trouva d'une efpece différente, affez forts & affez hardis pour ofer défendre leurs droits. Ces derniers avoient une pratique bien extraordinaire : c'étoit que les maris, à la mort de leurs femmes, les femmes, à la

mort de leurs maris, fe coupoient le bout
d'un doigt; enforte que la feule infpection
de leurs mains indiquoient s'ils étoient veufs,
& combien de fois ils l'avoient été.

On n'a rien dit jufqu'ici, vraifemblablement on ne dira jamais rien qui puiffe expliquer ce renverfement de la raifon. Si les femmes avoient été feules obligées à cette bizarre
& cruelle cérémonie, il feroit naturel de foupçonner qu'on avoit voulu prévenir l'impof-
ture d'une veuve qui auroit voulu fe donner pour vierge à un nouvel époux. Mais
cette conjecture ne pourroit convenir aux
maris dont l'état n'a jamais pu entraîner d'affez grands inconvéniens, pour qu'on ait cherché à le conftater par des fignes indélébiles.
Cet ufage a été retrouvé ailleurs. En voici
un particulier au Darien.

Lorfqu'une veuve mouroit, on enterroit
avec elle ceux de fes enfans que la foibleffe de
leur âge mettoit dans l'impoffibilité de pourvoir à leur fubfiftance. Comme perfonne ne
vouloit fe charger de ces orphelins, la nation les faifoit périr pour les empêcher de
mourir de faim. La charité de ces barbares
ne s'étendoit pas plus loin. C'eft la plus grande atrocité où la déplorable conftitution de
la vie fauvage ait jamais pu pouffer les hommes.

Malgré ces mœurs féroces, Balboa, fou-
tenu par l'opiniâtreté de fon caractere, pouffé
par l'infatiable cupidité de fes foldats, aidé

par les meutes de ces dogues impitoyables qui
avoient si bien servi les Espagnols dans toutes leurs conquêtes, Balboa parvint enfin à
égorger les habitans du Darien, à les disperser
ou à les soumettre.

III. On donne aux Espagnols la premiere nation du
Pérou.

Un jour que les conquérans se disputoient
de l'or avec cet acharnement qui annonce des
violences, un jeune Cacique renversa la balance où on le pesoit. "Pourquoi, leur dit-
" il, du ton du dédain, pourquoi vous brouil-
" ler pour si peu de chose. Si c'est pour cet
" inutile métal que vous avez quitté votre
" patrie, que vous égorgez tant de peuples,
" je vous conduirai dans une région où il
" est si commun qu'on l'y emploie aux plus
" vils usages ". Pressé de s'expliquer plus
clairement, il assure qu'à peu de distance de
l'océan qui baigne le Darien, il est un autre
océan qui conduit à ce pays si riche. L'opinion s'établit aussi-tôt généralement que cette
autre mer est celle que Colomb a si vivement
cherchée ; & partent, le premier septembre
1513, pour l'aller reconnoître, cent quatre-vingt-dix Espagnols, suivis de mille Indiens, qui doivent leur servir de guides, porter leurs vivres & leur bagage.

Du lieu d'où s'élançoit la troupe jusqu'au
lieu où elle vouloit se rendre, il n'y a que
soixante milles : mais il falloit gravir des montagnes si escarpées, franchir des rivieres si

A v

larges, traverfer des marais fi profonds, pénétrer dans des forêts fi épaiffes, diffiper, gagner ou détruire tant de nations féroces, que
ce ne fut qu'après vingt-cinq jours de marche-
che que les hommes les plus accoutumés aux
périls, aux fatigues & aux privations fe trouverent au terme de leurs efpérances. Sans
perdre un moment, Balboa, armé de toutes
pieces, à la maniere de l'ancienne chevale-
rie, avance affez loin dans la mer du Sud.
Spectateurs des deux hémifphères, s'écrie ce
barbare, *vous êtes témoins que je prends poffef-*
fion de cette partie de l'univers pour la cou-
ronne de Caftille. Ce que mon bras lui a donné,
mon épée faura le défendre. Déja la croix étoit
plantée fur la terre ferme, & le nom de Ferdinand gravé fur l'écorce de quelques arbres.

Ces cérémonies donnoient alors aux Européens le domaine de toutes les contrées du
nouveau-monde où ils pouvoient porter
leurs pas fanglans. Ainfi l'on fe crut en droit
d'exiger des peuples voifins un tribut en
perles, en métaux, en fubfiftances. Tous les
témoignages fe réunirent pour confirmer ce
qui avoit été dit d'abord des richeffes de
l'empire qui fut appellé Pérou, & les brigands qui en méditoient la conquête, reprirent la route du Darien où ils devoient raffembler les forces qu'exigeoit une entreprife
fi difficile.

Balboa s'attendoit à conduire ce grand pro-

jet. Ses compagnons avoient placé en lui
leur confiance. Il avoit fait entrer dans les
caiffes publiques plus de tréfors qu'aucun
des autres aventuriers. Dans l'opinion publique, la découverte qu'il venoit de faire
le plaçoit prefque à côté de Colomb. Mais
par un exemple de cette injuftice & d'une
ingratitude fi commune dans les cours, où
le mérite ne peut rien contre la protection ;
où un grand général eft remplacé, au milieu
de fes triomphes, par un homme inepte ; où
une favorite diffipatrice & rapace dépofe un
miniftre économe de la finance ; où le bien
général & les fervices rendus font également
oubliés, & où les révolutions dans les grandes
places de l'état deviennent fi fouvent des
fujets de joie & de plaifanterie ; Pedrarias
fut choifi pour le remplacer. Le nouveau
commandement, également jaloux & cruel,
fit arrêter fon prédécesseur, ordonna qu'on
lui fît fon procès, & lui fit enfuite trancher
la tète. Par fes ordres ou de fon aveu, fes fubalternes pilloient, brûloient, maffacroient de
toutes parts, fans diftinction d'alliés ou d'ennemis, & ce ne fut qu'après avoir détruit
trois cens lieues de pays, qu'en 1518 il
transféra la colonie de Sainte - Marie fur les
bords de l'océan Pacifique, dans un lieu qui
reçut le nom de Panama.

IV. Trois Efpagnols entreprennent la conquête du Pérou,
    fans aucun fecours du gouvernement.

Quelques années s'écoulerent fans que cet

établissement pût remplir les hautes destinées auxquelles il étoit appellé. Enfin trois hommes nés dans l'obscurité entreprirent de renverser à leurs frais un trône qui subsistoit avec gloire depuis plusieurs siecles.

François Pizarre, le plus connu de tous, étoit fils naturel d'un gentilhomme d'Estramadoure. Son éducation fut si négligée, qu'il ne savoit pas lire. La garde des troupeaux, qui fut sa premiere occupation, ne convenant pas à son caractère, il s'embarqua pour le Nouveau-Monde. Son avarice & son ambition lui donnerent une activité sans bornes. Il étoit de toutes les expéditions. Il se distingua dans la plupart ; & il acquit, dans les diverses situations où il se trouva, cette connoissance des hommes & des affaires, dont on a toujours besoin pour s'élever ; mais surtout nécessaire à ceux qui par leur naissance ont tout à vaincre. L'usage qu'il avoit fait jusqu'alors de ses forces physiques & morales, lui persuada que rien n'étoit au-dessus de ses talens, & il forma le projet de les employer contre le Pérou.

Il associa à ses vues Diego d'Almagro, dont la naissance étoit incertaine, mais dont le courage étoit éprouvé. On l'avoit toujours vu sobre, patient, infatigable dans les camps où il avoit vieilli. Il avoit puisé à cette école une franchise qui s'y trouve plus qu'ailleurs ; & cette dureté, cette cruauté qui n'y sont que trop communes.

La fortune de deux soldats, quoique considérable, ne se trouvant pas suffisante pour
la conquête qu'ils méditoient, ils se jetterent
dans les bras de Fernand de Luques. C'étoit
un prêtre avide, qui s'étoit prodigieusement
enrichi par toutes les voies que la superstition
rend faciles à son état, & par quelques
moyens particuliers qui tenoient aux mœurs
du siecle.

Les confédérés établirent pour fondement
de leur société, que chacun mettroit tout son
bien dans cette entreprise ; que les richesses
qu'elle produiroit seroient partagées également, & qu'on se garderoit mutuellement
une fidélité inviolable. Les rôles que chacun
devoit jouer dans cette grande scene, furent
distribués comme le bien des affaires l'exigeoit. Pizarre devoit commander les troupes,
Almagro conduire les secours, & Luques préparer les moyens. Ce plan d'ambition, d'a-
varice & de férocité, fut scellé par le fanatisme. Luques consacra publiquement une hos-
tie dont il consomma une partie, & partagea
le reste entre ses deux associés : jurant tous
trois par le sang de Dieu, de ne pas épargner,
pour s'enrichir, celui des hommes.

L'expédition commencée sous ces horribles auspices avec un vaisseau, cent douze
hommes & quatre chevaux, vers le milieu
de novembre 1524, ne fut pas heureuse. Rarement Pizarre put-il aborder ; & dans le peu
d'endroits où il lui fut possible de prendre

terre, il ne voyoit que des plaines inondées, que des forêts impénétrables, que quelques fauvages peu difposés à traiter avec lui. Almagro qui lui menoit un renfort de foixante-dix hommes, n'eut pas un fpectacle plus confolant ; & il perdit même un œil dans un combat très vif qu'il lui fallut foutenir contre les Indiens. Plus de la moitié de ces intrépides Efpagnols avoient péri par la faim, par le fer ou par le climat, lorfque los-Rios, qui avoit fuccédé à Pedrarias, envoya ordre à ceux qui avoient échappé à tant de fléaux de rentrer fans délai dans la colonie. Tous obéirent, tous à l'exception de treize qui, fidèles à leur chef, voulurent courir jufqu'à la fin fa fortune. Ils la trouverent d'abord plus contraire qu'elle ne l'avoit encore été, puifqu'ils fe virent réduits à paffer fix mois entiers dans l'isle de la Gorgonne, le lieu le plus mal-fain, le plus ftérile & le plus affreux qui fût peut-être fur le globe. Mais enfin le fort s'adoucit. Avec un très-petit navire que la pitié feule avoit déterminé à leur envoyer pour les tirer de ce féjour de défolation, ils continuerent leur navigation & aborderent à Tumbez, bourgade affez confidérable de l'empire qu'ils fe propofoient d'envahir un jour. De cette rade où tout portoit l'empreinte de la civilifation, Pizarre reprit la route de Panama où il arriva dans les derniers jours de 1527 avec de la poudre d'or, avec des vafes de ce précieux métal, avec des vigognes, avec trois Péruviens destinés à servir plutôt ou plus tard d'interprètes.

Loin d'être découragés par les revers qu'on avoit éprouvés, les trois associés furent enflammés d'une passion plus forte d'acquérir des trésors qui leur étoient mieux connus. Mais il falloit des soldats, il falloit des subsistances; & on leur refusoit l'un & l'autre secours dans la colonie. Le ministère, dont Pizarre lui-même étoit venu réclamer l'appui en Europe, se montra plus facile. Il autorisa sans réserve, la levée des hommes, l'achat des approvisionnemens; & il ajouta à cette liberté indéfinie toutes les faveurs qui ne coûtoient rien au fisc.

Cependant, en réunissant tous leurs moyens, les associés ne purent équipper que trois petits navires; ils ne purent rassembler que cent quarante-quatre fantassins & trente-six cavaliers. C'étoit bien peu pour les grandes vues qu'il falloit remplir : mais, dans le Nouveau-Monde, les Espagnols attendoient tout de leurs armes ou de leur courage; & Pizarre ne balança pas à s'embarquer dans le mois de février de l'an 1531. La connoissance qu'il avoit acquise de ces mers, lui fit éviter les calamités qui avoient traversé sa première expédition; & il n'éprouva d'autre malheur que celui d'être forcé par les vents contraires de débarquer à cent lieues du port où il s'étoit proposé d'aborder.

Il fallut s'y rendre par terre. On suivit la

côte qui étoit très-difficile, en forçant ſes
habitans à donner leurs vivres, en les dé-
pouillant de l'or qu'ils avoient, en ſe livrant
à cet eſprit de rapine & de cruautés qui formoit les mœurs de ces tems barbares. L'iſle
de Puna qui défendoit la rade fut forcée; &
la troupe entra victorieuſe à Tumbez, où des
maladies de tous les genres l'arrêtèrent trois
mois entiers. L'arrivée de deux renforts qui
lui venoient de Nicaragua la conſolèrent un
peu du chagrin que lui cauſoit ce ſéjour forcé.
Ils n'étoient, à la vérité, que de trente hommes chacun : mais ils étoient conduits par
Sébaſtien Benalcazar & par Fernand Soto qui
tous deux jouiſſoient d'une réputation brillante. Les Eſpagnols ne furent pas inquiétés
dans leur première conquête, & il faut en
dire la raiſon.

**V. Comment Pizarre, chef de l'expédition, ſe rend maî-
tre de l'empire.**

L'empire du Pérou qui, comme la plupart
des autres dominations, n'avoit dans l'origine
que peu d'étendue, s'étoit ſucceſſivement
aggrandi. Il avoit en particulier reçu un ac-
croiſſement conſidérable du onzième empereur Huyana-Capac, qui s'étoit emparé par
la force du vaſte pays de Quito, & qui pour
légitimer autant qu'il étoit poſſible, ſon
uſurpation, avoit épouſé l'unique héritière
du roi détrôné. De cette union, que les loix
& les préjugés réprouvoient également, étoit
ſorti Atabaliba qui, après la mort de ſon pere,

prétendit à l'héritage de fa mere. Cette fucceffion lui fut conteftée par fon frère aîné
Huafcar qui étoit d'un autre lit & dont la
naiffance n'avoit point de tache. De fi grands
intérêts mirent les armés à la main des deux
concurrens. L'un avoit pour lui la faveur des
peuples & l'ufage immémorial de l'indivifi-
bilité de l'empire : mais l'autre s'étoit affuré
d'avance des meilleures troupes. Celui qui
avoit pour lui les armées fut vainqueur, jetta
fon rival dans les fers, & plus puiffant qu'il
ne l'avoit efpéré, fe trouva le maître de toutes les provinces.

Ces troubles, qui pour la premiere fois
venoient d'agiter le Pérou, n'étoient pas
entierement calmés, lorfque les Efpagnols
s'y montrèrent. Dans la confufion où étoit
encore tout l'Etat, on ne fongea pas à trou-
bler leur marche ; & ils arrivèrent fans obfta-
cle à Caxamalca. Atabaliba, que des circonftances particulieres avoient conduit au voifinage de cette maifon impériale, leur envoya
fur le champ des fruits, des grains, des
émeraudes, plufieurs vafes d'argent ou d'or.
Cependant il ne diffimula pas à leur inter-
préte qu'il defiroit de les voir fortir de fon
territoire ; & il annonça qu'il iroit concerter
le lendemain avec leur chef les mefures de
cette retraite.

Se préparer au combat fans laiffer appercevoir le moindre appareil de guerre, fut la
feule difpofition que fit Pizarre pour rece-

voir le prince. Il mit fa cavalerie dans les jardins du palais, où elle ne pouvoit être apper-
çue ; l'infanterie étoit dans la cour, & fon
artillerie fut tournée vers la porte par où
l'empereur devoit entrer.

Atabaliba vint avec confiance au rendez-
vous. Douze à quinze mille hommes l'accompagnoient. Il étoit porté fur un trône d'or,
& ce métal brilloit dans les armes de fes troupes. Il fe tourna vers les principaux officiers,
& il leur dit : *Ces étrangers font les envoyés*
des dieux ; gardez-vous de les offenfer.

On étoit affez près du palais, occupé
par Pizarre, lorfqu'un dominicain, nommé
Vincent Valverde, le crucifix d'une main,
fon bréviaire dans l'autre, pénètre jufqu'à
l'empereur. Il arrête la marche de ce prince,
& lui fait un long difcours, dans lequel il lui
expofe la religion chrétienne, le preffe d'em-
braffer ce culte, & lui propofe de fe foumet-
tre au roi d'Efpagne, à qui le pape avoit
donné le Pérou.

L'empereur, qui l'avoit écouté avec beaucoup de patience, lui répondit : je veux bien
être l'ami du roi d'Efpagne, mais non fon
tributaire ; il faut que le pape foit d'une ex-
travagance extrême, pour donner fi libéra-
lement ce qui n'eft pas à lui. Je ne quitte pas
ma religion pour une autre ; & fi les chrétiens adorent un Dieu mort fur une croix,
j'adore le foleil qui ne meurt jamais. Il demande enfuite à Vincent où il a pris tout ce

qu'il vient de dire de Dieu & de la création. *Dans ce livre*, répond le moine, en présentant son breviaire à l'empereur. Atabaliba prend le livre, le regarde de tous les côtés, se met à rire, & jettant le breviaire : *Ce livre*, ajoute-t-il, *ne me dit rien de tout cela.* Vincent se tourne alors vers les Espagnols, en leur criant de toutes ses forces : *l'vengeance, mes amis, vengeance. Chrétiens, voyez-vous comme il méprise l'évangile ? Tuez-moi ces chiens, qui foulent aux pieds la loi de Dieu.*

Les Espagnols, qui, vraisemblablement, avoient peine à retenir cette fureur, cette soif de sang, que leur inspiroit la vue de l'or & des infidèles, obéirent au dominicain. Qu'on juge de l'impression que dûrent faire sur les Péruviens la vue des chevaux qui les écrasoient ; le bruit & l'effet du canon & de la mousqueterie qui les terrassoient comme la foudre. Ces malheureux prirent la fuite avec tant de précipitation, qu'ils tomboient les uns sur les autres. On en fit un carnage affreux. Pizarre lui-même s'avança vers l'empereur, fit tuer par son infanterie tout ce qui entouroit le trône, f.t le monarque prisonnier, & poursuivit le reste de la journée ce qui avoit échappé au glaive de ses soldats. Une foule de princes, les ministres, la fleur de la noblesse, tout ce qui composoit la cour d'Atabaliba, fut égorgé. On ne fit point grace à la foule de femmes, de vieillards, d'enfans, qui étoient venus des environs pour voir leur maitre. Tant que ce carnage dura, Vincent ne cessa d'animer les assassins fatigués de tuer, les exhortant à se servir, non du tranchant, mais de la pointe de leurs épées, pour faire des blessures plus profondes. Au retour de cette infâme boucherie, les Espagnols passèrent la nuit à s'enivrer, à danser, à se livrer à tous les excès de la débauche.

Quoique étroitement gardé, l'empereur ne tarda pas à démêler la passion extrême de ses ennemis pour l'or. Cette découverte le détermina à leur en offrir pour sa rançon autant que sa prison, longue de vingt-deux pieds & large de seize, en pourroit contenir, jusqu'à la plus grande hauteur où le bras d'un homme pourroit atteindre. Sa proposition fut acceptée. Mais, tandis que ceux de ses ministres, qui avoient le plus sa confiance étoient occupés à rassembler ce qu'il falloit pour remplir ses engagemens, il apprit que Huascar avoit promis trois fois plus à quelques Espagnols qui avoient eu occasion de l'entretenir, s'ils consentoient à le rétablir sur le trône de ses peres. Ce commencement de négociation l'effraya ; & dans ses craintes, il se décida à faire étrangler un rival qui lui paroissoit dangereux.

Pour dissiper les soupçons que cette action devoit donner à ses géoliers, Atabaliba pressa avec une vivacité nouvelle le recouvrement des métaux stipulés pour sa liberté. Il en arrivoit de tous les côtés autant que l'éloi-

gnement des lieux, que la confusion des
choses pouvoient le permettre. Dans peu,
rien n'y auroit manqué : mais ces amas d'or,
sans cesse exposés aux regards avides des
conquérans, irritoient tellement leur cupidité, qu'il fut impossible d'en différer plus long-
tems la distribution. On délivra aux agens
du fisc le quint que le gouvernement s'étoit
réservé. Cent mille piastres ou 540,000 liv.
furent mises à part pour le corps de troupes
qu'Almagro venoit de mener & qui étoit
encore sur les côtes. Chaque cavalier de
Pizarre reçut 43,200 liv. chaque fantassin
21,600 liv. & le général, les officiers eurent
une somme proportionnée à leurs grades
dans la milice.

Ces fortunes, les plus extraordinaires dont
l'histoire ait conservé le souvenir, n'adou-
cirent pas la barbarie de ces Espagnols.
Atabaliba avoit donné son or, on s'étoit servi
de son nom pour subjuguer l'esprit des peuples : il étoit tems qu'il finît son rôle. Vincent
disoit que c'étoit un prince endurci qu'il
falloit traiter comme Pharaon. L'interprète
Philipillo, qui avoit un commerce criminel
avec une de ses femmes, auroit pu être troublé dans ses plaisirs. Almagro craignoit que
tant qu'on le laisseroit vivre, l'armée de son
associé ne voulût s'approprier tout le butin
comme partie de sa rançon. Pizarre avoit été
méprisé par lui, parce que, moins instruit
que le dernier des soldats, il ne savoit pas

lire. Ces caufes, peut-être encore plus que des raifons politiques, firent décider la mort de l'empereur. On ofa lui faire fon procès dans les formes, & cette comédie atroce eut les fuites horribles qu'elle devoit avoir.

Après cet affaffinat juridique, les meurtriers parcoururent le Pérou avec cette foif de fang & de rapine qui dirigeoit toutes leurs actions. Vraifemblablement, ils fe feroient trouvés, fans tirer l'épée, les maitres de ce vafte empire, s'ils avoient montré de la modération, de l'humanité. Une nation naturellement douce, depuis long-tems accoutumée à la plus aveugle foumiffion, conftamment fidèle aux maitres qu'il avoit plu au ciel de lui envoyer, étonnée du terrible fpectacle qui venoit de frapper fes yeux : cette nation auroit fubi le joug fans trop murmurer. L'expoliation de fes maifons & de fes temples ; les outrages faits à fes femmes & à fes filles ; des cruautés de tous les genres qui fe fuccédoient fans interruption : tant d'infortunes difposèrent les peuples à la vengeance ; & il fe préfenta des chefs pour conduire ce reffentiment.

Des armées nombreufes remportèrent d'abord quelques avantages fur un petit nombre de tyrans perdus dans des régions immenfes : mais ces foibles fuccès même ne furent pas durables. Plufieurs des aventuriers, enrichis par la rançon d'Atabaliba, avoient quitté leurs drapeaux pour aller jouir plus paifible-

ment ailleurs d'un bien acquis fi rapidement.
Leur fortune échauffa les efprits dans l'ancien,
dans le Nouveau - Monde ; & de tous côtés,
on accourut au pays de l'or. Il arriva de-là
que les Efpagnols fe multiplièrent, en moins
de tems, au Pérou que dans les autres colonies. Bientôt, ils s'y trouverent au nombre
de cinq ou fix mille ; & alors ceffa toute réfiftance. Ceux des Indiens qui étoient les plus
attachés à leur liberté, à leur gouvernement,
à leur religion, fe réfugièrent au loin dans
des montagnes inacceffibles. La plupart fe
foumirent aux loix du vainqueur.

Une révolution fi étrange a été un fujet
d'étonnement pour toutes les nations. Le
Pérou eft un pays très-difficile, où il faut
continuellement gravir des montagnes, marcher fans ceffe dans des gorges & des défilés.
On y eft réduit à paffer, à repaffer perpétuellement des torrens ou des rivières dont
les bords font toujours efcarpés. Quatre ou
cinq mille hommes, avec un peu de courage
& d'intelligence, y feroient périr les armées
les plus aguerries. Comment donc arriva-t-il
qu'un grand peuple n'ofa pas même difputer
un terrein dont la nature devoit lui être fi
connue, à une poignée de brigands que les
écumes de l'Océan venoient de vomir fur les
rivages ?

C'eft par la même raifon que le voleur
intrépide, le piftolet à la main, dépouille
impunément une troupe d'hommes, ou qui

repofent tranquillement dans leurs foyers, ou qui renfermés dans une voiture publique continuent leur voyage fans méfiance. Quoiqu'il foit feul & qu'il n'ait qu'un ou deux coups à tirer, il en impofe à tous ; parce que perfonne ne veut fe facrifier pour les autres. La défenfe fuppofe un concert de volontés qui fe forme avec d'autant plus de lenteur, que le péril eft moins attendu, que la fécurité étoit plus entière, & qu'elle avoit duré plus long-tems. Or c'étoit le cas des Péruviens. Ils vivoient fans inquiétude & fans trouble depuis plufieurs fiècles. Ajoutez à ces confidérations que la peur eft fille de l'ignorance & de l'étonnement ; que la multitude fans ordre ne peut rien contre le petit nombre difcipliné, & que le courage fans armes ne réfifte point à la foudre. Ainfi le Pérou devoit être fubjugué, quand même les diffenfions domeftiques qui le bouleverfoient n'auroient pas préparé fes fers.

VI. Origine, religion, gouvernement, mœurs & arts du Pérou, à l'arrivée des Efpagnols.

Cet empire qui, felon les hiftoriens Efpagnols, fleuriffoit depuis quatre fiècles, avoit été fondé par Manco-Capac & par fa femme Mama Ocello, qui furent appellés incas ou feigneurs du Pérou. On a foupçonné que ces perfonnages pouvoient être les defcendans de quelques navigateurs d'Europe ou des Canaries jettés par la tempête fur les côtes du Bréfil.

Pour

Pour donner une bafe à cette conjecture, l'on a dit que les Péruviens divifoient, comme nous, l'année en trois cent foixante jours & qu'ils avoient quelques notions aftronomiques, telles que les points de l'horizon où le foleil fe couche dans les folftices & les équinoxes, bornes que les Efpagnols détruifirent comme des monumens de la fuperftition Indienne. L'on a dit que la race des incas étoit plus blanche que les naturels du pays & que plufieurs individus de la famille du fouverain avoient de la barbe : or on fait qu'il y a des traits, ou difformes ou réguliers, qui fe confervent dans quelques races, quoique ces traits ne paffent pas conftamment de génération en génération. L'on a dit enfin que c'étoit une tradition généralement répandue dans le Pérou & tranfmife d'âge en âge, qu'un jour il viendroit par mer des hommes barbus, avec des armes fi fupérieures que rien ne pourroit leur réfifter.

S'il fe trouvoit quelques-uns de nos lecteurs qui vouluffent adopter une opinion fi peu fondée, ils ne pourroient s'empêcher de convenir qu'il avoit dû s'écouler un fort long fpace de tems entre le naufrage & la fonation de l'empire. Sans cet intervalle immenfe, le législateur n'auroit-il pas donné aux fauvages qu'il raffembloit quelque notion e l'écriture, quand lui-même il n'auroit pas u lire ? Ne les auroit-il pas formés à plufieurs e nos arts & de nos méthodes ? Ne leur auroit-il pas perfuadé quelques dogmes de fa religion ? Ou ce n'eft pas un Européen qui a fondé le trône des incas, ou il faut croire néceffairement que le vaiffeau de fes ancètres s'étoit brifé fur les côtes de l'Amérique à une époque affez reculée, pour que les généra-tions euffent oublié tout ce qui fe pratiquoit dans le lieu de leur origine.

Les légiflateurs fe dirent enfans du foleil, envoyés par leur père pour rendre les hom-mes bons & heureux. Ils penférent fans doute, que ce préjugé enflammeroit l'ame des peuples qu'ils vouloient civilifer, élé-veroit leur courage & leur infpireroit plus d'amour pour leur patrie, plus de foumiffion aux loix.

C'étoit à des êtres nus, errans, fans cul-ture, fans induftrie, fans aucune de ces idées morales, qui font les premiers liens de l'union fociale, que ces difcours étoient adreffés. Quelques-uns de ces barbares, que beaucoup d'autres imitèrent depuis, s'affemblèrent au-tour des légiflateurs dans le pays montueux de Cufco.

Manco apprit à fes nouveaux fujets à fé-conder la terre, à femer des grains & des lé-gumes, à fe vêtir, à fe loger. Ocello montra aux Indiennes à filer, à tiffer le coton & la laine ; elle leur enfeigna tous les exercices convenables à leur fexe, tous les arts de l'é-conomie domeftique.

L'aftre du feu qui diffipe les ténèbres qui

couvrent la terre, qui tire le rideau de la nuit
& étale subitement aux regards de l'homme
étonné la scène la plus vaste, la plus augufte
& la plus riante ; que la gaieté des animaux,
le ramage des oifeaux, le cantique de l'être
qui penfe, faluent à fon lever ; qui s'avance
majeftueufement au-deffus de leurs têtes, qui
embraffe un efpace immenfe dans fa marche
à travers les efpaces du ciel ; dont le coucher
replonge l'univers dans le filence & la trif-
teffe ; qui caractérife les faifons & les climats ;
qui forme & diffipe les orages ; qui allume la
foudre & qui l'éteint ; qui verfe fur les campagnes les pluies qui les fécondent, fur les
forêts les pluies qui les nourriffent; qui anime
tout par fa chaleur, embellit tout par fa pré-
fence, & dont l'abfence jette par-tout la
langueur & la mort : le foleil fut le dieu des
Péruviens. Et en effet quel être dans la nature
eft plus digne des hommages de l'homme
ignorant que fon éclat éblouit, de l'homme
reconnoiffant qu'il comble de bienfaits ? Son
culte fut inftitué. On lui bâtit des temples,
& on abolit les facrifices humains. Les defcendans des légiflateurs furent les feuls prê-
res de la nation.

Les loix prononcèrent la peine de mort
contre l'homicide, le vol & l'adultère. Cette
févérité ne s'étendit guère à d'autres crimes.

La polygamie étoit défendue. Il n'étoit
permis qu'à l'empereur d'avoir des concubi-
nes, parce qu'on ne pouvoit trop multiplier

la race du foleil. Il les choififfoit parmi les vierges confacrées au temple de Cufco, qui étoient toutes de fon fang.

Une inftitution très-fage ordonnoit qu'un jeune homme qui commettroit une faute feroit légérement puni; mais que fon pere en feroit refponfable. C'eft ainfi que la bonne éducation veilloit à la perpétuité des bonnes mœurs.

Il n'y avoit point d'indulgence pour l'oifi-veté, regardée avec raifon comme la fource de tous les défordres. Ceux que l'âge ou les incommodités avoient mis hors d'état de tra-vailler, étoient nourris par le public, mais avec l'obligation de préferver du dégât des oifeaux les terres enfemencées. Tous les citoyens étoient obligés de faire eux-mêmes leurs habits, d'élever leurs maifons, de fabriquer leurs inftrumens d'agriculture. Chaque famille favoit feule pourvoir à fes befoins.

Il étoit ordonné aux Péruviens de s'aimer, & tout les y portoit. Ces travaux communs, toujours égayés par des chants agréables; l'objet même de ces travaux, qui étoit d'aider quiconque avoit befoin de fecours; ces vête-mens faits par les filles vouées au culte du foleil, & diftribués par les officiers de l'em-pereur aux pauvres, aux vieillards, aux orphelins; l'union qui devoit régner dans les décuries, où tout le monde s'infpiroit mu-tuellement le refpect des loix, l'amour de la

vertu , parce que les châtimens pour les fautes d'un seul , tomboient sur toute la décu-
rie ; cette habitude de se regarder comme
membres d'une seule famille , qui étoit l'empire : tous ces usages entretenoient parmi les
Péruviens , la concorde, la bienveillance,
le patriotisme , un certain esprit de communauté , & substituoient, autant qu'il est possible, à l'intérêt personnel , à l'esprit de propriété, aux ressorts communs des autres lé-
gislations , les vertus les plus sublimes & les
plus aimables.

Elles étoient honorées, ces vertus, comme
les services rendus à la patrie. Ceux qui s'é-
toient distingués par une conduite exemplai-
re, ou par les actions d'éclat utiles au bien
public, portoient pour marque de décoration
des habits travaillés par la famille des incas.
Il est fort vraisemblable que ces statues que
les Espagnols prétendoient avoir trouvées
dans les temples du soleil , & qu'ils prirent
pour des idoles , étoient les statues des hom-
mer qui , par la grandeur de leurs talens , ou
par une vie remplie de belles actions , avoient
mérité l'hommage ou l'amour de leurs concitoyens.

Ces grands hommes étoient encore les
sujets ordinaires des poëmes composés par
la famille des incas, pour l'instruction des
peuples.

Il y avoit un autre genre de poëme utile
aux mœurs. On représentoit à Cusco, & peut-

être ailleurs, des tragédies & des comédies.
Les premieres donnoient aux prêtres, aux
guerriers, aux juges, aux hommes d'état, des
leçons de leurs devoirs, & des modéles de
vertus publiques. Les comédies servoient
d'instruction aux conditions inférieures, &
leur enseignoient les vertus privées, & jus.
qu'à l'économie domestique.

L'état entier étoit distribué en décuries,
avec un officier chargé de veiller sur dix fa.
milles qui lui étoient confiées. Un officier
supérieur avoit la même inspection sur cinquante familles; d'autres enfin sur cent, sur
cinq cens, sur mille.

Les décurions, & les autres inspecteurs,
en remontant jusqu'au millenaire, devoient
rendre compte à celui-ci des bonnes & des
mauvaises actions, solliciter le châtiment &
la récompense, avertir si l'on manquoit de
vivres, d'habits, de grains pour l'année. Le
millenaire rendoit compte au ministre de
l'inca.

Rarement avoit-il à porter des plaintes
contre la partie de la nation confiée à sa vigilance. Dans une région où tous les devoirs
étoient censés prescrits par le soleil, où le
moindre manquement étoit regardé comme
un sacrilege, les regles ne devoient guere être
transgressées. Lorsque ce malheur arrivoit,
les coupables alloient eux-mêmes révéler
leurs fautes les plus secretes, & demander à
les expier. Ces peuples disoient aux Espa-

gnols, qu'il n'étoit jamais arrivé qu'un homme de la famille des incas eût mérité d'être
puni.

Les terres du royaume, susceptibles de
culture, étoient partagées en trois parts, celle du soleil, celle de l'inca, & celle des peuples. Les premieres se cultivoient en commun, ainsi que les terres des orphelins, des
veuves, des vieillards, des infirmes, & des
soldats qui étoient à l'armée. Celles-ci se cultivoient immédiatement après celles du soleil,
& avant celles de l'empereur. Des fetes an-
nonçoient ce travail; on le commençoit & on
le continuoit au son des instrumens, & en
chantant des cantiques.

L'empereur ne levoit aucun tribut, &
n'exigeoit de ses sujets que la culture de ses
terres, dont le produit déposé par-tout dans
des magasins publics, suffisoit à toutes les
dépenses de l'empire.

Les terres consacrées au soleil fournissoient
à l'entretien des prètres & des temples, à tout
ce qui concernoit le culte religieux. Elles
étoient en partie labourées, par des princes
de la famille royale, revètus de leurs plus
riches habits.

A l'égard des terres qui étoient entre les
mains des particuliers, elles n'étoient ni un
héritage, ni même une propriété à vie. Leur
partage varioit continuellement, & se regloit
avec une équité rigoureuse sur le nombre de
tétes qui composoient chaque famille. Les

richeſſes ſe bornoient toujours au produit des champs dont l'état avoit confié l'uſufruit paſſager.

Cet uſage des poſſeſſions amovibles a été univerſellement réprouvé par les hommes éclairés. Ils ont conſtamment penſé qu'un peuple ne s'éleveroit jamais à quelque force, à quelque grandeur que par le moyen des propriétés fixes, même héréditaires. Sans le premier de ces moyens, l'on ne verroit ſur le globe que quelques ſauvages errans & nus, vivant miſérablement de fruits, de racines; produit unique & borné de la nature brute. Sans le ſecond, nul mortel ne vivroit que pour lui-même. Le genre humain ſeroit privé de tout ce que la tendreſſe paternelle, l'amour de ſon nom, & le charme inexprimable qu'on trouve à faire le bonheur de ſa poſtérité, font entreprendre de durable. Le ſyſtème de quelques ſpéculateurs hardis, qui ont regardé les propriétés, & ſur-tout les propriétés héréditaires, comme des uſurpations de quelques membres de la ſociété ſur d'autres, ſe trouve refuté par le ſort de toutes les inſtitutions où l'on a réduit leurs principes en pratique. Elles ont toutes miſérablement péri, après avoir langui quelque temps dans la dépopulation & dans l'anarchie.

Si le Pérou n'eut pas cette deſtinée, ce fut vraiſemblablement, parce que les incas ne connoiſſant pas l'uſage des impôts, & n'ayant, pour ſubvenir aux beſoins du gouvernement,

que des denrées en nature, ils durent chercher à les multiplier. Ils étoient secondés
dans l'exécution de ce projet par leurs ministres, par les administrateurs inférieurs, par
les soldats même, qui ne recevoient pour subsister, pour soutenir leur rang, que des fruits
de la terre. De-là tant de soins pour les augmenter. Cette attention pouvoit avoir pour
but principal de porter l'abondance dans les
champs du souverain: mais son patrimoine
étoit si confusément mêlé avec celui des sujets, qu'il n'étoit pas possible de fertiliser
l'un sans fertiliser l'autre. Les peuples encouragés par ces commodités, qui laissoient peu
de chose à faire à leur industrie, se livrerent
à des travaux que la nature de leur sol, de
leur climat & de leurs consommations rendoit très-légers. Mais malgré tous ces avantages; malgré la vigilance, toujours active,
du magistrat; malgré la certitude de ne pas
voir leurs moissons ravagées par un voisin
inquiet, les Péruviens ne s'éleverent jamais
au-dessus du plus étroit nécessaire. On peut
assurer qu'ils auroient acquis les moyens de
varier & d'étendre leurs jouissances, si des
propriétés foncieres, commerçables, héréditaires, avoient aiguisé leur génie.

Les Péruviens, à la source de l'or & de l'argent ne connoissoient pas l'usage de la monnoie. Ils n'avoient pas proprement de commerce; & les arts de détail, qui tiennent aux
premiers besoins de la vie sociale, étoient

B v

fort imparfaits chez eux. Toutes leurs scien-
ces étoient dans la mémoire, & toute leur industrie dans l'exemple. Ils apprenoient leur
religion & leur histoire par des cantiques,
leurs devoirs & leurs professions par le travail & l'imitation.

Leur législation étoit sans doute imparfaite
& très-bornée, puisqu'elle supposoit le prince
toujours juste & infaillible, & les magistrats
integres comme le prince; puisque non-seu-
lement le monarque, mais un décurion, un
centenaire, un millenaire, tous ses préposés
pouvoient changer à leur gré la destination
des peines & des récompenses. Chez ce peuple, privé de l'avantage inappréciable de l'é-
criture, les loix les plus sages n'ayant aucun
principe de stabilité, devoient s'altérer insensiblement, sans qu'il restât aucun moyen
pour les ramener à leur caractere primitif.

Les contre-poids de ces dangers se trouvoient dans l'ignorance absolue des monnoies
d'or & d'argent : ignorance qui rendoit impossible dans un despote Péruvien la funeste
manie de thésauriser. Ils se trouvoient dans
la constitution de l'empire, qui avoit déterminé la quotité du revenu du souverain, ne
déterminant la portion des terres qui lui appartenoient. Ils se trouvoient dans des besoins peu étendus, toujours faciles à satisfai-
re, & qui rendoient le peuple heureux & attaché à son gouvernement. Ils se trouvoient
dans la force des opinions religieuses, qui fai-

foient de l'obfervation des loix un principe de confcience. Le defpotifme des incas étoit ainfi fondé fur une confiance mutuelle entre le fouverain & les peuples; confiance qui étoit le fruit des bienfaits du prince, de la protection conftante qu'il accordoit à tous fes fujets, & de l'intérèt fenfible qu'ils avoient à lui ètre foumis.

Un pyrrhonifme, quelquefois outré, qui a fuccédé à une crédulité aveugle, a voulu depuis quelque temps jetter des nuages fur ce qu'on vient de lire des loix, des mœurs, du bonheur de l'ancien Pérou. Ce tableau a paru à quelques philofophes l'ouvrage de l'imagination naturellement exaltée de quelques Efpagnols. Mais entre les deftructeurs de cette partie brillante du Nouveau-Monde, y avoit-il quelque brigand affez éclairé, pour inventer une fable fi bien combinée? Y avoit-il quelqu'un d'affez humain pour le vouloir, quand mème il en auroit été capable? N'auroit-il pas été retenu par la crainte d'augmenter la haine que tant de dévaftations attiroient à fa nation dans l'univers entier? Ce roman n'auroit-il pas été contredit par une foule de témoins qui auroient vu le contraire de ce qu'on publioit avec tant d'éclat? Le témoignage unanime des écrivains contemporains, & de ceux qui les ont fuivis, doit ètre regardé comme la plus forte démonftration hiftorique qu'il foit poffible de defirer.

Ceffons donc, ceffons de regarder comme

B vj

une Imagination folle cette fucceffion de fouverains fages, ces générations d'hommes fans
reproc..es. Déplorons le fort de ces peuples,
& ne leur envions pas un trifte honneur.
C'eft bien affez de les avoir dépouillés des
avantages dont ils jouiffoient, fans ajouter la
lâcheté de la calomnie aux baffeffes de l'avarice, aux attentats de l'ambition, aux fureurs du fanatifme. Il faut faire des vœux
pour que ce bel âge fe renouvelle plutôt que
plus tard dans quelque coin du globe.

Nous ne juftifierons pas avec la même affurance les relations que les conquérans du
Pérou publierent fur la grandeur & la magni-
ficence des monumens de tous les genres
qu'ils avoient trouvés. Le defir de donner
plus d'éclat à la gloire de leurs triomphes,
les aveugla peut-être. Peut-être, fans être
perfuadés eux-mêmes, voulurent-ils en impo-
fer à leur nation, aux nations étrangeres ?
Les premiers témoignages, qui même fe
contrarioient, ont été infirmés par ceux qui
les ont fuivis, & enfin totalement détruits,
lorfque des hommes éclairés ont porté leurs
pas dans cette partie fi célebre du nouvel hémifphere.

Il faut donc reléguer au rang des fables,
cette quantité prodigieufe de villes élevées
avec tant de foin & de dépenfe. Pourquoi,
s'il y avoit tant de cités fuperbes dans le Pérou, n'exifte-t-il plus, à la réferve de Cufco
& de Quito, que celles que le conquérant y

a conftruites ? D'où vient qu'on ne retrouve
guere que dans les vallées de las Capillas &
de Pachacamac les ruines de celles dont on a
publié des defcriptions fi exagérées ? Les
peuples étoient donc difperfés dans les campagnes ; & il étoit impoffible que ce fût autrement dans une région où il n'y avoit ni
rentiers, ni artiftes·, ni commerçans, ni
grands propriétaires, & où le labourage étoit
l'occupation unique ou principale de tous les
hommes.

Il faut reléguer au rang des fables, ces ma-
jeftueux palais deftinés à loger les incas dans
le lieu de leur réfidence & dans leurs voyages. Autant qu'il eft poffible d'en juger à
travers des décombres cent fois bouleverfés
par l'avarice qui comptoit trouver des tréfors, les maifons royales n'avoient ni majefté, ni décoration. Elles ne différoient que
par l'étendue & par l'épaiffeur des bâtimens
ordinaires, conftruits avec des rofeaux, du
bois, de la terre battue, des pierres brutes
fans ciment, felon la nature du climat ou la
commodité des matériaux.

Il faut reléguer au rang des fables, ces
places de guerre qui couvroient l'empire. Il
en exiftoit fans doute quelques-unes. Le bas-
Pérou offre encore les débris de deux fituées
fur des montagnes, l'une conftruite avec de
la terre & l'autre avec des troncs d'arbre.
On foupçonne qu'elles avoient des foffés &
trois murailles, dont l'une dominoit fur l'au-

tre. C'en étoit affez pour contenir les peuples fubjugués & pour arrêter des voifins peu redoutables. Mais ces moyens de défenfe ne pouvoient fervir de rien contre la valeur & les armes de l'Europe. Les forterefles du haut-Pérou, quoique bâties avec de la pierre, n'y étoient pas plus propres. M. de la Condamine qui vifita, avec l'attention fcrupuleufe qui lui étoit propre, le fort de Cannar, le mieux confervé & le plus confidérable après celui de Cufco, ne lui trouva que peu d'étendue & feulement dix pieds d'élévation. Un peuple qui n'avoit que la reffource de fes bras pour porter ou trainer les plus groffes maffes, un peuple qui ignoroit l'ufage des leviers & des poulies, pouvoit-il exécuter de plus grandes chofes?

Il faut reléguer au rang des fables, ces aqueducs, ces réfervoirs comparables à ce que l'antiquité nous a laiffé en ce genre de plus magnifique. La néceffité avoit enfeigné aux Péruviens à pratiquer des rigoles au détour des montagnes, fur le penchant des collines, à creufer des canaux & des foffés dans les vallées, pour féconder leurs champs que les pluies ne fertilifoient pas, pour fe ménager de l'eau à eux-mêmes qui n'avoient jamais imaginé de creufer des puits : mais ces ouvrages de terre ou de pierre feche, n'avoient rien de remarquable, rien qui fit foupçonner la plus légere connoiffance de l'hydraulique.

Il faut reléguer au rang des fables, ces superbes voies qui rendoient les communications si faciles. Les grands chemins du Pérou n'étoient autre chose que deux rangs de pieux plantés au cordeau, & uniquement destinés à guider les voyageurs. Il n'y avoit que celui qui portoit le nom des incas, & qui traversoit tout l'empire, qui eût de la grandeur. Ce monument, le plus beau du Pérou, fut entièrement détruit durant les guerres civiles des conquérans.

Il faut reléguer au rang des fables, ces ponts si vantés. Comment les Péruviens en auroient-ils pu construire de bois, eux qui ne savoient pas le travailler? Comment en auroient-ils pu élever de pierre, eux qui ignoroient la construction des ceintres & des voûtes, & qui ne connoissoient pas la chaux? Cependant le voyageur étoit continuellement arrêté au passage des torrens si multipliés dans ces contrées. Pour vaincre ce grand obstacle, on imagina d'assembler sept ou huit cables d'osier ou un plus grand nombre, de les lier ensemble par des cordages plus petits, de les couvrir par des branches d'arbre & par de la terre, & de les attacher fortement aux deux rives opposées. Par ce moyen, les communications se trouverent facilement & sûrement établies. Les rivieres, plus larges & moins rapides, étoient traversées sur de petits bâtimens à voile qui viroient de bord avec assez de célérité.

Il faut reléguer au rang des fables, les merveilles attribuées à ces *quipos* qui remplaçoient, chez les Péruviens, l'art de l'écriture qui leur étoit inconnu. C'étoient, a-t-on dit, des régiſtres de corde, où des nœuds variés & des couleurs diverſes retraçoient les faits dont il étoit important ou agréable de conſerver le ſouvenir, & qui étoient gardés par des dépoſitaires de confiance établis par l'autorité publique. Il ſeroit peut-être téméraire d'affirmer que ces eſpeces d'hyérogliphes, dout nous n'avons jamais eu que des deſcriptions obſcures, ne pouvoient donner aucune lumiere ſur les événemens paſſés. Cependant, en voyant les erreurs qui ſe gliſſent dans nos hiſtoires, malgré tant de facilités pour les éviter, on ne ſera guere porté à croire que des annales auſſi ſingulieres que celles dont il s'agit ici, aient jamais pu mériter beaucoup de confiance.

Les Eſpagnols ne méritent pas davantage d'être crus, quand ils nous parlent de ces bains dont les cuves & les tuyaux étoient ou d'argent ou d'or; de ces jardins remplis d'arbres, dont les fleurs étoient d'argent & les fruits d'or, & où l'œil trompé prenoit l'art pour la nature; de ces champs de mais, dont les tiges étoient d'argent & les épis d'or, de ces bas-reliefs, où l'on auroit été tenté de cueillir les herbes & les plantes; de ces habillemens couverts de grains d'or plus fins que la ſemence de perle, & dont les plus

habiles orfèvres de l'Europe n'auroient pas
égalé le travail. Nous ne dirons pas que ces
ouvrages n'ont pas mérité d'être confervés,
parce qu'ils ne l'ont pas été. Si les ftatuaires
Grecs n'avoient employé dans leurs compo-
fitions que des métaux précieux, il eft vraifemblable que peu des chefs-d'œuvre de la
Grèce feroient arrivés jufqu'à nous. Mais à
juger de ce qui a péri par ce qui a été confervé, on peut affurer que les Péruviens
n'avoient fait nuls progrès dans le deffin. Les
vafes échappés au ravage du tems pourront
bien fervir de preuve de la patience des Indiens, mais ne feront jamais des monumens
de leur génie. Quelques figures d'animaux
d'infectes d'or maffif, long-tems confervées
dans le tréfor de Quito, n'étoient pas plus
parfaites. On n'en pourra plus juger. Elles
furent fondues en 1740, pour fecourir Carthagène affiégé par les Anglois; & il ne fe
trouva pas dans tout le Pérou un Efpagnol
affez curieux, pour acheter une feule pièce
au poids.

On voit par tout ce qui a été dit, que les
Péruviens n'étoient guere avancés dans les
fciences un peu compliquées. La plupart dé-
pendent du progrès des arts, & ceux-ci des
hafards qui ne font produits par la nature
que dans la fuite des fiecles, & dont la plupart font perdus pour les peuples qui ref-
tent fans communication avec les peuples
éclairés.

En réduifant les chofes à la vérité, nous trouverons que les Péruviens étoient parvenus à fondre l'or & l'argent & à les mettre en œuvre. Avec ces métaux, ils faifoient des ornemens, la plupart très-minces, pour les bras, pour le cou, pour le nez, pour les oreilles ; & des ftatues creufes, fans foudure, qui, fculptées ou fondues, n'avoient pas plus d'épaiffeur. Rarement ces riches matieres étoient-elles converties en vafes. Leurs vafes ordinaires étoient d'une argille très-fine, facilement travaillée, & de la grandeur, de la forme convenables aux ufages pour lefquels ils étoient deftinés. Les poids n'étoient pas inconnus, & l'on découvre de tems en tems des balances dont les baffins font d'argent & ont la figure d'un cône renverfé. Deux efpeces de pierre, l'une molle & l'autre dure, l'une entierement opaque & l'autre un peu tranfparente, l'une noire & l'autre couleur de plomb, fervoient de miroir : on étoit parvenu à leur donner un poli fuffifant pour réfléchir les objets. La laine, le coton, les écorces d'arbres recevoient des mains de ce peuple un tiffu plus ou moins ferré, plus ou moins groffier, dont on s'habilloit, dont on faifoit même quelques meubles. Ces étoffes, ces toiles étoient teintes en noir, en bleu & en rouge par le moyen du rocou, de différentes herbes & d'une feve fauvage qui croît dans les montagnes. On donnoit aux émeraudes toutes les figures. Ce qu'on en tire ffez fouvent des tombeaux, la plupart fort élevés, où les citoyens diftingués fe faifoient enterrer avec ce qu'ils poffédoient de plus rare, prouve que ces pierres précieufes avoient une perfection qu'on ne leur a pas retrouvée ailleurs. Des heureux hafards offrent quelquefois des ouvrages de cuivre rouge, des ouvrages de cuivre jaune & d'autres ouvrages qui participent de ces deux couleurs; d'où l'on a conclu que les Péruviens connoiffoient le mélange des métaux. Une chofe plus importante, c'eft que ce cuivre n'eft jamais rouillé, qu'il ne s'y attache jamais de verd de-gris; ce qui paroît prouver que ces Indiens faifoient entrer dans fa préparation quelques matieres qui le préfervoient de ces inconvéniens funeftes. Il faut regretter que l'art utile de le tremper ainfi ait été perdu, ou par le découragement des naturels du pays, ou par le mépris que les conquérans avoient pour tout ce qui n'avoit point de rapport avec leur paffion pour les richeffes.

Mais avec quels inftrumens s'exécutoient tous ces ouvrages, chez un peuple qui ne connoiffoit pas le fer, regardé, avec raifon, comme l'ame de tous les arts? Il ne s'eft rien confervé dans les maifons particulieres, & l'on ne découvre rien dans les monumens publics ni dans les tombeaux, qui donne les lumieres qu'il faudroit pour réfoudre ce problème. Peut-être les marteaux, les maillets

dont on se servoit étoient-ils de quelque matiere que le tems ait sa pourrie ou défigurée?
Si l'on se refusoit à cette conjecture, il faudroit dire que tout s'opéroit avec des haches
de cuivre qui servoient aussi d'armes à la
guerre. En ce cas, il falloit que le travail, le
tems, la patience tinssent lieu aux Péruviens
des outils qui leur manquoient.

Ce fut peut-être encore avec les haches de
cuivre ou de caillou & un frottement opiniâtre, qu'ils parvinrent à tailler les pierres, à
les bien équarrir, à les rendre paralleles, à
leur donner la même hauteur & à les joindre
sans ciment. Malheureusement, ces instrumens n'avoient pas la même activité sur le
bois que sur la pierre. Aussi les mêmes hommes, qui travailloient le granit, qui scioient
l'émeraude, ne furent-ils jamais assembler une
charpente par des mortaises, des tenons &
des chevilles; elle ne tenoit aux murailles,
que par des liens de jonc. Les bâtimens les
plus remarquables n'avoient qu'un couvert
de chaume soutenu par des mâts, comme les
tentes de nos armées. On ne leur donnoit
qu'un étage. Ils ne prenoient de jour que par
la porte, & n'avoient que des pieces détachées sans communication.

VII. La soumission du Pérou est l'époque des plus sanglantes divisions entre les conquérans.

Quoi qu'il en soit des arts que les Espagnols trouverent dans le Pérou, ces barbares ne se virent pas plutôt les maîtres de ce

...fte empire qu'ils s'en difputerent les dé-
...uilles avec tout l'acharnement qu'annon-
...oient leurs premiers exploits. Les femences
...le cette divifion avoient été jettées par Pi-
...arre lui-même qui, dans fon voyage en Eu-
...ope pour préparer une feconde expédition,
...ans les mers du Sud, s'étoit fait donner par
...e miniftere une grande fupériorité fur Al-
...agro. Le facrifice de ce qu'il devoit à une
faveur momentanée l'avoit un peu réconci-
lié avec fon affocié juftement offenfé de cette
perfidie : mais le partage de la rançon d'Atabaliba aigrit de nouveau ces deux brigands
altiers & avides. Une difpute qui s'éleva fur
les limites de leurs gouvernemens refpectifs,
mit le comble à leur haine ; & cette extrème
averfion eut les fuites les plus déplorables.

Les guerres civiles prennent ordinairement leur fource dans la tyrannie & dans l'a-
narchie. Dans l'anarchie, le peuple fe divife
par pelotons. Chaque petite faction a fon dé-
mangogue ; chacune a fes prétentions fages
ou folles, unanimes ou contradictoires, fans
qu'on le fache. Il s'élève une multitude de
cris confus. Le premier coup eft fuivi de mille
autres ; & l'on s'entrégorge fans s'entendre.
Les intérêts particuliers & les haines perfon-
nelles font durer les troubles publics ; & l'on
ne commence à s'expliquer que quand on eft
las de carnage. Sous la tyrannie, il n'y a
guere que trois partis, celui de la cour, celui de l'oppofition & les indifférens, citoyens

froids, sans doute, mais quelquefois très-uti-
les par leur impartialité & par le ridicule
qu'ils jettent sur les deux autres partis. Dans
l'anarchie, le calme renait, & il n'en coûte
la vie à personne. Sous la tyrannie, le calme
est suivi de la chûte de plusieurs têtes ou
d'une seule.

Quoique les intérêts qui divisoient les
chefs des Espagnols ne fussent pas de cette importance, les effets n'en furent pas moins terribles. Après quelques négociations de mauvaise foi d'un côté au moins, & par conséquent inutiles, on eut recours au glaive pour
savoir lequel des deux concurrens régiroit
le Pérou entier. Le 6 avril 1538, dans les
plaines des Salines, non loin de Cusco, le
sort se décida contre Almagro qui fut pris &
décapité.

Ceux de ses partisans qui avoient échappé
au carnage se seroient volontiers réconciliés
avec le parti vainqueur. Soit que Pizarre n'o-
sât pas se fier aux soldats de son rival, soit
qu'il ne pût pas surmonter un ressentiment
trop enraciné, il eut toujours pour eux un
éloignement marqué. On ne les excluoit pas
seulement des graces que l'acquisition d'un
grand empire faisoit prodiguer; on les dé-
pouilloit encore des récompenses anciennement accordées à leurs services; on les per-
sécutoit, on les humilioit.

Ces traitemens en conduisent un grand
nombre à Lima. Là, dans la maison du fils

e leur général , ils concertent dans le filence
a perte de leur oppreffeur. Dix-neuf des plus
ntrépides en fortent , l'épée à la main , le 26
uin 1541 , au milieu du jour , tems de re-
os dans les pays chauds. Ils pénetrent , fans
réfiftance , dans le palais de Pizarre; & le
conquérant de tant de vaftes états eft paifiblement maffacré au milieu d'une ville qu'il
a fondée , & dont tous les habitans font fes
créatures , fes ferviteurs , fes parens , fes amis
ou fes foldats.

Ceux qu'on croit les plus difpofés à ven-
ger fon fang , périffent après lui. La fureur
s'étend. Tout ce qui ofe fe montrer dans les
rues & dans les places , eft regardé comme
ennemi , & tombe fous le glaive. Bientôt les
maifons & les temples font comblés de carnage , & ne préfentent que des cadavres défi-
gurés. L'avarice qui ne veut voir dans tous
les riches que des partifans de l'ancien gouvernement , eft encore plus furieufe que la
haine , & la rend plus active , plus foupçon-
neufe , plus implacable. L'image d'une place remportée. d'affaut par une nation barbare , ne donneroit qu'une foible idée du
fpectacle d'horreur qu'offrirent en ce moment des brigands , qui reprenoient fur leurs
complices le butin dont ceux-ci les avoient
fruftrés.

Les jours qui fuivent ces jours de deftruction , éclairent des forfaits d'un autre genre.
L'ame du jeune Almagro , qu'on a revêtu de

l'autorité, paroît faite pour la tyrannie. Tout
ce qui a servi à l'ennemi de sa maison est inhu-
mainement proscrit. On dépose les anciens
magistrats. Les troupes reçoivent de nouveaux chefs. Les trésors du prince & la fortune de ceux qui ont péri ou qui sont absens,
deviennent la proie de l'usurpateur. Ses complices, liés à son sort par les crimes dont ils
se sont souillés, sont forcés d'appuyer des
entreprises dont ils ont horreur. Ceux d'entre eux qui laissent percer leur chagrin, sont
immolés en secret, ou périssent sur un échafaud. Dans la confusion où une révolution si
peu attendue a plongé le Pérou, plusieurs
provinces reçoivent des loix du monstre qui
s'est fait proclamer gouverneur de la capitale;
& il va dans l'intérieur de l'empire achever
de réduire ce qui résiste ou balance.

Une foule de brigands se joignent à lui
dans sa marche. Son armée ne respire que la
vengeance ou le pillage. Tout plie devant
elle. La guerre étoit finie, si les talens militaires du général eussent égalé l'ardeur des
troupes. Malheureusement pour Almagro, il
avoit perdu son guide, Jean d'Herrada. Son
inexpérience le fait tomber dans les pieges
qui lui sont tendus par Pedro Alvarès, qui
s'est mis à la tête du parti opposé. Il perd,
à débrouiller des ruses, le tems qu'il auroit
dû employer à combattre. Dans ces circonstances, un évènement que personne n'avoit
pu prévoir, vient changer la face des affaires.
Le

Le licencié Vaca de Castro, envoyé d'Europe pour juger les meurtriers du vieux Almagro, arrive au Pérou. Comme il devoit être chargé du gouvernement au cas que Pizarre ne fût plus, tous ceux qui n'étoient pas vendus au tyran, s'empressèrent de le reconnoitre. L'incertitude & la jalousie, qui les avoient tenus trop long-temps épars, ne furent plus un obstacle à leur réunion. Castro, aussi décidé que s'il eût vieilli sous le casque, ne fit pas languir leur impatience; il les mena à l'ennemi. Les deux armées combattirent à Chupas le 16 septembre 1542, avec une opiniâtreté inexprimable. La victoire, après avoir long-tems balancé, se décida sur la fin du jour pour le parti du trône. Les plus coupables des rebelles qui craignoient de languir dans de honteux supplices, provoquoient les vainqueurs à les massacrer, & crioient en désespérés: *C'est moi qui ai tué Pizarre.* Leur chef fait prisonnier, périt sur un échafaud.

Ces scenes d'horreur venoient de finir, lorsque Blasco Nunnez-Vela arriva, en 1544 au Pérou, avec le nom & les pouvoirs de vice-roi. La cour avoit cru devoir revêtir son représentant d'un titre imposant & d'une autorité très-étendue, pour que les décrets dont il étoit chargé trouvassent moins d'opposition. Ces ordonnances imaginées pour diminuer l'oppression sous laquelle succomboient les Indiens, & plus particulierement pour

rendre utiles à la couronne d'immenſes conquêtes, étoient-elles judicieuſement conçues?
on en jugera.

Elles portoient que quelques Péruviens
feroient libres dans le moment, & les autres
à la mort de leurs oppreſſeurs : qu'à l'avenir,
on ne pourroit pas les forcer à s'enterrer
dans des mines, ni exiger d'eux aucun travail
ſans les payer : que leurs corvées & leurs tributs feroient réglés : que les Eſpagnols, qui
parcourroient les provinces à pied n'auroient
plus trois de ces malheureux pour porter leur
bagage, ni cinq s'ils étoient à cheval : que les
Caciques feroient déchargés de l'obligation
de fournir la nourriture au voyageur & à ſon
cortège.

Par les mêmes réglemens étoient annexés
au domaine de l'Etat tous les départemens ou
commanderies des gouverneurs, des officiers
de juſtice, des agens du fiſc, des évêques,
des monaſteres, des hôpitaux de tous ceux
qui s'étoient trouvés mêlés dans les troubles
publics. Le peu de terres qui pouvoient appartenir à d'autres maîtres, devoient ſubir la
même loi, après que les poſſeſſeurs actuels
auroient terminé une carriere plus ou moins
longue ; ſans que leurs héritiers, leurs femmes, leurs enfans en puſſent réclamer la
moindre partie.

Avant d'ordonner une ſi grande révolution, n'auroit-il pas fallu adoucir des mœurs
féroces, plier au joug des hommes qui avoient

toujours vécu dans l'indépendance, ramener
à des principes d'équité l'injustice même,
lier à l'intérêt général ceux qui n'avoient connu que des intérêts privés, rendre citoyens
des aventuriers qui avoient comme oublié le
pays de leur origine, établir des propriétés où
l'on n'avoit connu que la loi du plus fort,
faire sortir l'ordre du désordre même ; & par
un tableau frappant des maux que l'anarchie
venoit de causer, rendre cher & respectable
un gouvernement régulierement ordonné ?
Comment, sans aucun de ces préliminaires, la
cour de Madrid put-elle espérer de parvenir
brusquement au but qu'elle se proposoit ?

La chose eût-elle été possible, employa-t-
on l'instrument qu'il auroit fallu ? C'eût été
toujours un ouvrage de patience, de conci-
liation & qui auroit exigé tous les talens du
négociateur le plus consommé. Nunnez
avoit-il quelqu'un de ces avantages ? La nature ne lui avoit donné que de la droiture,
du courage, de la fermeté, & il n'avoit rien
ajouté à ce qu'il avoit reçu de la nature.
Avec ces vertus, qui étoient presque des dé-
fauts dans la situation où il se trouvoit, il
commença à remplir sa mission sans aucun
égard aux lieux, aux personnes, aux circonstances. De l'étonnement, les peuples passe-
rent à l'indignation, aux murmures, à la
sédition.

Les guerres civiles prennent leur esprit
des causes qui les ont fait naître. Lorsque

C ij

l'horreur de la tyrannie & l'inftinct de la liberté mettent à des hommes braves les armes à la main, s'ils font victorieux, le calme qui fuccede à cette calamité paffagere eft l'époque du plus grand bonheur. Toutes les ames ont acquis de l'énergie & l'ont communiquée aux mœurs. Le petit nombre de citoyens qui ont été les témoins & les inftrumens de ces heureux troubles, réuniffent plus de forces morales que les nations les plus nombreufes. L'homme le plus capable eft devenu le plus puiffant, & chacun eft étonné de fe trouver à la place qui lui avoit été marquée par la nature.

Mais lorfque les diffenfions ont une fource impure ; lorfque des efclaves fe battent pour le choix d'un tyran, des ambitieux pour opprimer, des brigands pour partager les dépouilles; la paix qui termine les horreurs eft à peine préférable à la guerre qui les enfanta. Des criminels remplacent les juges qui les ont flétris & deviennent les oracles des loix qu'ils avoient outragées. On voit des hommes, ruinés par leurs profufions & par leurs défordres, infulter par un fafte infolent les vertueux citoyens dont ils ont envahi le patrimoine. Il n'y a dans ce cahos que les paffions qui foient écoutées. L'avidité veut s'enrichir fans travail, la vengeance s'exercer fans crainte, la licence écarter tout frein, l'inquiétude tout renverfer. De l'ivreffe du carnage, on paffe à celle de la débauche. Le lit sacré de l'innocence ou du mariage, est souillé par le sang, l'adultère & le viol. La fureur brutale de la multitude se plait à détruire tout ce dont elle ne peut jouir. Ainsi périssent, en quelques heures, les monumens de plusieurs siecles.

Si la lassitude, un épuisement entier, ou quelques heureux hasards suspendent ces calamités, l'habitude du crime, des meurtres, du mépris des loix, qui subsiste nécessairement après tant d'orages, est un levain toujours prêt à fermenter. Les généraux qui n'ont plus de commandement, les soldats licenciés sans paie, le peuple avide des nouveautés dans l'espérance d'un meilleur sort : ces matieres & ces instrumens de trouble sont toujours sous la main du premier factieux qui saura les mettre en œuvre.

Telle étoit la disposition des esprits dans le Pérou, lorsque Nunnez voulut faire exécuter les ordres qu'il avoit reçus dans l'ancien hémisphere. Il fut aussi-tôt dégradé, mis aux fers, & relégué dans une isle déserte d'où il ne devoit sortir que pour être transféré dans la métropole.

Gonzale Pizarre revenoit alors d'une expédition difficile, qui l'avoit conduit jusqu'à la riviere des Amazones, & l'avoit occupé assez long-tems pour l'empêcher de jouer un rôle dans les révolutions qui s'étoient succédées si rapidement. L'anarchie qu'il trouva établie, lui fit naitre la pensée de se saisir de

C iij

l'autorité. Son nom & ses forces ne permirent pas de la lui refuser: mais son usurpation fut scellée de tant d'atrocités, qu'on regretta Nunnez. Il fut tiré de son exil, & ne tarda pas à se voir assez de forces pour tenir la campagne. Les troubles civils recommencerent. La fureur fut extrème dans les deux partis. Personne ne demandoit ni ne faisoit quartier. Les Indiens furent forcés de prendre part à cette guerre comme aux précédentes, les uns sous les étendards du vice-roi, les autres sous ceux de Gonzale. Ils traînoient l'artillerie, ils applanissoient les chemins, ils portoient le bagage. Après des succès long-tems variés, la fortune couronna la rebellion sous les murs de Quito, dans le mois de janvier de l'an 1545. Nunnez, & la plupart des siens, furent massacrés dans cette journée.

Pizarre reprit le chemin de Lima. On y délibéra sur les cérémonies qu'on devoit faire à sa réception. Quelques officiers vouloient qu'on portât un dais sous lequel il marcheroit à la maniere des rois. D'autres, par une flatterie encore plus outrée, prétendoient qu'il falloit abattre une partie des murs de la ville, & mème quelques maisons, comme on le pratiquoit à Rome, lorsqu'un général obtenoit les honneurs du triomphe. Gonzale se contenta d'entrer à cheval, précédé par ses lieutenans qui marchoient à pied. Il avoit à ses côtés quatre évéques. Les magistrats le suivoient. On avoit jonché les rues de fleurs. L'air retentissoit du son des cloches & des divers instrumens de musique. Ces hommages acheverent de tourner la tête d'un homme naturellement fier & borné. Il parla & agit en despote.

Avec du jugement & l'apparence de la modération, il eût été possible à Gonzale de se rendre indépendant. Les principaux de son parti le desiroient. Le grand nombre auroit vu cet événement d'un œil indifférent, & les autres auroient été forcés d'y consentir. Une cruauté aveugle, une avidité insatiable, un orgueil sans bornes, changerent ces dispositions. Ceux même dont les intérêts étoient le plus liés avec ceux du tyran, soupiroient après un libérateur.

VIII. Un vieux prêtre fait enfin finir l'effusion du sang Espagnol.

Il arriva d'Europe. Ce fut Pedro de la Gasca, prêtre avancé en âge, mais prudent, désintéressé, ferme, & sur-tout très-délié. Il n'amenoit point de troupes, mais on lui avoit confié des pouvoirs illimités. Le premier usage qu'il se permit d'en faire, ce fut de publier un pardon universel, sans distinction de personnes ou de crimes, & de révoquer les loix séveres qui avoient rendu l'administration précédente odieuse. Cette démarche seule lui donna la flotte & les provinces des montagnes. Si Pizarre, à qui l'amnistie avoit été offerte en particulier avec tous les témoignages d'une distinction marquée, eût con-

senti à l'accepter, comme les plus éclairés de
ses partisans le lui conseilloient, les troubles
se trouvoient finis. L'habitude du commandement ne lui permit pas de descendre à une
condition privée; & il eut recours aux armes
dans l'espérance de perpétuer son rôle. Sans
perdre un moment, il prit la route de Cusco
où la Gasca rassembloit ses forces. Le 9
d'avril 1548, le combat s'engagea à quatre
lieues de cette place, dans les plaines de
Saesahuana. Un des lieutenans du général
rebelle le voyant abandonné, dès la première
charge, par ses meilleurs soldats, lui con-
seilla, mais en vain, de se précipiter dans les
bataillons ennemis & d'y périr en Romain.
Ce foible chef de parti aima mieux se rendre
& porter sa tète sur un échafaud. On pendit
autour de lui neuf ou dix de ses officiers.
Une peine plus infamante fut prononcée
contre Carvajal.

Ce confident de Pizarre, que toutes les
relations accusent d'avoir massacré lui-même
quatre cens hommes, d'avoir, par le ministere de ses bourreaux, immolé plus de mille
Espagnols, & fait périr, dans des travaux
excessifs, plus de vingt mille Indiens, fut un
des hommes les plus étonnans dont l'histoire
ait conservé le souvenir. Dans un tems où
toutes les ames étoient exaltées, il montra
un courage auquel nul autre ne put être
comparé. Il fut toujours fidele à la faction
qu'il avoit épousée, quoique l'usage de chan-

ger de drapeaux felon les circonftances fût
généralement établi. Jamais on ne lui vit
perdre la mémoire du plus léger fervice, &
ceux qui l'avoient une fois obligé pouvoient
lui manquer impunément. Sa cruauté étoit
devenue proverbe ; & dans fes plus atroces
exécutions, il ne perdoit rien de fa gaieté.
Fortement enclin à la raillerie, avec une
faillie on le défarmoit, pendant qu'il infultoit
au cri de la douleur qui lui paroiffoit le cri
de la lâcheté ou de la foibleffe. Ce cœur de
fer fe jouoit de tout. Pour rien, il ôtoit,
pour rien il confervoit la vie, parce qu'à fes
yeux la vie n'étoit rien. Sa paffion pour le
vin n'empêcha pas que la force extraordinaire
de fon corps, que la vigueur monftrueufe de
fon ame ne fe maintinffent jufques dans l'âge
le plus avancé. Dans la derniere vieilleffe, il
étoit encore le premier foldat, il étoit le
premier capitaine de l'armée. Sa mort fut
conforme à fa vie. A quatre-vingt-quatre
ans il fut écartelé, fans montrer aucun remords du paffé, fans montrer aucune inquiétude fur l'avenir.

Telle fut la derniere fcene d'une tragédie
dont tous les actes avoient été fanglans. Les
guerres civiles furent cruelles dans tous les
pays & dans tous les fiecles : mais au Pérou,
elles devoient avoir un caractere particulier
de férocité. Ceux qui les fufcitoient, ceux
qui s'y engageoient, étoient la plupart des
aventuriers fans éducation & fans naiffance.

C v

L'avarice qui les avoit pouſſés dans le Nouveau-Monde ſe joignit aux autres paſſions
qui rendent les diſſenſions domeſtiques ſi
durables & ſi violentes. Tous, tous ſans
exception, ne voyoient dans le chef qu'ils
avoient choiſi qu'un compagnon de fortune
dont l'influence devoit ſe borner à diriger
leurs traits. Aucun n'acceptoit de ſolde.
Comme le pillage & la confiſcation devoient
être le fruit de la victoire, il n'y avoit jamais
de quartier dans l'action. Après le combat,
tout homme riche étoit expoſé aux accuſa-
tions ; & il ne périſſoit guere moins de citoyens par les mains du bourreau que de
ſoldats dans les batailles. La plus baſſe cra-
pule, le luxe le plus extravagant avoient
bientôt épuiſé cet or acquis par tant de forfaits ; & l'on ſe livroit de nouveau à tous les
excès de la licence militaire qui n'a point
de frein.

Heureuſement pour cette opulente partie
de l'autre hémiſphere, les plus ſéditieux des
conquerans & de ceux qui ſuivoient leurs
traces, avoient miſérablement péri dans les
divers événemens qui l'avoient tant de fois
bouleverſée. Il n'avoit guere ſurvécu aux
troubles que ceux qui avoient conſtamment
préferé des occupations paiſibles au fracas &
aux dangers des grandes révolutions. Ce qui
pouvoit encore reſter de commotion dans
quelques eſprits, s'appaiſa peu-à-peu, comme
l'agitation des vagues après une longue &

furieuſe tempête. Alors & alors ſeulement les
rois catholiques ſe purent dire avec vérité
les rois des Eſpagnols fixés au Pérou. Mais
il reſtoit un inca.

Cet héritier légitime de tant de vaſtes états
vivoit au milieu des montagnes dans l'indépendance. Des princeſſes de ſon ſang aſſervies
aux conquérans, abuſerent de ſon inexpérience & de ſa jeuneſſe pour l'engager à ſe
rendre à Lima. Les uſurpateurs de ſes droits
inconteſtables pouſſerent l'inſolence juſqu'à
lui donner des lettres de grace , & ne lui
aſſignerent qu'un très - modique domaine
pour ſa ſubſiſtance. Il alla cacher ſa honte &
ſes regrets dans la vallée d'Yucay, où une
mort encore trop tardive termina trois ans
après ſa malheureuſe carriere. Une fille unique qui lui ſurvécut, épouſa Loyola ; & de
ce mariage ſont ſorties les maiſons d'Oropeſa
& d'Alcannizas. Ainſi fut conſommée la conquête du Pérou, vers l'an 1560.

Lorſque les Caſtillans s'étoient montrés
pour la premiere fois dans cet empire, il avoit
plus de quinze cens milles de côtes ſur la mer
du ſud, & dans ſa profondeur il n'étoit borné
que par les plus hautes des Cordelieres. En
moins d'un demi-ſiecle, ces hommes turbu-
lens pouſſerent à l'eſt leurs conquêtes depuis
Panama juſqu'à la riviere de la Plata, & à
l'oueſt depuis le Chagre juſqu'à l'Orenoque.
Quoique les nouvelles acquiſitions fuſſent la
plupart ſéparées du Pérou par des déſerts

affreux ou par des peuples qui défendoient opiniâtrement leur liberté, elles y furent toutes incorporées & en reçurent la loi juſques dans les derniers tems. Nous allons parcourir celles qui ont conſervé ou acquis quelque importance; & nous commencerons par le Darien.

XI. *Notions ſur le Darien. Cette contrée étoit-elle digne de diviſer les nations?*

Cette étroite langue de terre, qui joint l'Amérique Méridionale avec la Septentrionale, eſt fortifiée par une chaîne de hautes montagnes aſſez ſolide pour réſiſter à l'impulſion des deux océans oppoſés. Le pays eſt ſi aride, ſi pluvieux, ſi mal-ſain, ſi rempli d'inſectes, que les Eſpagnols n'auroient jamais vraiſemblablement ſongé à s'y fixer, s'ils n'euſſent trouvés à Porto-Bello & à Panama des havres favorables pour établir une communication facile entre la mer Atlantique & la mer du Sud. Le reſte de l'iſthme les attira ſi peu, que les établiſſemens de Sainte-Marie & de Nombre de Dios, qu'on y avoit d'abord formés, ne tarderent pas à s'anéantir.

Cet abandon détermina, en 1698, douze cens Ecoſſois à s'y rendre. La ſocieté unie pour cette entrepriſe ſe propoſoit de gagner la confiance du petit nombre de ſauvages que le fer n'avoit pas détruits, de leur mettre les armes à la main contre la nation dont ils avoit éprouvé la férocité, d'exploiter des mines qu'on croyoit plus abondantes qu'elles

ne le font, de couper le paffage aux galions
par des croifieres habilement dirigées, & de
combiner affez heureufement fes forces avec
celles de la Jamaïque, pour prendre l'empire
dans cette partie du Nouveau-Monde.

Un projet fi menaçant déplut à la cour de
Madrid, qui parut déterminée à confifquer
les effets de tous les Anglois qui trafiquoient
fi utilement dans fes royaumes. Il déplut à
Louis XIV, qui offrit à une puiffance déja
trop affoiblie, une efcadre fuffifante pour le
faire échouer. Il déplut aux Hollandois, qui
craignirent que la nouvelle compagnie ne
partageât un jour avec eux le commerce
interlope dont ils étoient feuls en poffeffion.
Il déplut au miniftere Britannique même,
qui prévit que l'Ecoffe, devenue riche,
voudroit fortir de l'efpece de dépendance où
fa pauvreté l'avoit jufqu'alors réduite. Cette
oppofition violente & univerfelle détermina
le roi Guillaume à révoquer une permiffion
que fes favoris lui avoient arrachée. Ce fut
alors une néceffité d'évacuer l'isle d'Or, où
la nouvelle colonie avoit été placée.

Mais la crainte feule qu'avoient eue les
Efpagnols de fe voir un pareil voifin, les
déterminaà s'occuper eux-mêmes d'une contrée qu'ils avoient jufqu'alors toujours dé-
daignée. Leurs miffionnaires réuffirent à former neuf ou dix bourgades, dont chacune
contenoit depuis cent cinquante jufqu'à deux
cens fauvages. Soit inconftance dans les

Indiens, foit dureté dans leurs conducteurs, ces établiſſemens naiſſans commencerent à décheoir en 1716 ; & de nos jours, il n'en reſte plus que trois, défendus par quatre petits forts & par cent ſoldats.

X. Etendue, climat, ſol, fortifications, port, population, mœurs, commerce de Carthagène.

La province de Carthagene eſt bornée à l'oueſt par la riviere de Darien, & à l'eſt par celle de la Magdelaine. Elle a cinquante-trois lieues de côte & quatre-vingt-cinq dans l'intérieur des terres. Les montagnes arides & très - élevées qui occupent la plus grande partie de ce vaſte eſpace, ſont ſéparées par des vallées larges, arroſées & fertiles. L'humidité & la chaleur exceſſives du climat empêchent, à la vérité, que les grains, les huiles, les vins, que les fruits de l'Europe n'y puiſſent proſpérer : mais le riz, le manioc, le maïs, le cacao, le ſucre, toutes les productions particulieres à l'Amérique y ſont fort communes. On n'y cultive cependant pour l'exportation que le coton ; & encore a-t-il la laine ſi longue, eſt - il ſi difficile à travailler, qu'il n'eſt acheté qu'au plus vil prix dans nos marchés, qu'il eſt rebuté par la plupart des manufactures.

Baſtidas fut le premier Européen qui, en 1502, ſe montra ſur ces plages inconnues. La Coſa, Guerra, Ojeda, Velpuce, Oviédo, y aborderent après lui : mais les peuples que ces brigauds ſe propoſoient d'aſſervir, leur

oppoferent une telle réfiftance , qu'il leur
fallut renoncer à tout projet d'établiffement.
Pedro de Heridia parut enfin, en 1527, avec
des forces fuffifantes pour donner la loi. Il
bâtit & peupla Carthagene.

Des corfaires François pillerent la nouvelle
ville en 1544. Elle fut brûlée quarante & un
ans après par le célèbre Drake. Pointis, un
des amiraux de Louis XIV, la prit en 1697,
mais en déshonorant par une cruelle rapacité
des armes que fon ambitieux maitre vouloit
illuftrer. Les Anglois fe virent réduits, en
1741, à la honte d'en lever le fiège, quoiqu'ils l'euffent formé avec vingt - cinq vaiffeaux de ligne, fix brûlots, deux galiottes à
bombe, & affez de troupes de débarquement
pour conquerir une grande partie de l'Amérique. La méfintelligence de Vernon & de
Wentowort ; les cabales qui divifoient le
camp & la flotte ; un défaut d'expérience
dans la plupart des chefs & de foumiffion
dans les fubalternes : toutes ces caufes fe
réunirent pour priver la nation de la gloire
& des avantages qu'elle s'étoit promife d'un
des plus brillans armemens qui fuffent jamais fortis des rades Britanniques.

Après tant de révolutions , Carthagene
fubfifte avec éclat dans une prefqu'isle de
fable qui ne tient au continent que par deux
langues de terre, dont la plus large n'a pas
plus de trente-cinq toifes. Ses fortifications
font régulieres. La nature a placé à peu de

diſtance une colline de hauteur médiocre, ſur laquelle on a conſtruit la citadelle de Saint-Lazare. Une garniſon plus ou moins nombreuſe, ſelon les circonſtances, défend tant d'ouvrages. La ville eſt une des mieux bâties, des mieux percées, des mieux diſpo-ſées du Nouveau-Monde. Elle peut contenir vingt-cinq mille ames. Les Eſpagnols for-ment la ſixieme partie de cette population. Les Indiens, les negres, les races formées de mélanges variés à l'infini, compoſent le reſte.

Cette bigarrure eſt plus commune à Car-thagene que dans la plupart des autres co-lonies. On y voit arriver continuellement une foule de vagabonds, ſans biens, ſans emploi, ſans recommandation. Dans un pays, où n'étant connus de perſonne, aucun ci-toyen n'oſe prendre confiance en leurs ſer-vices ; leur deſtinée eſt de vivre miſérable-ment d'aumônes conventuelles, & de cou-cher au coin d'une place ou ſous le porti-que de quelque égliſe. Si le chagrin d'un ſi triſte état leur cauſe une maladie grave, ils ſont communément ſecourus par des né-greſſes libres, dont ils reconnoiſſent les ſoins & les bienfaits en les' épouſant. Ceux qui n'ont pas le bonheur d'être dans une ſitua-tion aſſez déſeſpérée pour intéreſſer la pitié des femmes, ſont réduits à ſe réfugier dans les campagnes & à s'y livrer à des travaux fatigans qu'un certain orgueil national &

d'anciennes habitudes leur rendent également-ment insupportables. L'indolence est poussée si loin dans cette région, que les hommes & les femmes riches ne quittent leurs hamacs que rarement & pour peu de tems.

Le climat doit être un des grands principes de cette inaction. Les chaleurs sont excessives & presque continuelles à Carthagene. Les torrens d'eau qui tombent sans interruption depuis le mois de mai jusqu'à celui de novembre, ont cette singularité, qu'ils ne rafraîchissent jamais l'air, quelquefois un peu tempéré par les vents de nord-est, dans la saison sèche. La nuit n'est pas moins étouffée que le jour. Une transpiration habituel'e donne aux habitans la couleur pâle & livide des malades. Lors même qu'ils se portent bien, leurs mouvemens se ressentent de la mollesse de l'air qui relâche sensiblement leurs fibres. On s'en apperçoit jusques dans leurs paroles toujours traînantes & prononcées à voix basse. Ceux qui arrivent d'Europe conservent leur embonpoint trois ou quatre mois : mais ils perdent ensuite l'un & l'autre.

Ce dépérissement est l'avant-coureur d'un mal plus fâcheux encore, mais dont la nature est peu connue. On conjecture qu'il vient à quelques personnes pour n'avoir pas digéré ; à d'autres, parce qu'elles se sont refroidies. Il se déclare par des vomissemens accompagnés d'un délire si violent, qu'il faut lier le malade pour l'empêcher de se déchirer. Souvent il expire au milieu de ces transports qui durent rarement plus de trois ou quatre jours. Une limonade faite avec le suc de l'opentia ou raquette est, selon Godin, le meilleur spécifique que l'on ait encore trouvé contre une maladie si meurtriere. Ceux qui ont échappé à ce danger, dans les premiers tems, ne courent aucun risque. Des témoins éclairés assurent même que lorsqu'on revient à Carthagene après une longue absence, il n'y a plus rien à craindre.

La ville & son territoire présentent le spectacle d'une lèpre hideuse qui attaque indifféremment les régnicoles & les étrangers. Les physiciens, qui ont voulu attribuer cette calamité à la chair de porc, avoient oublié qu'on ne voit rien de semblable dans les autres parties du Nouveau-Monde, où cette nourriture n'est pas moins commune. Pour en arrêter la contagion, il a été fondé un hôpital. Ceux qu'on en croit attaqués y sont renfermés, sans distinction de sexe, de rang & d'âge. Le fruit d'un établissement si raisonnable est perdu par l'avarice des administrateurs, qui, sans être arrêtés par le danger des communications, permettent aux pauvres de sortir & d'aller mendier. Aussi le nombre des malades est-il si grand, que l'enceinte de leur demeure a une étendue immense. Chacun y jouit d'un petit terrein qui lui est marqué à son entrée. Il s'y bâtit une habitation relative à fa fortune, où il vit fans trouble jufqu'à la fin de fes jours, qui font fouvent longs, quoique malheureux. Cette maladie excite fi puiffamment au plaifir, dont l'attrait eft le plus impérieux, qu'on a cru devoir permettre le mariage à ceux qui en font attaqués. C'eft une démangeaifon aioutée à une démangeaifon. Elles femblent s'irriter par la fatisfaction des befoins qu'el-les donnent : elles croiffent par leurs remè-des, & fe reproduifent l'une par l'autre. L'inconvénient de voir ce mal ardent qui coule avec le fang, fe perpétuer dans les enfans, a cédé à la crainte d'autres défor-dres peut-être chimériques.

Nous permettra-t-on une conjecture ? Il eft des peuples en Afrique, placés à-peu-près à la même latitude, qui font dans l'ufage de fe frotter le corps avec une huile que rend le fruit d'un arbre femblable au palmier. Cette huile eft d'une odeur défagréable : mais, ou-tre la propriété qu'elle a d'éloigner les in-fectes incommodes fous ce ciel ardent, elle fert à affouplir la peau, à conferver à cet or-gane fi effentiel à la vie, ou à y rétablir le libre exercice de la fonction auquel la nature l'a deftiné ; elle calme encore l'irritation que la fécherefle & l'aridité doivent caufer à la peau qui devient alors fi dure, que toute tranfpiration eft interceptée. Qu'on eflaie une méthode à-peu-près femblable à Cartha-gène ; qu'on y joigne la propreté qu'exige le climat; & peut-être y verra-t on diminuer, cesser même totalement la lepre.

Malgré cette maladie dégoûtante ; malgré les vices multipliés d'un climat incommode & dangereux; malgré beaucoup d'autres inconvéniens, l'Espagne a toujours montré une grande prédilection pour Carthagène, à cause de son port, un des meilleurs que l'on connoisse. Il a deux lieues d'étendue , un fond excellent & profond. On n'y éprouve pas plus d'agitation que sur la riviere la plus tranquille. Deux canaux y conduisent. Celui qu'on nomme Boca-Grande, large de sept à huit cens toises, avoit autrefois si peu de profondeur , que le plus léger canot y passoit difficilement. L'océan l'a successivement creusé au point, qu'on y trouve jusqu'à douze pieds d'eau en quelques endroits. Si la révolution des tems amenoit de plus grands changemens, la place seroit exposée. Aussi la cour de Madrid s'occupe-t-elle sérieusement des moyens de prévenir un si grand malheur. Peut-être , après y avoir beaucoup réfl. chi , ne trouvera-t-on pas d'expédient plus simple & plus sûr que d'opposer aux flottes ennemies une digue formée par de vieux navires remplis de pierre & enfoncés dans la mer. Le canal de Bocachique a été jusqu'ici le seul praticable. Il est si étroit qu'il n'y peut passer qu'un vaisseau de front. Les Anglois ayant détruit, en 1741 , les fortifications qui le défendoient, on les rétablit avec plus d'intelligence. Ce ne fut plus à l'entrée du goulet qu'on les plaça ; mais en-dedans du canal où elles affurent une défenfe plus opiniâtre.

Du tems que ces contrées étoient approvifionnées par la voie fi connue des galions, les vaiffeaux partis d'Efpagne tous enfemble, paffoient à Carthagène avant d'aller à Porto-Bello, & y repaffoient avant de reprendre la route de l'Europe. Au premier voyage, ils y dépofoient les marchandifes néceffaires pour l'approvifionnement des provinces de l'intérieur, & ils en recevoient le prix au fecond. Lorfque des navires ifolés furent fubftitués à ces monftrueux armemens, la ville eut la même deftination. Ce fut toujours le pont de communication de l'ancien hémifphere avec une grande partie du nouveau. Depuis 1748 jufqu'en 1753, cet entrepôt ne vit arriver d'Efpagne que vingt-fept navires qui, en échange des marchandifes qu'ils avoient portées, reçurent, chaque année, en or ; 9,357,806 liv. en argent 4,792,498 liv. en productions 851,765 liv. en tout 14,939,069 livres.

L'article des denrées fut formé par quatre mille huit cens quatre-vingt quintaux de cacao, dont la valeur fut en Europe de 509,760 liv. Par cinq cens quatre-vingts quintaux de quinquina, dont la valeur fut de 200,880 livres. Par dix-fept quintaux de laine de vigogne dont la valeur fut de 12,474 liv. Par fept quintaux d'écaille, dont la valeur fut de

4,698 livres. Par quinze quintaux de nacre de perle dont la valeur fut de 1701 livres. Par seize quintaux de baume, dont la valeur fut de 18,500 livres. Par deux mille trente quintaux de bréfillet, dont la valeur fut de 29,295 livres. Par deux mille cent cuirs en poil, dont la valeur fut de 34,020 livres. Par quarante-deux quintaux de sang de dragon, dont la valeur fut de 2,389 livres. Par six quintaux d'huile marie, dont la valeur fut de 2,700 livres. Par sept quintaux de salfepareille, dont la valeur fut de 972 livres. Par un quintal d'ivoire, dont la valeur fut de 388 liv. Enfin par cent quatre-vingt-huit quintaux de coton, dont la valeur fut de 21,600 livres.

Dans ces retours, où il n'y eut rien pour le gouvernement, & où tout fut pour le commerce, le territoire de Carthagène n'entra que pour 93,241 livres. Le sol de Sainte-Marthe est encore moins utile.

XL. Causes de l'oubli où est tombée la province de Sainte-Marthe.

Cette province, qui a quatre-vingts lieues du Levant au Couchant & cent trente du Nord au Midi, fut, comme les contrées de son voisinage, découverte malheureusement à l'époque désastreuse où les rois d'Espagne uniquement occupés de leur agrandissement en Europe, ne demandoient à ceux de leurs sujets qui passoient dans le Nouveau-Monde que le quint de l'or qu'ils ramassoient dans leurs pillages. A cette condition, des brigands que pouſſoient l'amour de la nouveauté, une paſſion déſordonnée pour des métaux, l'eſpoir même de mériter le ciel, étoient les arbitres & les ſeuls arbitres de leurs actions. Ils pouvoient, ſans qu'on les en punît ou qu'on les en blamât, errer dans une région ou dans une autre, conſerver une conquête ou l'abandonner, mettre une terre en valeur ou la détruire, maſſacrer des peuples ou les traiter avec humanité. Tout convenoit à la cour de Madrid, pourvu qu'on lui envoyât beaucoup de richeſſes. La ſource lui en paroiſſoit toujours honnête & toujours pure.

Des ravages, des cruautés qu'on ne peut exprimer, furent la ſuite néceſſaire de ces principes abominables. La déſolation fut univerſelle. On en voit encore par-tout les funeſtes traces : mais plus particulierement à Sainte-Marthe. Après que ces deſtructeurs eurent dépouillé les peuplades de l'or qu'elles avoient ramaſſé dans leurs rivieres, des perles qu'elles avoient péchées ſur leurs côtes, ils diſparurent. Le peu d'entre eux qui s'y fixerent, éleverent une ou deux villes & quelques bourgades qui ſont reſtées ſans communication juſqu'à ce qu'elle ait été ouverte par l'activité infatigable de quelques miſſionnaires capucins qui ſont parvenus, de nos jours, à réunir dans huit hameaux trois mille cent quatre vingt onze Motilones ou Euagiras, les plus féroces des ſauvages indépendans qui la

traverſoient. Là végete leur mépriſable poſtérité nourrie & ſervie par quelques Indiens ou
par quelques nègres. Jamais la métropole
n'a envoyé un navire dans cette contrée, &
jamais elle n'en a reçu la moindre production.
L'induſtrie & l'activité s'y réduiſent à livrer
en fraude des beſtiaux, ſur-tout des mulets,
aux Hollandois & aux autres cultivateurs
des iſles voiſines qui donnent en échange des
vêtemens & quelques autres objets de peu de
valeur.

La ſuperſtition perpétue cette funeſte indolence. Elle empêche de voir que ce n'eſt
point par des cérémonies, par des flagella-
tions, par des *auto-da-fé*, qu'on honore la
divinité; mais par des ſueurs, par des défri-
chemens, par des travaux utiles. Ces hommes orgueilleux ſe perſuadent qu'ils ſont
plus grands dans une égliſe ou aux pieds d'un
moine que dans des guérets ou un attelier.
La tyrannie de leurs prêtres n'a pas permis
que les lumieres qui auroient pu les détrom-
per arrivaſſent juſqu'à eux. Cet ouvrage même, écrit pour les éclairer, leur ſera inconnu. Si quelque heureux haſard le faiſoit tomber dans leurs mains, ils en auroient horreur,
& le regarderoient comme une production
criminelle dont il faudroit brûler l'auteur.

XII. *Premiers événemens dont le pays de Venezuela fut*
le théâtre.

Alphonſe Ojeda reconnut le premier, en
1499, le pays appellé Venezuela ou petite
Veniſe,

Venife, nom qu'il reçut, parce qu'on y vit quelques huttes établies fur des pieux pour les élever au-deffus des eaux ftagnantes qui couvroient la plaine. Ni cet aventurier, ni ceux qui le fuivirent ne fongeoient à y former des établiffemens. Leur ambition étoit de faire des efclaves pour les tranfporter aux isles que leur férocité avoit dépeuplées. Ce ne fut qu'en 1527 que Jean d'Ampuez fixa fur cette côte une colonie, & qu'il promit à fa cour une contrée abondante en métaux. Ce te affurance donna lieu, l'année fuivante, à un arrangement affez fingulier pour être remarqué.

Charles-Quint, qui avoit réuni un fi grand nombre de couronnes fur fa tête, & concentré dans fes mains tant de puiffance, fe trouvoit engagé par fon ambition ou par la jaloufie de fes voifins dans des querelles interminables dont la dépenfe excédoit fes facultés. Dans fes befoins, il avoit emprunté des fommes confidérables aux Velfers d'Ausbourg, alors les plus riches négocians de l'Europe. Ce prince leur offrit en paiement la province de Venezuela, & ils l'accepterent comme un fief de la Caftille.

On devoit croire que des marchands, qui devoient leur fortune à l'achat & à la vente des productions territoriales, établiroient des cultures dans leur domaine. On devoit croire que des Allemands élevés au milieu des mines feroient exploiter celles qui fe trouveroient fur la conceffion qui leur étoit faite. Ces efpérances furent entierement trompées. Les Velfers n'embarquerent pour le Nouveau-Monde que quatre ou cinq cens de ces féroces foldats que leur patrie commençoit à vendre à quiconque vouloit & pouvoit payer leur fang. Ces vils ftipendiaires porterent au-delà des mers le goût du brigandage qu'ils avoient contracté dans les différentes guerres où ils avoient fervi. Sous la conduite de leurs chefs, Alfinger & Sailler, ils parcoururent un pays immenfe, mettant les fauvages à la torture & leur déchirant le flanc pour les forcer à dire où étoit leur or. Des Indiens, entraînés & chargés de vivres, qu'on maffacroit à l'inftant où ils tomboient de fatigue, fuivoient cette troupe barbare. Heureufement la faim, la fatigue, les fleches empoifonnées délivrerent la terre de cet odieux fardeau. Les Efpagnols fe remirent en poffeffion d'un fol dont les Velfers ne vouloient plus; & leur conduite ne fut guere différente de celle qui venoit de caufer tant d'horreur. Leur commandant Carvajal paya, il eft vrai, de fa tète fes atrocités : mais ce châtiment ne rappella pas du tombeau les victimes qu'on y avoit plongées. De leurs cendres fortirent avec le tems quelques productions dont le cacao fut la plus importante.

XIII. *Le cacao a toujours fixé les yeux de l'Efpagne fur Venezuela.*

Le cacaoyer eft un arbre de grandeur moyenne, qui pouffe ordinairement de fa

racine cinq ou six troncs. Son bois est blanc,
cassant & léger ; sa racine roussâtre & un peu
raboteuse. A mesure qu'il croît, il jette des
branches inclinées, qui ne s'étendent pas au
loin. Ses feuilles sont alternes, ovales, ter-
minées en pointe. Les plus grandes ont huit
à neuf pouces de longueur sur trois de largeur. Elles sont toutes portées sur des pédi-
cules courts, applatis & accompagnés à leur
base de deux membranes ou stipules. Les
fleurs naissent par petits paquets le long des
tiges & des branches. Leur calice est verdâ-
tre à cinq divisions profondes. Les cinq pétales qui composent la corolle sont petits,
jaunes, renflés par le bas, prolongés en une
laniere repliée en arc & élargie à son extrè-
mité. Ils tiennent à une gaîne formée par
l'assemblage de dix filets dont cinq portent
des étamines. Les cinq autres intermédiaires
sont plus longs & en forme de languette. Le
pistil, placé dans le centre & surmonté d'un
seul style, devient une capsule ovoïde &
presque ligneuse, longue de six à sept pouces, large de deux, inégale à sa surface, relevée de dix côtes, séparée intérieurement
en cinq loges par des cloisons membraneu-
ses. Les amandes qu'elle contient au nombre
de trente & plus sont recouvertes d'une
coque cassante & enveloppées d'une pulpe
blanchâtre.

Ces amandes sont la base du chocolat, dont
la bonté dépend de la partie huileuse qu'elles

contiennent & conféquemment de leur par-
faite maturité. On cueille la capfule, lorfqu'après avoir paſſé fucceſſivement du verd
au jaune, elle acquiert une couleur de mufc
foncé. On la fend avec un couteau, & l'on
en fépare toutes les amandes enveloppées de
leur pulpe, que l'on entaſſe dans des efpeces
de cuves pour les faire fermenter. Cette
opération détruit le germe & enleve l'humidité furabondante des amandes que l'on
expofe enfuite au foleil fur des claies pour
achever la deſſication. Le cacao ainfi préparé
fe conferve aſſez long-tems, pourvu qu'il foit
dans un lieu fec : mais il n'eſt pas avantageux
de le garder, parce qu'il perd en vieilliſſant
une partie de-fon huile & de fa vertu.

Le cacaoyer vient aiſément des graines
que l'on fême dans des trous alignés, à la
diftance de cinq ou fix pieds les uns des autres. Ces graines, qui doivent être très-frai-
ches, ne tardent pas à germer. L'arbre s'é-
leve aſſez promptement & commence à ré-
compenfer les travaux du cultivateur au
bout de deux ans. On fait chaque année
deux récoltes qui font égales pour la qualité
& pour l'abondance. Cet arbre veut un terrein gras & humide, qui n'ait point été employé à une autre culture. Si l'eau lui manque, il ceſſe de produire, fe deſſeche & périt. Un ombrage qui le garantiſſe continuellement des ardeurs du foleil ne lui eſt pas
moins néceſſaire. Les champs des cacaoyers

font encore fujets à être dévaftés par les ou-
ragans, fi l'on ne prend la précaution de les
entourer d'une liticre d'arbres robuftes, à
l'abri defquels ils puiffent profpérer. Les
foins qu'ils exigent d'ailleurs ne font ni pénibles , ni difpendieux. Il fuffit d'arracher
les herbes qui les priveroient de leur nourriture.

Le cacaoyer eft cultivé avec fuccès dans
plufieurs contrées du Nouveau-Monde. Il
croit même naturellement dans quelques-
unes. Cependant fon fruit n'eft nulle part
auffi abondant qu'à Venezuela. Nulle part,
fi l'on en excepte Soconufco, il n'eft d'auffi
bonne qualité.

Mais, pendant deux fiecles , les travaux
de la colonie ne tournerent pas au profit de
fa métropole. Le commerce national étoit
tellement furchargé de droits , tellement
embarraffé de formalités , que la province
trouvoit un grand avantage à recevoir des
mains des Hollandois de Curaçao toutes les
marchandifes dont elle avoit befoin, & à leur
donner en paiement fa production que ces
infatigables voifins vendoient avec un bénéfice énorme à une partie de l'Europe , même
au peuple propriétaire du terrein où elle étoit
recoltée. Ces liaifons interlopes étoient fi
vives & fi fuivies , que depuis 1700 jufqu'à
la fin de 1727 , il ne fut expédié des ports
d'Efpagne pour Venezuela que cinq navires

D iij

qui, fans exception, firent tous un voyage plus ou moins ruineux.

XIV. La province de Venezuela eſt miſe ſous le joug du monopole. Proſpérités de la compagnie.

Tel étoit l'état des choſes, lorſque quelques négocians de la province de Guipuſcoa jugerent, en 1728, qu'il leur ſeroit utile de ſe réunir pour entreprendre cette navigation. Le gouvernement approuva & encouragea ces vues. Les principales conditions de l'octroi furent que la compagnie paieroit pour tout ce qu'elle voudroit envoyer, pour tout ce qu'elle pourroit recevoir, les impôts déja établis, & qu'elle entretiendroit à ſes frais un nombre de garde-côtes ſuffiſant pour préſerver le pays de la contrebande.

Il ſe fit ſucceſſivement quelques changemens dans le régime de ce corps. On ne l'avoit d'abord autoriſé qu'à envoyer deux navires chaque année. La liberté d'en expédier autant qu'il lui conviendroit, lui fut accordée en 1734.

Dans les premiers tems, la compagnie ne jouiſſoit pas d'un privilege excluſif. Le gouvernement le lui accorda, en 1742 pour le département de Caraque, & dix ans après pour celui de Maracaybo, deux territoires dont la réunion forme la province de Venezuela qui occupe quatre cens milles ſur la côte.

Juſqu'en 1744, les vaiſſeaux, à leur retour du Nouveau-Monde, devoient tous dé-

poser leur cargaison entiere dans la rade de
Cadix. Après cette époque, leurs obligations se réduisirent à y porter le cacao nécessaire à l'approvisionnement de l'Andalousie &
des contrées limitrophes On consentit que
le reste fût débarqué à Saint-Sébastien, ber-
ceau de la compagnie.

C'étoit dans cette ville que se tenoit originairement l'assemblée générale des intéressés.
En 1751, on la transfera dans la capitale de
l'empire, où tous les deux ans elle est prési-
dée par quelqu'un des membres les plus ac-
crédités du conseil des Indes.

Les marchandises étoient livrées à l'ache-
teur qui en offroit un plus haut prix. Un mé-
contentement universel avertit la cour qu'un
petit nombre de riches associés s'emparoient
du cacao, regardé en Espagne comme une
denrée de premiere nécessité, & le vendoient
ensuite tout ce qu'ils vouloient. Ces murmures firent régler, en 1752, que sans supprimer les magasins établis à Saint-Sébastien,
à Cadix & à Madrid, on en établiroit de nouveaux à la Corogne, à Alicante, à Barcelone,
& que dans tous le cacao seroit distribué en
détail aux citoyens, au prix fixé par le ministere.

La compagnie obtint, en 1753, que ses
actions seroient réputées un bien immeuble,
qu'on pourroit les substituer à perpétuité,
& en former ces majorats inaliénables & in-

divifibles qui flattent fi généralement la fierté Efpagnole.

On ftatua, en 1761, que la compagnie
avanceroit aux affociés qui le defireroient la
valeur de feize actions; que ces effets feroient
mis en dépôt, & qu'on pourroit les vendre,
fi après un tems convenu le propriétaire ne
les retiroit pas. Le but de cette fage difpofition étoit de fecourir ceux des intéreffés qui
auroient quelque embarras dans leurs affaires, & de maintenir par des moyens honnêtes le crédit de l'affociation.

Par des arrangemens faits en 1776, les
opérations de la compagnie doivent s'étendre
à Cumana, à l'Orenoque, à la Trinité, à la
Marguerite. On n'a pas, il eft vrai, afſervi
ces contrées à fon monopole: mais les faveurs qu'elle a reçues font équivalentes à un
privilege exclufif.

Pendant ces changemens, les hommes libres & les efclaves fe multiplioient à Venezuela. Les fept cens cinquante neuf plantations diftribuées dans foixante une vallées
fortoient de leur langueur, & il s'en formoit
d'autres. Les anciennes cultures faifoient des
progrès & l'on en établiffoit de nouvelles.
Les troupeaux avançoient de plus en plus
dans l'intérieur des terres. C'étoit principalement dans le diftrict de Caraque que les
améliorations étoient remarquables. La ville
de ce nom comptoit vingt-quatre mille habitans, la plupart aifés. La Guayra qui fervoit

à sa navigation, quoique ce ne fût qu'un mauvais mouillage entouré d'un petit nombre de
bannes, devenoit peu-à-peu une peuplade
confidérable, & même une affez bonne rade
par le moyen d'un grand mole conftruit avec
intelligence.

Puerto Cabello, entierement abandonné
& cependant un des meilleurs ports de l'Amérique, voyoit s'élever trois cens maifons.
Effayons de démêler les caufes de cette fin-
guliere profpérité fous le joug du monopole.

La compagnie comprit de bonne heure
que fes fuccès feroient inféparables de ceux
de la colonie, & elle avança aux habitans jufqu'à 3,240,000 livres fans intérèt. La dette
devoit être acquittée en denrées, & ceux qui
manquoient à leurs engagemens étoient traduits au tribunal du repréfentant du roi qui
jugeoit feul fi les caufes du retard étoient ou
n'étoient pas légitimes.

Les magafins de la compagnie furent conftamment pourvus de tout ce qui pouvoit être
utile au pays, conftamment ouverts à tout
ce qu'il pouvoit livrer. De cette maniere, les
travaux ne languirent jamais faute de moyens
ou par défaut de débouchés.

La valeur de ce que la compagnie devoit
vendre, la valeur de ce qu'elle devoit acheter ne furent pas abandonnées à la rapacité
de fes agens. Le gouvernement de la province fixa toujours le prix de ce qui arrivoit
d'Europe; & une affemblée compofée des

D v

administrateurs, des colons & des facteurs décida toujours du prix des productions du sol.

Ceux des habitans du Nouveau - Monde qui n'étoient pas contens de ce qui étoit réglé, eurent la liberté d'envoyer dans l'ancien, pour leur propre compte, la sixieme partie de leurs récoltes & d'en retirer le produit en marchandises, mais toujours sur les navires de la compagnie.

Par ces arrangemens le cultivateur fut mieux recompensé de ses sueurs qu'il ne l'avoit été au tems du commerce interlope. Ce nouvel ordre de choses ne fut réellement funeste qu'à un petit nombre d'hommes intriguans, actifs & hardis, qui réunissoient à vil prix dans leurs mains les productions du pays pour les livrer à un prix beaucoup plus considérable à des navigateurs étrangers du même caractere qu'eux.

Le nouveau royaume de Grenade, le Mexique, quelques isles d'Amérique & les Canaries, étoient dans l'usage de tirer de Venezuela une partie du cacao que leurs habitans consommoient. Ces colonies continuerent à jouir de leur droit sans gêne. Elles l'exercerent même plus utilement, parce que la production qu'elles cherchoient à se procurer devint plus abondante & fut obtenue à meilleur marché.

Autrefois Venezuela ne fournissoit rien au commerce de la métropole. Depuis son ori-

gine, la compagnie lui a toujours livré des
productions dont la masse s'est accrue successivement. Depuis 1748 jusqu'en 1753, la
compagnie porta tous les ans dans la colonie
pour 3,197,327 livres en marchandises. Tous
les ans elle en retira 239,144 livres en argent;
trente-sept mille quintaux de cacao qu'elle
vendit 5,332,000 livres; deux mille cinq
cens quintaux de tabac qu'elle vendit 178,200
livres; cent cinquante-sept quintaux d'indigo qu'elle vendit 198,990 livres; vingt-deux
mille cuirs en poil qu'elle vendit 356,400
livres; du *dividi* qu'elle vendit 27,000 livres: de sorte que ses retours monterent à
6,831,734 liv. Le bénéfice apparent fut donc
de 3,634,407 livres. Nous disons apparent,
parce que sur cette somme les frais & les
droits consommerent 1, 932,500 l. La compagnie n'eut de gain réel que 1,701,897 liv.

Toutes ces branches de commerce ont reçu
de l'augmentation, excepté celle du dividi,
qu'il a fallu abandonner, depuis qu'on a reconnu qu'il n'étoit pas propre à remplacer
dans les teintures la galle d'Alep, comme on
l'avoit cru un peu légérement. L'extension
auroit été plus considérable, si l'on eût réussi
à interrompre les liaisons interlopes. Mais
malgré la vigilance de dix bâtimens croiseurs
avec quatre-vingt-six canons, cent quatre-
vingt-douze pierriers, cinq cens dix-huit
hommes d'équipage; malgré douze postes de
dix ou douze soldats chacun établis sur la cô-

te; malgré la dépenfe annuelle de 1,400,000 liv. la contrebande n'a pas été entiérement extirpée; & c'eft à Coro qu'elle fe fait principalement.

La nation s'eft également bien trouvée de l'établiffement de la compagnie. Elle ne lui paie le cacao que la moitié de ce que les Hollandois le lui vendoient. Le quintal qu'on obtient aujourd'hui en Efpagne pour cent foixante livres, en coûtoit autrefois trois cens vingt.

Les avantages que le gouvernement retire de la création de la compagnie ne font pas moins fenfibles. Antérieutement à cette époque, les revenus de la couronne à Venezuela n'y étoient jamais fuffifans pour les dépenfes de fouveraineté. Depuis, elles ont beaucoup augmenté, & parce qu'on a conftruit la citadelle de Puerto Cabello qui a coûté 1,620,000 livres, & parce qu'on entretient dans le pays un plus grand nombre de troupes régulieres. Cependant, le fifc a un fuperflu qu'il fait refluer à Cumana, à la Marguerite, à la Trinité & fur l'Orenoque. Ce n'eft pas tout. En Europe, les denrées de la colonie paient annuellement à l'Etat plus de 1,600,000 livres, & la navigation qu'elles occafionnent lui forme quinze cens matelots ou les lui tient toujours en activité.

Mais la compagnie même a-t-elle profpéré? tout, dans les premiers tems, portoit à douter fi elle auroit jamais une exiftence heu-

renfe. Quoique les colons euffent le droit
d'en être membres, ils refuferent d'abord de
lui livrer leurs productions. En Efpagne, où
une affociation commerçante étoit une nouveauté, on ne s'empreffa guere de s'y faire
infcrire, malgré l'exemple qu'en avoient donné le fouverain, la reine, l'infant Don Louis
& la province de Guipufcoa. Il fallut réduire
à quinze cens le nombre des actions qu'il
avoit été réfolu de porter à trois mille ; & le
capital qui devoit être de fix millions fut réduit à trois. Ces contrariétés n'empêcherent
pas qu'on ne fit aux intéreffés des répartitions confidérables, même dans les premiers
ans. Les fommes en réferve fe trouverent
pourtant fuffifantes, en 1752, pour doubler
les fonds primitifs, & pour les tripler, en
1766, avec un intérêt régulier de cinq pour
cent, fans compter les dividendes extraordinaires. Au premier janvier 1772, la compagnie, même en y comprenant la valeur des
actions qui s'étoit élevée à 9,000,000 livres,
ne devoit que 15,198,618 livres 12 fols, &
elle avoit 21,153,760 liv. 4 f. C'étoit donc
5,955,141 liv. 12 fols qu'elle avoit de plus
qu'elle ne devoit.

Le mauvais efprit, qui regne généralement
dans les fociétés exclufives, n'a pas autant
infecté celle de Caraque que les autres. Des
entreprifes folles ne l'ont jamais jettée hors
de fes mefures. Sa bonne-foi l'a préfervée de
tout procès, de la conteftation même la plus

légere. Pour ne pas expofer fon fort aux caprices de l'océan, au malheur des guerres,
elle a fait conftamment affurer fes cargaifons.
Une fidélité inviolable a fuivi fes engagemens. Enfin, dans une région où la plupart
des terres font fubftituées & où il y a peu de
bons débouchés pour l'argent, elle a obtenu
à deux & demi pour cent tout celui que fes
befoins demandoient.

Pour fe ménager la bienveillance de la nation, généralement refufée par-tout au mo-
nopóle, la compagnie a toujours voulu paroître animée d'un efprit public. Dès 1735,
elle fe chargea des atteliers de Placentia qui
fourniffoient à peine huit mille fufils chaque
année, & qui, fans compter quelques autres
armes qu'on a commencé à y fabriquer, en
donnent actuellement quatorze mille quatre
cens avec leurs platines qu'auparavant il falloit tirer de Liège. Quoique durant la courte
guerre de 1762, la compagnie eût vu tomber dans les mains des Anglois fix de fes navires richement chargés, elle ne laiffa pas
de confacrer au gouvernement tout ce qu'elle
pouvoit avoir de crédit & de puiffance. Les
bois de conftruction périffoient dans la Navarre. Il falloit les couper. Il falloit pratiquer
des routes pour les traîner fur les bords de la
Vidaffoa. Il falloit rendre cette riviere capri-
cieufe propre à les porter à fon embouchure.
Il falloit les conduire enfuite à l'important
port du Ferrol. Depuis 1766, la compagnie

exécute toutes ces chofes avec un grand avantage pour la marine militaire.

Ce corps ne cefe d'annoncer d'autres entreprifes utiles à la monarchie. Il eft douteux fi on lui laiffera le tems de les exécuter. Le parti que paroît avoir pris la cour de Madrid, d'ouvrir tous fes ports du Nouveau-Monde à tous fes fujets de l'ancien, doit faire préfumer que la province de Venezuela ceffera, un peu plutôt, un peu plus tard, d'être dans les liens du monopole. La diffolution de la compagnie fera-t-elle un bien, fera-t-elle un mal ? Les bonnes ou mauvaifes combinaifons que fera le miniftere Efpagnol réfoudront le probléme.

XV. *La Conr de Madrid abandonne Cumana anx foins de Las Cafas. Travaux infruftueux de cet homme célébre pour rendre la contrée florifante.*

La côte de Cumana fut découverte, en 1498, par Colomb. Ojéda, qui étoit embarqué avec ce grand navigateur, y aborda l'année fuivante, & y fit même affez paifiblement quelques échanges avec les fauvages. Il parut plus commode aux aventuriers qui le fuivirent, de dépouiller ces hommes foibles de leur or ou de leurs perles ; & ce brigandage étoit auffi commun dans cette contrée que dans les autres parties de l'Amérique, lorfque Las Cafas entreprit d'en arrêter le cours.

Cet homme fi célebre dans les annales du Nouveau Monde, avoit accompagné fon pere, à l'époque même de la découverte. La dou-

cœur & la simplicité des Indiens le frapperent
à tel point, qu'il se fit ecclésiastique pour
travailler à leur conversion. Bientôt ce fut
le soin qui l'occupa le moins. Comme il étoit
plus homme que prêtre, il fut plus révolté
des barbaries qu'on exerçoit contre eux, que
de leurs folles superstitions. On le voyoit
continuellement voler d'un hémisphère à l'autre pour consoler des peuples chers à son
cœur, & pour adoucir leurs tyrans. L'inu-
tilité de ses efforts lui fit enfin comprendre
qu'il n'obtiendroit jamais rien dans les établissemens déja formés; & il se proposa d'é-
tablir une colonie sur des fondemens nouveaux.

Ses colons devoient être tous cultivateurs,
artisans ou missionnaires. Personne ne pouvoit se mêler parmi eux que de son aveu. Un
habit particulier, orné d'une croix, empê-
cheroit qu'on ne les prit pour être de la race
de ces Espagnols qui s'étoient rendus si odieux
par leurs barbaries. Avec ces especes de che-
valiers, il comptoit réussir sans guerre, sans
violence & sans esclavage, à civiliser les Indiens, à les convertir, à les accoutumer au
travail, à leur faire exploiter des mines. Il ne
demandoit aucun secours au fisc dans les premiers tems; & il se contentoit pour la suite
du douzieme des tributs qu'il y feroit tôt ou
tard entrer.

Les ambitieux qui gouvernent les empires consomment les peuples comme une den-

rée, & traitent toujours de chimérique tout
ce qui tend à rendre les hommes meilleurs
ou plus heureux. Telle fut d'abord l'impreſ-
ſion que fit, ſur le miniſtere Eſpagnol, le ſyſ-
tême de Las Caſas. Les refus ne le rebuterent
point, & il réuſſit à ſe faire aſſigner Cumana,
pour y réduire ſa théorie en pratique.

Ce génie ardent parcourt auſſi-tôt toutes
les provinces de la Caſtille, pour y lever des
hommes accoutumés au travail des champs,
à celui des atteliers. Mais ces citoyens paiſibles n'ont pas la même ardeur, pour s'ex-
patrier, que des ſoldats ou des matelots. A
peine en peut-il déterminer deux cens à le
ſuivre. Avec eux, il fait voile pour l'Amérique, & aborde à Porto-Rico en 1519, après
une navigation aſſez heureuſe.

Quoique Las Caſas n'eût quitté le nouvel
hémiſphere que depuis deux ans, à ſon retour la face s'en trouvoit totalement changée. La deſtruction entiere des Indiens dans
les iſles ſoumiſes à l'Eſpagne, avoit inſpiré
la réſolution d'aller chercher dans le continent des eſclaves, pour remplacer les infortunés que l'oppreſſion avoit fait périr. Cette
barbarie révolta l'ame indépendante des ſauvages. Dans leur reſſentiment, ils maſſa-
croient tous ceux de leurs raviſſeurs que le
haſard faiſoit tomber dans leurs mains; &
deux miſſionnaires que des vues, vraiſemblablement louables, avoient conduits à Cumana, furent la victime de ces juſtes repré-

failles. Ocampo partit fur le champ de Saint-Domingue pour aller punir un attentat commis contre le ciel même, ainfi qu'on s'exprimoit; & après avoir mis tout à feu & à fang, il y éleva une bourgade qu'il nomma Tolede.

Ce fut dans ces foibles paliffades que Las Cafas fe vit réduit à placer le petit nombre de fes compagnons qui avoient réfifté aux intempéries du climat, ou qu'on n'avoit pas réuffi à lui débaucher. Leur féjour n'y fut pas long. Les traits d'un ennemi implacable percerent la plupart d'entre eux; & ceux que ces armes n'avoient pas atteints, furent forcés, en 1521, d'aller chercher ailleurs un afyle.

Quelques Efpagnols fe font depuis établis à Cumana: mais cette population a toujours été fort bornée & ne s'eft jamais éloignée des côtes. Pendant deux fiecles, la métropole n'eut pas des liaifons directes avec fa colonie. Ce n'eft que depuis peu qu'elle y envoie annuellement un ou deux petits navires, qui, en échange des boiffons & des marchandifes d'Europe, reçoivent du cacao & quelques autres productions.

XVI. Du fleuve Orenoque.

Ce fut Colomb qui, le premier, découvrit, en 1498, l'Orenoque, dont les bords furent depuis appellés Guyane Efpagnole. Ce grand fleuve tire fa fource des Cordelières, & ne fe jette dans l'océan, par quarante embouchures, qu'après avoir été groffi dans un cours immenfe par un nombre prod'gieux de rivieres plus ou moins confidérables. Telle eft fon impétuofité, qu'il traverfe les plus fortes marées, & conferve la douceur de fes eaux douze lieues après être forti du vafte & profond canal qui l'enchaînoit. Cependant, fa rapidité n'eft pas toujours égale, par l'effet d'une fingularité très-remarquable. L'Orenoque, commençant à croître en avril, monte continuellement pendant cinq mois, & refte le fixieme dans fon plus grand accroiffement. En octobre, il commence à baiffer graduellement jufqu'au mois de mars, qu'il paffe tout entier dans l'état fixe de fa plus grande diminution. Cette alternative de variations eft réguliere, invariable même.

Ce phénomene paroit beaucoup plus dépendre de la mer que de la terre. Durant les fix mois que le fleuve croit, l'hémifphere du Nouveau - Monde n'offre, pour ainfi dire, que des mers & prefque point de terre à l'action perpendiculaire des rayons du foleil. Durant les fix mois que le fleuve décroit, l'Amérique ne préfente que fon grand continent à l'aftre qui l'éclaire. La mer eft alors moins foumife à l'influence active du foleil, ou du moins fa pente vers les côtes orientales eft plus balancée, plus brifée par les terres. Elles doit donc laiffer un plus libre cours aux fleuves qui, n'étant point alors fi fort retenus par la mer, ne peuvent être groffis que par la fonte des neiges des Cordelières ou

par les pluies. C'est peut-être aussi la saison
des pluies qui décide de l'accroissement des
eaux de l'Orenoque. Mais pour bien saisir
les causes d'un phénomène si singulier, il faudroit étudier les rapports que peut avoir le
cours de ce fleuve avec celui des Amazones
par Rionegro, connoître la situation & les
mouvemens de l'un & de l'autre. Peut-être
trouveroit-on, dans la différence de leur position, de leur source & de leur embouchure, l'origine d'une diversité si remarquable
dans l'état périodique de leurs eaux. Tout
est lié dans le système du monde. Le cours
des fleuves tient aux révolutions, soit journalieres, soit annuelles de la terre. Quand
des hommes éclairés se feront portés sur les
bords de l'Orenoque, on saura, du moins on
cherchera les raisons des phénomènes de son
cours. Mais ce ne sera pas sans difficulté.
Ce fleuve n'est pas aussi navigable que le fait
présumer la masse de ses eaux. Son lit est em-
barrassé d'un grand nombre de rochers qui
réduisent, par intervalle, le navigateur à
porter ses bateaux & les denrées dont ils sont
chargés.

XVII. Quelle fut là condition des femmes sur les bords de
l'Orenoque, & quelle elle est encore.

Avant l'arrivée des Européens, les peuples qui traversent ou qui fréquentent ce
fleuve voisin du brûlant équateur, ne connoissoient, ni vêtemens, ni police, ni gouvernement. Libres sous le joug de la pauvreté,

ils vivoient la plupart de chasse, de pêche,
de fruits sauvages. L'agriculture devoit être
peu de chose, où l'on n'avoit qu'un bâton
pour labourer la terre, & des haches de pierre pour abattre les arbres qui, après avoir
été brûlés ou pourris, laissoient un terrein
propre à former un champ.

Les femmes étoient dans l'oppression sur
l'Orénoque, comme dans toutes les régions
barbares. Tout entier à ses besoins, le sauvage ne s'occupe que de sa sûreté & de sa
subsistance. Il n'est sollicité aux plaisirs de
l'amour que par le vœu de la nature qui veille à la perpétuité de l'espece. L'union des
deux sexes, ordinairement fortuite, prendroit rarement quelque solidité, dans les forêts, si la tendresse paternelle & maternelle
n'attachoit les époux à la conservation du
fruit de leur union. Mais avant qu'un premier enfant puisse se suffire à lui-même, il en
naît d'autres auxquels on ne peut refuser les
mêmes soins. Il arrive enfin le moment où
cette raison sociale cesse d'exister : mais alors
la force d'une longue habitude, la consolation de se voir entouré d'une famille plus ou
moins nombreuse, l'espoir d'être secouru
dans ses derniers ans par sa postérité : tout
ôte la pensée & la volonté de se séparer. Ce
sont les hommes qui retirent les plus grands
avantages de cette cohabitation. Chez les
peuples qui n'accordent leur estime qu'à la
force & au courage, la foiblesse est toujours

tyrannifée, pour prix de la protection qu'on lui accorde. Les femmes y vivent dans l'opprobre. Les travaux, regardés comme abjects, font leur partage. Des mains, accoutumées à manier des armes ou la rame, fe croiroient avilies par des occupations fédentaires, par celles même de l'agriculture.

Les femmes font moins malheureufes parmi des peuples pafteurs, à qui une exiftence plus affurée permet de s'occuper un peu davantage du foin de la rendre agréable. Dans l'aifance & le loifir dont ils jouiffent, ils peuvent fe faire une image de la beauté, apporter quelque choix dans l'objet de leurs defirs, & ajouter à l'idée du plaifir phyfique celle d'un fentiment plus noble.

Les relations des deux fexes fe perfectionnent encore auffi - tôt que les terres commencent à être cultivées. La propriété qui n'exiftoit pas chez les peuples fauvages, qui étoit peu de chofe chez les peuples pafteurs, commence à devenir importante chez les peuples agricoles. L'inégalité qui ne tarde pas à s'introduire dans les fortunes, en doit occafionner dans la confidération. Alors les nœuds du mariage ne fe forment plus au hafard ; l'on veut qu'ils foient affortis. Pour être accepté, il faut plaire ; & cette néceffité attire des égards aux femmes, & leur donne quelque dignité.

Elles reçoivent une nouvelle importance de la création des arts & du commerce. Alors.

les affaires fe multiplient, les rapports fe
compliquent. Les hommes, que des relations
plus étendues éloignent fouvent de leur
attelier ou de leurs foyers, fe trouvent dans
la néceffité d'affocier à leurs talens la vigilance des femmes. Comme l'habitude de la
galanterie, du luxe, de la diffipation, ne
les a pas encore dégoûtées des occupations
obfcures ou férieufes, elles fe livrent fans
réferve & avec fuccès à des fonctions dont
elles fe trouvent honorées. La retraite
qu'exige ce genre de vie, leur rend chère
& familiere la pratique de toutes les vertus
domeftiques. L'autorité, le refpect & l'attachement de tout ce qui les entoure, font la
récompenfe d'une conduite fi eftimable.

Vient enfin le tems où l'on eft dégoûté
du travail par l'accroiffement des fortunes.
Le foin principal eft de prévenir l'ennui,
de multiplier les amufemens, d'étendre les
jouiffances. A cette époque, les femmes
font recherchées avec empreffement, & pour
les qualités aimables qu'elles tiennent de la
nature & pour celles qu'elles ont reçues de
l'éducation. Leurs liaifons s'étendent. La vie
retirée ne leur convient plus. Il leur faut
un rôle plus éclatant. Jettées fur le théâtre
du monde, elles deviennent l'ame de tous
les plaifirs, & le mobile des affaires les plus
importantes. Le bonheur fouverain eft de
leur plaire, & la grande ambition d'en obtenir quelques préférences. Alors renait entre

les deux fexes la liberté de l'état de nature , avec cette différence remarquable que dans la cité fouvent l'époux tient moins à la femme & la femme à fon époux, qu'au fond des forêts; que les enfans confiés en naiffant à des mercenaires ne font plus un lien ; & que l'inconftance qui n'auroit aucune fuite fâcheufe chez la plupart des peuples fauvages, influe fur la tranquillité domeftique & fur le bonheur chez les nations policées, où elle eft un des principaux fymptômes d'une corruption générale & de l'extinction de toutes les affections honnêtes.

La tyrannie, exercée contre les femmes fur les rives de l'Orenoque encore plus que dans le refte du Nouveau-Monde, doit être une des principales caufes de la dépopulation de ces contrées fi favorifées de la nature. Les meres y ont contracté l'habitude de faire périr les filles dont elles accouchent , en leur coupant de fi près le cordon ombilical, que ces enfans meurent d'une hémorragie. Le chriftianifme même n'a pas réuffi à déraciner cet ufage abominable. On a pour garant le jéfuite Gumilla qui, averti que l'une de fes néophytes venoit de commettre un pareil affaffinat, alla la trouver pour lui reprocher fon crime dans les termes les plus énergiques. Cette femme écouta le miffionnaire fans s'émouvoir. Quand il eût fini , elle lui demanda la permiffion de lui répondre ; ce qu'elle fit en ces termes :

» Plût

« Plût à Dieu, pere, plût à Dieu, qu'au
» moment où ma mere me mit au monde,
» elle eût eu assez d'amour & de compassion
» pour épargner à son enfant tout ce que j'ai
» enduré! tout ce que j'endurerai jusqu'à la
» fin de mes jours. Si ma mere m'eût étouffée
» lorsque je naquis, je serois morte, mais
» je n'aurois pas senti la mort, & j'aurois
» échappé à la plus malheureuse des con-
» ditions. Combien j'ai souffert, & qui sait
» ce qui me reste à souffrir!

» Représente-toi, pere, les peines qui
» sont réservées à une Indienne parmi ces
» Indiens. Ils nous accompagnent dans les
» champs avec leur arc & leurs fléches : nous
» y allons, nous chargées d'un enfant que
» nous portons dans une corbeille, & d'un
» autre qui pend à nos mamelles. Ils vont
» tuer un oiseau ou prendre un poisson :
» nous bêchons la terre, nous ; & après
» avoir supporté toute la fatigue de la cul-
» ture, nous supportons toute celle de la
» moisson. Ils reviennent le soir sans aucun
» fardeau : nous, nous leur apportons des
» racines pour leur nourriture & du maïs
» pour leur boisson. De retour chez eux,
» ils vont s'entretenir avec leurs amis, nous
» nous allons chercher du bois & de l'eau
» pour préparer leur souper. Ont-ils mangé,
» ils s'endorment; nous, nous passons la
» plus grande partie de la nuit à moudre le
» maïs & à leur faire la chica. Et quelle est

Tome IV.   E

» la récompenſe de nos veilles ? Ils boivent ,
» & quand ils ſont ivres , ils nous traînent
» par les cheveux & nous foulent aux pieds.

» Ah ! pere , plût à Dieu que ma mere
» m'eût étouffée en naiſſant. Tu ſais toi-
» mème ſi nos plaintes ſont juſtes. Ce que
» je te dis , tu le vois tous les jours : mais
» notre plus grand malheur, tu ne ſaurois
» le connoître. Il eſt triſte pour la pauvre
» Indienne de ſervir ſon mari comme une
» eſclave , aux champs accablée de ſueurs,&
» au logis privée de repos. Cependant il
» eſt plus affreux encore de le voir au bout
» de vingt ans prendre une autre femme
» plus jeune, qui n'a point de jugement. Il
» s'attache à elle. Elle frappe nos enfans.
» Elle nous commande. Elle nous traite
» comme ſes ſervantes ; & au moindre mur-
» mure qui nous échapperoit, une branche
» d'arbre levée...... Ah ! pere , comment
» veux-tu que nous ſupportions cet état?
» Qu'a de mieux à faire une Indienne que
» de ſouſtraire ſon enfant à une ſervitude
» mille fois pire que la mort ? Plût à Dieu ,
» pere, je te le répète, que ma mere m'eût
» aſſez aimée pour m'enterrer lorſque je
» naquis ! Mon cœur n'auroit pas tant à
» ſouffrir, ni mes yeux à pleurer. ”

XVIII. Etat de la colonie Eſpagnole , formée ſur les rives
de l'Orenoque.

Les Eſpagnols qui ne pouvoient s'occuper
de toutes les régions qu'ils découvroient,

perdirent de vue l'Orenoque. Ce ne fut qu'en 1535 qu'ils entreprirent de le remonter. N'y ayant pas trouvé les mines qu'ils cherchoient, ils le méprisèrent. Cependant le peu d'Européens qu'on y avoit jetté, se livrèrent à la culture du tabac avec tant d'ardeur qu'ils en livroient tous les ans quelques cargaisons aux bâtimens étrangers qui se présentoient pour l'acheter. Cette liaison interlope fut proscrite par la métropole, & des corsaires entreprenans pillèrent deux fois cet établissement sans force. Ces désastres le firent oublier. On s'en ressouvint en 1753. Le chef d'escadre, Nicolas de Yturiaga y fut envoyé. Cet homme sage établit un gouvernement régulier dans la colonie qui s'étoit formée insensiblement dans cette partie du Nouveau-Monde.

En 1771, on voyoit sur les rives de l'Orenoque treize villages qui réunissoient quatre mille deux cens dix-neuf Espagnols, métis, mulâtres ou nègres ; quatre cens trente-une propriétés ; douze mille huit cens cinquante-quatre bœufs, mulets ou chevaux.

A la même époque, les Indiens qu'on avoit réussi à détacher de la vie sauvage étoient répartis dans quarante-neuf hameaux.

Les cinq qui avoient été sous la direction des jésuites comptoient quatorze cens vingt-six habitans, trois cens quarante-quatre propriétés, douze mille trente têtes de bétail.

Les onze qui sont sous la direction des

E ij

cordeliers comptoient dix-neuf cens trente-quatre habitans, trois cens cinq propriétés, neuf cens cinquante têtes de bétail.

Les onze qui sont sous la direction des capucins Aragonois comptoient deux mille deux cens onze habitans, quatre cens soixante-dix propriétés, cinq cens sept têtes de bétail.

Les vingt-deux qui sont sous la direction des capucins de Catalogne comptoient six mille huit cens trente habitans, quinze cens quatre-vingt-douze propriétés, quarante-six mille têtes de bétail.

C'étoit en tout soixante-deux peuplades, seize mille six cens vingt habitans, trois mille cent quarante-deux propriétés, soixante-douze mille trois cens quarante-une têtes de bétail.

Jusqu'à ces derniers tems, les Hollandois de Curaçao trafiquoient seuls avec cet établissement. Ils fournissoient à ses besoins, & on les payoit avec du tabac, des cuirs & des troupeaux. C'étoit à Saint-Thomas, chef-lieu de la colonie, que se concluoient tous les marchés. Les noirs & les Européens faisoient les leurs eux-mêmes : mais c'étoient les missionnaires seuls qui traitoient pour leurs néophytes. Le même ordre de choses subsiste encore, quoique depuis quelques années la concurrence des navires Espagnols ait commencé à écarter les navires interlopes.

Il est doux d'espérer que ces vastes & fertiles contrées sortiront enfin de l'obscurité où elles sont plongées, & que les semences qu'on y a jettées produiront, un peu plus tôt, un peu plus tard, des fruits abondans. Entre la vie sauvage & l'état de société, c'est un désert immense à traverser : mais de l'enfance de la civilisation à la vigueur du commerce, il n'y a que des pas à faire. Le tems, qui accroît les forces, abrège les distances. Le fruit qu'on retireroit du travail de ces peuplades nouvelles, en leur procurant des commodités, donneroit des richesses à l'Espagne.

XIX. Courte description du nouveau royaume de Grenade.

Derriere les côtes très-étendues, dont nous venons de parler, & dans l'intérieur des terres, est ce que les Espagnols appellent le nouveau royaume de Grenade. Il a une étendue prodigieuse. Son climat est plus ou moins humide, plus ou moins froid, plus ou moins chaud, plus ou moins tempéré, selon la direction des branches des Cordelieres qui en coupent les différentes parties. Peu de ces montagnes sont susceptibles de culture : mais la plupart des plaines, la plupart des vallées qui les séparent offrent un sol fertile.

Même avant la conquête, le pays étoit fort peu habité. Au milieu des sauvages qui le parcouroient, s'étoit cependant formée une nation qui avoit une religion, un gou-

E iij

vernement, une culture ; & qui, quoiqu'inférieure aux Mexicains & aux Péruviens s'étoit élevée beaucoup au-dessus de tous les autres peuples de l'Amérique. Ni l'histoire, ni la tradition ne nous apprennent comment avoit été créé cet état : mais on doit croire qu'il a existé, quoiqu'il ne reste aucune trace de sa civilisation.

Ce royaume, s'il est permis de se servir de cette expression, se nommoit Bogota. Benalcazar, qui commandoit à Quito l'attaqua en 1526, du côté du sud, & Quesada, qui avoit débarqué à Sainte-Marthe, l'attaqua du côté du nord. Des hommes unis entre eux, accoutumés à combattre ensemble, conduits par un chef absolu ; ces hommes devoient faire & firent en effet quelque résistance ; mais il fallut enfin céder à la valeur, aux armes, & à la discipline de l'Europe. Les deux capitaines Espagnols eurent la gloire, puisqu'on veut que c'en soit une, d'ajouter une grande possession à celles dont leurs souverains s'étoient laissés surcharger dans cet autre hémisphère. Avec le tems, les provinces plus ou moins éloignées de ce centre, se soumirent en partie. Nous disons en partie, parce que l'organisation du pays est telle qu'il ne fut jamais possible d'en subjuguer tous les habitans, & que ceux d'entre eux qui avoient reçu des fers les brisoient aussi-tôt qu'ils avoient le courage de le bien vouloir. Il n'est pas même sans quelque vraifemblance que la plupart auroient pris cette détermination, fi on les eût affujettis à ces travaux deftructeurs qui ont caufé tant de ravages dans les autres parties du Nouveau-Monde.

XX. Ce qu'a été le nouveau royaume de Grenade, ce qu'il eft, & ce qu'il peut devenir.

Quelques écrivains ont parlé avec un enthoufiafme prefque fans exemple des richeffes qui fortirent d'abord du nouveau royaume. Ils les font monter au point d'étonner les imaginations le plus avides du merveilleux. Jamais peut-être on ne pouffa fi loin l'exagération. Si la réalité eût feulement approché des fables, cette grande profpérité feroit confignée dans des regiftres publics, ainfi que celles de toutes les colonies véritablement intéreffantes. D'autres monumens en auroient perpétué le fouvenir. Dans aucun tems, ces tréfors n'exifterent donc que fous la plume d'un petit nombre d'auteurs naturellement crédules, ou qui fe laiffoient entrainer par l'efpoir d'ajouter à l'éclat dont déja brilloit leur patrie.

Le nouveau royaume fournit aujourd'hui l'émeraude, pierre précieufe, tranfparente, de couleur verte, & qui n'a guere plus de dureté que le cryftal de roche.

Quelques contrées de l'Europe fourniffent des émeraudes, mais très-imparfaites & peu recherchées.

On a cru long-tems que les émeraudes

E iv

d'un verd gai venoient des grandes Indes , & c'est pour cela qu'on les appelloit orientales. Cette opinion a été abandonnée, lorsque ceux qui la défendoient se sont vus dans l'impuissance de nommer les lieux où elles se formoient. Actuellement, il est établi que l'Asie ne nous a jamais vendu de ces pierreries que ce qu'elle-même en avoit reçu du nouvel hémisphère.

C'est donc à l'Amérique seule qu'appartiennent les belles émeraudes. Les premiers conquérans du Pérou en trouverent beaucoup qu'ils briserent sur des enclumes, dans la persuasion où étoient ces aventuriers qu'elles ne devoient pas se briser, si elles étoient fines. Cette perte devenoit plus sensible, par l'impossibilité de découvrir la mine d'où les incas les avoient tirées. La Nouvelle - Grenade ne tarda pas à remplir le vuide. Cette région nous envoie maintenant moins de ces pierreries, soit qu'elles soient devenues plus rares, soit que la mode en ait diminué dans nos climats. Mais l'or qui en vient est plus abondant ; & ce sont les provinces du Popayan & du Choco qui le fournissent. On l'obtient sans de grands dangers & sans des dépenses considérables.

Ce précieux métal, qu'ailleurs il faut arracher aux entrailles des rochers , des montagnes ou des abimes , se trouve presque à la superficie de la terre. Il est mêlé avec elle, mais des lavages plus ou moins souvent ré-

pétés l'en féparent affez aifément. Les noirs,
qui ne font jamais employés dans les mines
qui ont de la profondeur, parce que l'expérience a démontré que les fraicheurs les y
faifoient périr très-rapidement, les noirs font
chargés feuls de ces travaux pénibles. L'ufage
eft que ces efclaves rendent à leurs maîtres
une quantité d'or déterminée. Ce qu'ils en
peuvent ramaffer de plus leur appartient,
ainfi que ce qu'ils en trouvent dans les jours
confacrés au repos par la religion, mais fous
la condition formelle de pourvoir à leur
nourriture durant ces fêtes. Par ces arrangemens, les plus laborieux, les plus écono-
mes, les plus heureux d'entre eux font en
état, un peu plus tôt, un peu plus tard,
d'acheter leur liberté. Alors ils levent leurs
yeux jufqu'aux Efpagnols. Alors, ils mè-
lent leur fang avec celui de ces conquérans
fuperbes.

La cour de Madrid étoit mécontente qu'u-
ne région, dont on lui exaltoit fans ceffe les
avantages naturels, lui envoyât fi peu d'objets, & lui envoyoit fi peu de chacun. L'é-
loignement où étoit ce vafte pays de l'autorité établie à Lima pour gouverner toute l'A-
mérique méridionale, devoit être une des
principales caufes de cette inaction. Une fur-
veillance plus immédiate pouvoit lui communiquer plus de mouvement & un mouvement
plus régulier. On la lui donna. La vice-royauté
du Pérou fut coupée en deux. Celle, qu'en

1718 , on établit dans la Nouvelle-Grenade, fut formée fur la mer du Nord de tout l'efpace qui s'étend depuis les frontieres du Mexique jufqu'à l'Orenoque, & fur la mer du Sud de celui qui commence à Veragua & qui finit à Tumbès. Dans l'intérieur des terres , le Quito y fut encore incorporé.

Cette innovation , quoique fage , quoique néceffaire , ne produifit pas d'abord le grand bien qu'on s'en étoit promis. Il faut beaucoup de tems pour former de bons adminiftrateurs. Il en faut peut - être davantage pour établir l'ordre & pour rappeller au travail des générations énervées par deux fiecles de fainéantife & de libertinage. La révolution a cependant commencé à s'opérer ; & l'Efpagne en retire déja quelque fruit.

La moitié de l'or que ramaffe la colonie paffoit en fraude à l'étranger ; & c'étoit principalement par les rivieres d'Atrato & de la Hache. On s'eft rendu maitre de leur cours par des forts placés convenablement. Malgré ces précautions , il fe fera de la contrebande tout le tems que les Efpagnols & leurs voifins auront intérèt à s'y livrer : mais elle fera moindre qu'elle ne l'étoit. Les ports de la méttropole enverront plus de marchandifes & recevront plus de métaux.

La communication entre une province & une autre province, entre une ville & une autre ville , entre une bourgade même & une autre bourgade , étoit difficile ou impratica-

ble. Tout voyageur étoit plus ou moins ex-
posé à être pillé, à être massacré par les Indiens indépendans. Ces ennemis, autrefois
implacables, cèdent peu-à-peu aux invitations des missionnaires qui ont le courage de
les aller chercher, & aux témoignages de
bienveillance qui ont enfin remplacé les féro-
cités si généralement pratiquées dans le
Nouveau-Monde. Si cet esprit de douceur
se perpétue, les sauvages de cette contrée
pourront être un jour tous civilisés & tous
sédentaires.

Malgré la bonté connue d'une grande partie du territoire, plusieurs des provinces qui
forment le nouveau royaume tiroient leur
subsistance de l'Europe ou de l'Amérique
Septentrionale. On s'est vu enfin en état de
proscrire les farines étrangeres dans toute
l'étendue de la vice-royauté, d'en fournir
même à Cuba. Lorsque les moyens ne manqueront plus, les cultures particulieres au
Nouveau-Monde seront établies sur les côtes:
mais la difficulté, la cherté des transports ne
permettront guere à l'intérieur du pays d'en
pousser les récoltes au-delà de la consommation locale. Le vœu des peuples qui l'habitent se borne généralement à l'extension des
mines.

Tout annonce qu'elles sont comme innombrables dans le nouveau royaume. La qualité
du sol les indique. Les tremblemens de terre
presque journaliers en tirent leur origine.

C'eft de leur fein que doit couler tout l'or qu'entraînent habituellement les rivieres; & c'étoit d'elles qu'étoit forti celui que les Efpagnols, à leur arrivée dans le Nouveau-Monde, arracherent, fur les côtes, en fi grande quantité aux fauvages. A Mariquita, à Mufo, à Pampelune, à Tacayma, à Canaverales, ce ne font pas de fimples conjectures. Les grandes mines qui s'y trouvent vont être ouvertes; & l'on efpere qu'elles ne feront pas moins abondantes que celles de la vallée de Neyva, qu'on exploite avec tant de fuccès depuis quelque tems. Ces nouvelles richeffes iront fe réunir à celles du Choco & du Popayan dans Santa-Fé de Bogota, capitale de la vice-royauté.

La ville eft fituée au pié d'un mont fourcilleux & froid, à l'entrée d'une vafte & fuperbe plaine. En 1774, elle avoit dix-fept cens foixante-dix maifons, trois mille deux cens quarante-fix familles, & feize mille deux cens trente-trois habitans. La population y doit augmenter, puifque c'eft le fiege du gouvernement, le lieu de la fabrication des monnoies, l'entrepôt du commerce, puifqu'enfin c'eft la réfidence d'un archevêque dont la jurifdiction immédiate s'étend fur trente & une bourgades Efpagnoles qu'on appelle villes, fur cent quatre-vingt-quinze peuplades d'Indiens anciennement affujettis, fur vingt-huit milfions établies dans des tems modernes, &, qui, comme métropolitain, a auſſi une ſorte d'inſpection ſur les dioceſes de Quito, de Panama, de Caraque, de Sainte-Marthe & de Carthagène. C'eſt par cette derniere place, quoique éloignée de cent lieues, & par la riviere de la Magdelaine, que Santa-Fé entretient ſa communication avec l'Europe. La même route ſert pour Quito.

XXI. Singularités remarquables dans la province de Quito.

Cette province a une étendue immenſe : mais la plus grande partie de ce vaſte eſpace eſt remplie de forêts, de marais, de déſerts où l'on ne rencontre que de loin en loin quelques ſauvages errans. Il n'y a proprement d'occupé, de gouverné par les Eſpagnols, qu'une vallée de quatre-vingts lieues de long & de quinze de large, formée par deux branches des Cordelieres.

C'eſt un des plus beaux pays du monde. Même au centre de la Zone Torride, le printems eſt perpétuel. La nature a réuni ſous la ligne, qui couvre tant de mers & ſi peu de terre, tout ce qui pouvoit tempérer les ardeurs de l'aſtre bienfaiſant qui féconde tout : l'élévation du globe dans cette ſommité de ſa ſphère : le voiſinage des montagnes d'une hauteur, d'une étendue prodigieuſes & toujours couvertes de neige : des vents continuels qui rafraîchiſſent les campagnes touţe l'année, en interrompant l'activité des rayons perpendiculaires de la chaleur. Cependant, après une matinée généralement délicieuſe, des vapeurs commencent à s'élever vers une heure ou deux. L'air fe couvre de fombres nuées qui fe convertiffent en orages. Tout luit alors, tout paroît embrâfé du feu des éclairs. Le tonnerre fait retentir les monts avec un fracas horrible. De tems en tems d'affreux tremblemens s'y joignent. Quelquefois la pluie ou le foleil font conftans quinze jours de fuite ; &, à cette époque, la confternation eft univerfelle. L'excès de l'humidité rûine les femences, & la féchereffe enfante des maladies dangereufes.

Mais fi l'on excepte ces contre-tems infiniment rares, le climat eft un des plus fains. L'air y eft fi pur, qu'on n'y connoît pas ces infectes dégoûtans qui affligent l'Amérique prefque entiere. Quoique le libertinage & la négligence y rendent les maladies vénériennes prefque générales, on s'en reffent très-peu. Ceux qui ont hérité de cette contagion ou qui l'ont contractée eux-mêmes, vieilliffent également fans danger & fans incommodité.

L'humidité & l'action du foleil étant continuelles & toujours fuffifantes pour développer & pour fortifier les germes, l'habitant a fans ceffe fous les yeux l'agréable tableau des trois belles faifons de l'année. A mefure que l'herbe fe defféche, il en revient d'autre; & l'émail des prairies eft à peine tombé qu'on le voit renaître. Les arbres font fans ceffe couverts de feuilles vertes & ornées de fleurs

odoriférantes ; fans ceffe chargés de fruits
dont la couleur, la forme & la beauté varient
par tous les degrés de développement qui
vont de la naiffance à la maturité. Les grains
s'élevent dans les mèmes progreffions d'une
fécondité toujours renaiffante. On voit d'un
coup d'œil germer les femences nouvelles ;
d'autres grandir & fe hériffer d'épis ; d'autres
jaunir ; d'autres enfin tomber fous la faucille
du moiffonneur. Toute l'année fe paffe à femer & à recueillir dans l'enceinte du mème
horizon. Cette variété conftante tient uniquement à la diverfité des expofitions.

**XXII. Le pays de Quito eft très-peuplé , & pourquoi.
Quels font les travaux de fes habitans.**

Auffi eft-ce la partie du continent Américain la plus peuplée. On voit dix ou douze
mille habitans à Saint-Michel d'Ibarra. Dix-
huit ou vingt mille à Otabalo. Dix à douze
mille à Latacunga. Dix-huit à vingt mille à
Riobamba, Huit à dix mille à Hambato.
Vingt-cinq à trente mille à Cuenca. Dix mille
à Loxa & fix mille à Zaruma. Les campagnes n'offrent pas moins d'hommes que les
villes.

La population feroit certainement moins
confidérable, fi, comme en tant d'autres
lieux, elle avoit été enterrée dans les mines.
Des écrits fans nombre ont blâmé les habitans de cette contrée d'avoir laiffé tomber
celles qui furent ouvertes au tems de la con-
quète , & d'avoir négligé celles qui ont été

découvertes fucceffivement. Le reproche paroit mal-fondé à des gens éclairés qui ont vu
les chofes de très-près. Ils penfent généralement que les mines de ce diftrict ne font pas
affez abondantes pour foutenir les frais qu'il
faudroit faire pour les exploiter. Nous ne
nous permettrons pas de prononcer fur cette
conteftation. Cependant, pour peu qu'on ré-
fléchiffe fur la paffion que les Efpagnols mon-
trerent dans tous les tems pour un genre de
richeffe qui , fans aucun travail de leur part,
ne coûtoit que le fang de leurs efclaves, on
préfumera qu'il n'y a qu'une entiere impoffibilité fondée fur des expériences répétées,
qui ait pu les déterminer à fe refufer à leur
penchant naturel & aux preffantes follicita-
tions de leur métropole.

· Dans le pays de Quito , les manufactures
exercent les bras qu'énervent ailleurs les mines. On y fabrique beaucoup de chapeaux,
beaucoup de toiles de coton, beaucoup de
draps groffiers. Avec le produit de ce qu'en
confommoient les différentes contrées de l'A-
mérique Méridionale , il payoit les vins, les
eaux-de vie, les huiles qu'il ne lui fut jamais permis de demander à fon fol; le poiffon
fec & falé qui lui venoit des côtes ; le favon
fait avec de la graiffe de chèvre, que lui fourniffoient Piura & Truxillo; le fer en nature
ou travaillé qu'exigeoient fa culture & fes atteliers ; le peu qu'il lui étoit poffible de confommer des marchandifes de notre hémif-

phère. Ces reſſources ont bien diminué depuis qu'il s'eſt établi des fabriques du même genre dans les provinces voiſines, ſur-tout depuis que le meilleur marché des toileries & des lainages de l'Europe en a ſingulierement étendu l'uſage. Auſſi le pays eſt-il tombé dans la plus extrème miſere.

Jamais il n'en ſortira par ſes denrées. Ce n'eſt pas que ſes campagnes ne ſoient généralement couvertes de cannes à ſucre, de toutes ſortes de grains, de fruits délicieux, de nombreux troupeaux. Difficilement nommeroit-on un ſol auſſi fertile & dont l'exploitation ne fût pas plus chère : mais rien de ce qu'il fournit ne peut alimenter les marchés étrangers. Il faut que ces richeſſes naturelles ſoient conſommées ſur le même terrein qui les a produites. Le quinquina eſt la ſeule production qui juſqu'ici ait pu être exportée.

XXIII. Le quinquina vient de la province de Quito. Conſidérations ſur ce remède.

L'arbre qui donne ce précieux remede pouſſe une tige droite, & s'éleve beaucoup lorſqu'on l'abandonne à lui-même. Son tronc & ſes branches ſont proportionnés à ſa hauteur. Les feuilles oppoſées, réunies à leur baſe par une membrane ou ſtipule intermédiaire, ſont ovales, élargies par le bas, aiguës à leur ſommet, très-liſſes & d'un beau verd. De l'aiſſelle des feuilles ſupérieures, plus petites, ſortent des bouquets de fleurs ſemblables, au premier aſpect, à celles de la lavande. Leur court calice a cinq divisions. La corolle forme un tube alongé, bleuâtre en-dehors, rouge à l'intérieur, rempli de cinq étamines, évasé par le haut & divisé en cinq lobes finement dentelés. Elle est portée sur le pistil qui, surmonté d'un seul style, occupe le fond du calice & devient avec lui un fruit sec, tronqué supérieurement, partagé dans sa longueur en deux demi-coques remplies de semences, bordées d'un feuillet membreux.

Cet arbre croît sur la pente des montagnes. Sa seule partie précieuse est son écorce, connue par sa vertu fébrifuge & à laquelle on ne donne d'autre préparation que de la faire sécher. La plus épaisse a été préférée, jusqu'à ce que des analyses & des expériences réitérées aient démontré que l'écorce mince avoit plus de vertu.

Les habitans distinguent trois especes ou plutôt trois variétés de quinquina. Le jaune & le rouge qui sont également estimés & ne different que par l'intensité de leur couleur; le blanc qui est peu recherché à cause de sa vertu très-inférieure. On le reconnoît à sa feuille moins lisse & plus ronde, à sa fleur plus blanche, à sa graine plus grosse, & à son écorce blanche à l'extérieur. L'écorce de la bonne espece est ordinairement brune, cassante & rude à sa surface, avec des brisures.

Sur les bords du Maragnon, le pays de Jaën fournit beaucoup de quinquina blanc :

mais on crut long-tems que le jaune & le rouge ne se trouvoient que sur le territoire de Loxa, ville fondée, en 1546, par le capitaine Alonzo de Mercadillo. Le plus estimé étoit celui qui croissoit à deux lieues de cette place, sur la montagne de Cajanuma; & il n'y a pas plus de cinquante ans que les négocians cherchoient à prouver par des certificats que l'écorce qu'ils vendoient venoit de ce lieu renommé. En voulant multiplier les récoltes, on détruisit les arbres anciens, & on ne laissa pas aux nouveaux le tems de prendre toute leur croissance; de sorte que les plus forts ont maintenant à peine trois toises de hauteur. Cette disette fit multiplier les recherches. Enfin on retrouva le même arbre à Riobamba, à Cuenca, dans le voisinage de Loxa, & plus récemment à Bogota dans le nouveau royaume.

Le quinquina fut connu à Rome en 1639. Les Jésuites qui l'y avoient porté, le distribuerent gratuitement aux pauvres & le vendirent très-cher aux riches. L'année suivante, Jean de Vega, médecin d'une vice-reine du Pérou, l'établit en Espagne à cent écus la livre. Ce remede eut bientôt une grande réputation qui se soutint jusqu'à ce que les habitans de Loxa, ne pouvant fournir aux demandes qu'on leur faisoit, s'aviserent de mêler d'autres écorces à celle qui étoit si recherchée. Cette infidélité diminua la confiance qu'on avoit au quinquina. Les mesures que prit la cour de Madrid pour remédier à un désordre si dangereux, n'eurent pas un succès complet. Les nouvelles découvertes ont été plus efficaces que l'autorité pour empêcher la falsification. Aussi l'usage du remede est-il devenu de plus en plus général, sur-tout en Angleterre.

C'est une opinion généralement reçue que les naturels du pays connurent fort anciennement le quinquina, & qu'ils recouroient à sa vertu contre les fievres intermittentes. On le faisoit simplement infuser dans l'eau, & l'on donnoit la liqueur à boire au malade, sans le marc. M. Joseph de Jussieu leur enseigna à en tirer l'extrait, dont l'usage est bien préferable à celui de l'écorce en nature.

Ce botaniste, le plus habile de ceux que leur passion pour les progrès de l'histoire naturelle aient conduits dans les possessions Espagnoles du Nouveau-Monde, avoit un zèle bien plus étendu. Il parcourut la plupart des montagnes de l'Amérique Méridionale avec des fatigues incroyables, & il se disposoit à enrichir l'Europe des grandes découvertes qu'il avoit faites, lorsque ses papiers lui furent volés. Une mémoire excellente pouvoit remédier en partie à cette infortune. Cette ressource lui fut encore ôtée. Au Pérou, on eut un besoin pressant d'un médecin & d'un ingénieur. M. de Jussieu avoit les connoissances que demandent ces deux professions, & l'administration du pays en exigea l'emploi. Les nouveaux travaux furent accompagnés de tant de contradiction, de dégoûts & d'ingratitude que cet excellent homme n'y put réfister. Son efprit étoit entierement aliéné, lorfqu'en 1771, on l'embarqua fans fortune pour une patrie qu'il avoit quittée depuis trente-fix ans. Ni le gouvernement qui l'avoit envoyé dans l'autre hémifphère, ni celui qui l'y avoit retenu ne daignerent s'occuper de fa deftinée. Elle auroit été affreufe, fans la tendreffe d'un frere, auffi refpecté pour fa vertu que célebre par fes lumieres. Les dignes neveux de M. Bernard de Juffieu ont hérité des follicitudes de leur oncle pour l'infortuné voyageur mort en 1779. Puiffe cette conduite d'une famille illuftre dans les fciences fervir de modele à tous ceux qui, pour leur bonheur ou pour leur malheur, cultivent les lettres !

M. Jofeph de Juffieu, qui avoit trouvé les peuples dociles aux inftructions qu'il leur donnoit fur le quinquina, voulut leur perfuader encore de perfectionner, par des foins fuivis, & la cochenille fylveftre que le pays mème fournifoit à leurs manufactures, & la cannelle groffiere qu'ils tiroient de Quixos & de Macas : mais fes confeils n'ont rien produit jufqu'ici, foit que ces productions fe foient refufées à toute amélioration, foit qu'on n'ait fait aucun effort pour les y amener.

La derniere conjecture paroîtra la plus vraifemblable à ceux qui auront une jufte idée des maitres du pays. Plus généralement encore que les autres Espagnols Américains, ils vivent dans une oisiveté dont rien ne les fait sortir, dans des débauches qu'aucun motif ne peut interrompre. Ces mœurs sont plus particulierement les mœurs des hommes que la naissance, les emplois ou la fortune ont fixés dans la ville de Quito, capitale de la province & très-agréablement bâtie sur le penchant de la célebre montagne de Pichincha. Cinquante mille métis, Indiens ou nègres, excités par ces exemples séduisans, infestent aussi ce séjour de leurs vices, & y poussent en particulier la passion pour l'eau-de-vie de sucre & pour le jeu à des excès inconnus dans les autres grandes cités du Nouveau-Monde.

XXIV. Digreffion fur la formation des montagnes.

Mais pour distraire notre imagination de tant de tableaux désolans qui nous ont peut-être trop occupés, perdons un moment de vue ces campagnes ensanglantées, & entrons dans le Pérou, en fixant d'abord nos regards sur ces monts effrayans, où de savans & courageux astronomes allèrent mesurer la figure de la terre. Livrons-nous aux sentimens qu'ils éprouverent sans doute, & que doit éprouver le voyageur instruit ou ignorant, par-tout où la nature lui offre un pareil spectacle. Osons même nous permettre quelques conjectures générales sur la formation des montagnes.

A l'afpect de ces maffes énormes qui s'élevent à des hauteurs prodigieufes au-deffus de
l'humble furface du globe, où les hommes
ont prefque tous établi leur demeure; de ces
maffes, ici couronnées d'impénétrables &
antiques forêts qui n'ont jamais retenti du
bruit de la coignée, là, ne préfentant qu'une
furface aride & dépouillée; dans une contrée, d'une majefté filencieufe & tranquille,
qui arrête la nuée dans fon cours & qui brife
l'impétuofité des vents; dans une autre,
éloignant le voyageur de leurs fommets par
des remparts de glace, du centre defquels la
flamme s'élance en tourbillons, ou effrayant
celui qui les franchit par des abimes obfcurs
& muets creufés à fes côtés; plufieurs donnant iffue à des torrens impétueux qui defcendent avec fracas de leurs flancs entr'ouverts, à des rivieres, à des fleuves, à des
fontaines, à des fources bouillantes; toutes
promenant leurs ombres rafraîchiffantes fur
les plaines qui les entourent, & leur prêtant
un abri fucceffif contre les ardeurs du foleil,
du moment où cet aftre dore leur cime, en
fe levant, jufqu'au moment où il fe couche.
A cet afpect, dis-je, tout homme s'arrête
avec étonnement, & le fcrutateur de la nature tombe dans la méditation.

Il fe demande qui eft-ce qui a donné naiffance, là au Véfuve, à l'Etna, à l'Apennin;
ici aux Cordelieres? Ces monts font-ils auffi
vieux que le monde? ont-ils été produits en

un instant ? ou la molécule pierreuse qu'on
en détache est-elle plus ancienne qu'eux ? Se-
roient-ils les os d'un squelette dont les autres
substances terrestres seroient les chairs ? Sont-
ils isolés, ou se tiennent-ils par un grand
tronc commun dont ils sont autant de rameaux, & qui leur sert de fondement à eux-
mêmes & de base à tout ce qui le couvre ?

Si j'en crois celui-ci : " Un immense ré-
" servoir d'eaux occupoit le centre de la terre.
" L'enveloppe qui les contenoit se brisa. Les
" cataractes du ciel s'ouvrirent. Tout fut
" submergé, se confondit, se délaya. Le ca-
" hos de la fable se renouvella, & son dé-
" brouillement ne commença qu'au moment
" où la précipitation des différentes matie-
" res s'exécutant selon les loix de la pesan-
" teur auxquelles elles obéissoient successive-
" ment ; les couches de ce limon hétérogene
" s'entassèrent les unes sur les autres, & mon-
" trerent leurs pointes au-dessus de la sur-
" face des eaux, qui allerent se creuser un
" lit dans les plaines ".

Selon cet autre : " On tentera vainement
" avec ces causes l'explication du phéno-
" mene, sans l'intervention & l'approche
" d'une comète qu'il appelle des vastes ré-
" gions de l'espace où elles se perdent. La
" colonne d'eaux qui l'accompagnoit se joi-
" gnit à celles qui sortirent de l'abime sou-
" terrain & qui descendirent de l'athmos-
" phere. La pression de la comète les fit mon-
                                        " ter

ter au-deſſus des montagnes les plus hau-
» tes ; car elles exiſtoient déja ; & ce fut du
» limon de ce déluge qu'elles ſe reproduiſi-
» rent ».

Ces hommes ne vous débitent que des rê-
ves, me dit un troiſieme, & il ajoute : " Re-
» gardez autour de vous, & vous verrez
» les montagnes naître de l'élément même
» qui les détruit. C'eſt le feu qui durcit les
» couches molles de la terre ; c'eſt lui qui,
» dans ſon expanſion favoriſée par l'air &
» par l'eau, les bombe & pouſſe leurs ſom-
» mets dans la nue ; c'eſt lui qui les crève &
» qui creuſe leurs vaſtes chaudieres. Toute
» montagne eſt un volcan qui ſe prépare ou
» qui a ceſſé ».

Les cris de ce dernier ſont interrompus par
un perſonnage éloquent. Il parle ; je l'écou-
te, & le charme de ſon diſcours me laiſſe à
peine la liberté de juger ſon opinion. Il dit :
" Au commencement il n'y avoit point de
» montagnes. Les eaux couvroient la face
» uniforme de la terre ; mais elles n'étoient
» pas en repos. L'action du ſatellite qui nous
» accompagne les agitoit juſques dans leur
» plus grande profondeur du mouvement
» de flux & de reflux que nous leur voyons.
» A chaque oſcillation, elles entraînoient
» avec elles une portion de ſédiment qu'elles
» dépoſerent ſur une précédente. C'eſt de
» ces dépôts continués pendant une longue
» ſuite de ſiecles que les couches de la terre

» fe font formées ; & les maffes énormes qui
» vous étonnent font le réfultat de ces cou-
» ches accumulées. Le tems n'eft rien pour
» la nature ; & la caufe la plus légere qui
» agit fans interruption, eft capable des plus
» grands effets. L'action imperceptible &
» continue des eaux a formé les montagnes;
» l'action plus imperceptible & non moins
» continue d'une vapeur qui les mouille &
» d'un fouffle qui les feche, les abat de jour
» en jour, & les réduira au niveau des plai-
» nes. Alors les eaux fe répandront encore
» uniformément fur la furface égale de la
» terre. Alors le premier phénomene fe re-
» nouvellera ; & qui fait combien de fois
» les montagnes ont été détruites & repro-
» duites » ?

A ces mots, l'obfervateur Lehmann fourit,
& me préfentant le livre du légiflateur des
Hébreux & le fien, il me dit: " Refpecte
» celui-ci, & daigne jetter les yeux fur
» celui-là." Lehmann a expofé dans le
troifieme volume de fon art des mines, fes
idées fur la formation des couches de la terre
& la production des montagnes. Il marche
d'après des obfervations conftantes & réitérées qu'il a faites lui-même avec une fagacité
peu commune & un travail dont on conçoit
à peine l'opiniâtreté. Elles embraffent depuis
les frontieres de la Pologne jufqu'au bord du
Rhin. L'analogie qui les rend applicables à
beaucoup d'autres contrées en recommande

la connoiſſance aux hommes ſtudieux de l'hiſtoire naturelle; & quoiqu'il attribue la formation des couches de la terre au déluge, les faits dont il s'appuie n'en ſont pas moins certains, & ſes découvertes moins intéreſ-ſantes.

Il diſtingue trois ſortes de montagnes. Les anti-diluviennes, ou primitives, les poſt-diluviennes & les modernes. Les premieres, variées dans leur élévation, ſont les plus hautes. Rarement iſolées, elles forment des chaînes. Leur pente eſt bruſque. Des mon-tagnes poſt-diluviennes ou à couches les environnent de toutes parts. La conſiſtance en eſt plus homogène; les tranches moins diverſes; leurs bancs toujours perpendiculai-res & plus épais. Leurs racines deſcendent à une profondeur dont le terme eſt encore ignoré. Les mines qu'elles renferment ſont à filons. Les poſt-diluviennes ſont à couches. Les couches différentes en ſont formées de différentes ſubſtances. La derniere, ou celle de la baſe, eſt toujours de charbon de terre. La premiere, ou celle du ſommet, fournit toujours des fontaines ſalantes. Elles ne man-quent jamais d'aboutir aux montagnes à filon. Demandez-leur du cuivre, du plomb, du mercure, du fer, de l'argent même, mais en feuille & capillacé; elles vous en fourniront. Mais elles tromperoient votre avidité, ſi vous vous promettiez d'y trouver de l'or. Elles ſont l'ouvrage d'un déluge.

F ij

Les modernes, produites par le feu, par l'eau, par une infinité d'accidens divers & récens, ne montrent dans leur intérieur que des couches brisées, un mélange confus de toutes fortes de fubftance, tous les caracteres du bouleverfement & du défordre.

C'eft en vain que la nature avoit recélé les métaux précieux dans ces maffes les plus dures & les plus compactes. Notre cupidité les a brifées. Encore fi nous pouvions dire des hommes employés à ces effroyables travaux, ce que nous en lifons dans Caffiodore. " Ils entrent dans les mines indigens ; ils en „ fortent opulens. Ils jouiffent d'une richeffe „ qu'on n'ofe leur enlever. Ils font les feuls „ dont la fortune ne foit fouillée ni par la „ rapine, ni par la baffeffe. "

Européens, méditez ce que cet écrivain judicieux ajoute. "Acquérir de l'or en im- „ molant des hommes ; c'eft un forfait. „ L'aller chercher à travers les périls de la „ mer ; c'eft une folie. En amaffer par la „ corruption & les vices ; c'eft une lâcheté. „ Les feuls lucres qui foient juftes, qui foient „ honnètes fe font fans bleffer perfonne ; & „ l'on ne poffède fans remords que ce qui n'a „ point été arraché à la profpérité d'autrui."

Et vous, vous, pour avoir de l'or, vous avez franchi les mers. Pour avoir de l'or, vous avez envahi les contrées. Pour avoir de l'or, vous en avez maffacré la plus grande partie des habitans. Pour avoir de l'or, vous

avez précipité dans les entrailles de la terre
ceux que vos poignards avoient épargnés.
Pour avoir de l'or, vous avez introduit sur
la terre le commerce infâme de l'homme &
l'esclavage. Pour avoir de l'or, vous renou-
vellez tous les jours les mêmes crimes. Puisse
la chimère de Lazzaro Moro se réaliser, &
les feux souterrains enflammer à la fois toutes ces montagnes dont vous avez fait autant
de cachots où l'innocence expire depuis plusieurs siècles !

XXV. Organisation physique du Pérou propre.

La malédiction tomberoit d'abord sur les
Cordelieres ou Andes, qui coupent l'Amérique presqu'entiere, dans sa longueur, &
dont les différents rameaux s'étendent irré-
gulierement dans sa largeur. C'est sur-tout
sous la ligne & au Pérou que ces célèbres
montagnes imposent par leur majesté. A travers les masses énormes de neige qui couvrent les plus considérables, on démèle aisément qu'elles furent autrefois volcans. Les
tourbillons de fumée & de flamme qui sor-
tent encore de quelques-unes ne permettent
pas le moindre doute sur ces éruptions. Chim-
boraco, la plus élevée & qui a près de trois
mille deux cens vingt toises au-dessus du
niveau de la mer, surpasse de plus d'un tiers
le pic de Ténériffe, la plus haute montagne
de l'ancien hémisphère. Le Pichincha & le
Caraçon, qui ont principalement servi de
théâtre aux observations entreprises pour la

figure de la terre, n'en ont que deux mille quatre cens trente & deux mille quatre cens foixante-dix; & c'eft-là cependant que les voyageurs les plus intrépides ont été forcés de s'arrêter. La neige permanente a toujours rendu inacceffibles les fommets qui avoient plus d'élévation.

Une plaine, qui a depuis trente jufqu'à cinquante lieues de largeur & mille neuf cens quarante-neuf toifes au-deffus de l'océan, fert de bafe à ces étonnantes montagnes. Des lacs plus ou moins confidérables, occupent une partie de ce vafte efpace. Celui de Titi-Caca, qui reçoit dix ou douze grandes rivieres & beaucoup de petites, a foixante-dix-toifes de profondeur & quatre-vingts lieues de circonférence. De fon fein s'élève une isle où les inftituteurs du Pérou prétendirent avoir reçu la naiffance. Ils la devoient, di-foient-ils, au foleil qui leur avoit prefcrit d'établir fon culte, de tirer les hommes de la barbarie & de leur donner des loix bienfai-fantes. Cette fable rendit ce lieu vénérable; & l'on y éleva un des plus auguftes temples qui fuffent dans l'empire. Des pélerins y accouroient en foule des provinces avec des offrandes d'or, d'argent & de pierreries. C'eft, dans le pays, une tradition généralement reçue, qu'à l'arrivée des Efpagnols, les prêtres & les peuples jetterent tant de richef-fes dans les eaux, comme cela venoit de fe pratiquer à Cufco, dans un autre lac, fix

lieues au fud de cette célèbre capitale. De
la plupart des lacs fortent des torrens qui,
avec le tems, ont creufé des gorges d'une
profondeur effrayante. A leur fommet font
ordinairement les mines, dans un terrein généralement aride. C'eft un peu plus bas que
le bled croît, que les troupeaux paiffent.
Dans le fond font cultivés le fucre, les fruits
& le maïs.

La côte d'une longueur immenfe, & depuis
huit jufqu'à vingt lieues de largeur, qui s'é-
tend de la plaine dont nous venons de parler
à la mer, & que nous connoiffons fous le
nom de vallées, n'eft qu'un amas de fables.
La folitude & une éternelle ftérilité fem-
bloient devoir être le partage de ce fol in-
grat.

La nature varie, & varie d'une maniere
très-remarquable, dans ce terrein fi inégal.
Les lieux les plus exhauffés font éternelle-
ment couverts de neige. Viennent enfuite
des rochers & des fables nus. Au-deffous,
on commence à voir quelques mouffes. Plus
bas eft l'icho, plante que l'on brûle, affez
femblable au jonc, & qui devient plus longue
& plus forte à mefure qu'on defcend. Des
arbres fe montrent enfin, au nombre de trois
efpeces particulieres à ces montagnes & qui
toutes annoncent par leur ftructure & par
leur feuillage la rigueur du climat où ils font
nés. Le plus utile de ces arbres eft le caffis.
Il eft pefant, il a de la confiftance, il eft

F iv

de durée ; & ces avantages le font deftiner aux travaux des mines. Ces grands végétaux ne fe retrouvent plus fous un ciel plus doux, & ils ne font remplacés que par un petit nombre d'autres d'une qualité différente. Il n'y en auroit même d'aucune efpece dans les vallées, fi l'on n'y en avoit porté qui fe font naturalifés.

XXVI. En quoi different les montagnes, les plaines & les vallées du Pérou.

Dans cette région, l'air a une influence marquée fur le tempérament des habitans. Ceux des contrées les plus élevées font expofés à l'afthme , aux pleuréfies , aux fluxions de poitrine & aux rhumatifmes. Ces maladies dangereufes pour tous les individus qu'elles attaquent font communément mortelles pour quiconque a contracté des maladies vénériennes ou fe livre aux liqueurs fortes ; & c'eft malheureufement l'état ordinaire de ceux qui font nés ou que l'avarice a conduits dans ces climats.

Ces calamités n'affligent pas les montagnes inférieures : mais elles font remplacées par d'autres fléaux encore plus funeftes. Les fièvres putrides & intermittentes, inconnues dans les pays dont on vient de parler, y font habituelles. On les gagne fi aifément que les voyageurs craindroient d'approcher des lieux qui en font infectés. Elles font fou-vent fi malignes qu'il n'échapperoit pas un feul homme à leur venin, fi les habitans n'abandonnoient leurs bourgades pour y retourner, lorfqu'une nouvelle faifon les a purifiés. Il n'en étoit pas ainfi au tems des incas. Mais depuis que les Efpagnols ont introduit les cannes à fucre dans les gorges étroites de ces montagnes où l'air circule difficilement, il s'élève des terres humectées que cette culture exige, des vapeurs infectes qui, échauffées par les rayons d'un foleil brûlant, deviennent mortelles.

Les fièvres tierces & intermittentes ne font guère moins communes, guère moins opiniâtres dans les vallées que dans les gorges des montagnes ; mais elles y font infiniment moins dangereufes. Les fuites n'en font communément funeftes que dans les campagnes où les fecours manquent, où les précautions font négligées.

Une maladie générale dans cette partie du Nouveau-Monde, c'est la petite-vérole qui y fut portée en 1588. Elle n'y eft pas habituelle comme en Europe ; mais elle y caufe par intervalle des ravages inexprimables. Elle attaque indifféremment les blancs, les noirs, les Indiens, les races mêlées. Elle eft également meurtriere dans tous les climats. Il faut beaucoup efpérer de la pratique de l'inoculation introduite depuis deux ans à Lima & qui fans doute fera bientôt générale.

Il eft un autre fléau auquel l'efprit humain ne trouvera jamais de remède. Les tremblemens de terre, fi rares ailleurs que les géné-

F

rations fe fuccèdent fouvent fans en voir un
feul, font fi ordinaires dans le Pérou, qu'on
y a contracté l habitude de les compter comme une fuite d'époques d'autant plus mémo-
rables que leur retour fréquent n'en diminue pas la violence.

Ce phénomène, toujours irrégulier dans
fes retours inopinés, s'annonce cependant
par des avant-coureurs fenfibles. Lorfqu'il
doit être confidérable, il eft précédé d'un
frémiffement dans l'air dont le bruit eft femblable à celui d'une groffe pluie qui tombe
d'un nuage diffous & crevé tout-à-coup.
Ce bruit paroît l'effet d'une vibration dans
l'air qui s'agite en fens contraires. Les oifeaux
volent alors par élancement. Leur queue, ni
leurs ailes ne leur fervent plus de rames ou
de gouvernail pour nâger dans le fluide des
cieux. Ils vont s'écrafer contre les murs, les
arbres, les rochers : foit que ce vertige de
leur nature leur caufe des éblouiffemens, ou
que les vapeurs de la terre leur ôtent les
forces & la faculté de maîtrifer leurs mouvemens.

A ce fracas des airs fe joint le murmure
de la terre, dont les cavités & les antres
fourds gémiffent comme autant d'échos. Les
chiens répondent par des hurlemens extraordinaires à ce preffentiment d'un défordre
général. Les animaux s'arrêtent, & par un
inftinct naturel écartent les jambes pour ne
pas tomber. A ces indices, les hommes

fuient de leurs maisons & courent chercher dans l'enceinte des places ou dans la campagne un asyle contre la chûte de leurs toits. Les cris des enfans, les lamentations des femmes, les ténèbres subites d'une nuit inattendue : tout se réunit pour aggrandir les maux trop réels d'un fléau qui renverse tout, par les maux de l'imagination qui se trouble, se confond & perd dans la contemplation de ce désordre, l'idée & le courage d'y remédier.

La diversité des aspects sous lesquels les volcans se sont présentés à un de nos observateurs les plus infatigables & les plus intelligens, lui a désigné différentes époques, séparées les unes des autres par des intervalles de tems si considérables, que la formation premiere de notre demeure en est renvoyée à une ancienneté dont l'imagination s'effraie. A la premiere de ces époques, les volcans jettent de leurs sommets du feu, de la fumée, des cendres, & versent de leurs flancs entr'ouverts des torrens de lave. A la seconde, ils sont éteints, ils le sont tous, & ne présentent qu'une vaste chaudière. A la troisieme, l'air, la pluie, les vents, le froid, la chaux, ont détruit la chaudiere ou le crater, & il ne reste qu'un monticule. A la quatrieme, ce monticule, dépouillé de son enveloppe, met à découvert une espece de culot, qui, miné par le tems, ne laisse plus que la place où la montagne & le volcan ont existé, & cet état est une cinquieme époque.

Du centre de cette place s'étendent au loin des chauffées de lave; & ces chauffées, ou entieres, ou brifées, ou réduites à des fragmens ifolés, font encore autant d'autres époques, entre chacune defquelles vous pouvez intercaller tant d'années, tant de fiecles, tant de milliers de fiecles qu'il vous plaira. Ce qu'il y a de certain, c'eft qu'une de ces époques, quelle que foit celle que l'on choififfe, n'eft point liée dans la mémoire des hommes à celle qui lui fuccede dans la nature. Et le principe que de rien, il ne fe fait rien; & la deftruction des êtres qui, fe réfolvant en d'autres, nous démontre que rien ne fe réduit à rien, femblent nous annoncer une éternité qui a précédé, une éternité qui fuivra, & la co-exiftence du grand architecte avec fon merveilleux ouvrage.

Le climat offre des fingularités très-remarquables dans le haut Pérou. On y éprouve le même jour, quelquefois à la même heure, & toujours dans un efpace très-borné, la température des Zones les plus oppofées. Ceux qui s'y rendent des vallées, font percés en arrivant d'un froid rigoureux, dont, ni le feu, ni l'action, ni les vêtemens ne peuvent les garantir; mais dont l'impreffion ceffe d'être défagréable, après un féjour d'un mois ou de trois femaines. Les fymptômes du mal de mer tourmentent les voyageurs qui y paroif-fent pour la premiere fois, avec plus ou moins de violence, felon qu'ils en auroient eu à fouffrir fur l'océan. Cependant, quelle qu'en foit la raifon, on n'eft pas expofé à cet accident par-tout; & aucun des aftronomes qui mefurerent la figure de la terre fur les montagnes de Quito n'en fut attaqué.

Dans les vallées, on eft autant ou plus étonné. Quoique très-près dé l'équateur, ce pays jouit d'une délicieufe température. Les quatre faifons de l'année y font fenfibles, fans qu'aucune puiffe paffer pour incommode: Celle de l'hiver eft la plus marquée. On en a cherché la caufe dans les vents du pole auftral, qui portent l'impreffion des neiges & des glaces d'où ils ont paffé. Ils ne la confervent en partie que parce qu'ils foufflent fous le voile d'un brouillard épais qui couvre alors la terre. A la vérité, ces vapeurs groffieres ne s'élèvent régulierement que vers le midi, mais il eft rare qu'elles fe diffipent. Le ciel demeure communément affez couvert, pour que ces rayons, qui quelquefois fe montrent, ne puiffent adoucir le froid que très-légerement.

Quelle que foit la raifon d'un hiver fi conftant fous la Zone Torride, il eft certain qu'il ne pleut jamais ou qu'il ne pleut que tous les deux ou trois ans dans le Pérou. La phyfique a fait les plus grands efforts pour trouver la caufe d'un phénomene fi extraordinaire. Ne pourroit-on pas l'attribuer au vent du Sud-Oueft qui y regne la plus grande partie de l'année, & à la hauteur prodi-

gieufe des montagnes dont la cime eft couverte de glaces perpétuelles ? Le pays fitué
entre deux, continuellement refroidi d'un
côté, continuellement échauffé de l'autre,
conferve une température fi égale, que les
nuages qui s'élevent ne peuvent jamais fe
condenfer au point de fe réfoudre en eaux
formelles.

Il faudroit pourtant des pluies, & des
pluies journalieres, pour communiquer quelque fertilité aux côtes qui s'étendent depuis
Tombès jufqu'à Lima, c'eft-à-dire dans un
efpace de deux cens foixante-quatre lieues.
Les fables en font fi généralement arides,
qu'on n'y voit pas même une herbe, excepté
dans les parties qu'il eft poffible d'arrofer, &
cette facilité n'eft pas ordinaire. Il n'y a pas
une feule fource dans le bas Pérou; les rivieres n'y font pas communes; & celles qu'on
y voit n'ont la plupart de l'eau que fix ou fept
mois de l'année. Ce font des torrens qui fortent des lacs, plus ou moins grands, formés
dans les Cordelières, qui ne parcourent
qu'un court efpace & qui tariffent durant
l'été. Du tems des incas, ces précieufes eaux
étoient recueillies avec foin, & par le fecours
de divers canaux, répandues fur une affez
grande fuperficie qu'elles fertilifoient. Les
Efpagnols ont profité de ces travaux. Leurs
bourgades & leurs villes ont remplacé les
cabanes des Indiens qui, peut-être par cette
raifon, font en moindre nombre dans le bas

Pérou que sur les montagnes. Les vallées qui,
de la capitale de l'empire, conduisent au Chili, ont une grande ressemblance avec celles
dont on vient de parler; cependant en quelques endroits elles se refusent moins obstiné-
ment à la culture.

XXVII. Le peu de Péruviens qui ont échappé au glaive
ou à la tyrannie des conquérans, sont tombés dans
l'abrutissement.

Malgré les désordres de son organisation
physique, la région qui nous occupe avoit
vu se former dans son sein un empire floris-
sant. On ne sauroit guere revoquer en doute
sa population, quand on voit que ce peuple
heureux avoit couvert de ses colonies toutes
les provinces qu'il avoit conquises; quand
on fait attention au nombre étonnant d'hommes employés au gouvernement, & tirant
de l'Etat leur subsistance. Tant de leviers &
de bras occupés à mouvoir la machine politique, ne supposent-ils pas une population
considérable, pour nourrir des productions
de la terre une classe nombreuse de ses habitans qui ne la cultivoient pas?

Par quelle fatalité, le Pérou se trouve-t-il
donc aujourd'hui si désert? En remontant à
l'origine des choses, on trouve que les conquérans des côtes de la mer du Sud, brigands
sans naissance, sans éducation & sans principes, commirent d'abord plus d'atrocités que
ceux du Mexique. La métropole tarda plus
long-tems à donner un frein à leur férocité,

nourrie continuellement par les guerres civiles, longues & cruelles qui fuivirent la conquête. Il s'établit depuis un fyſtème d'oppreſſion plus peſant & plus fuivi que dans les autres contrées du Nouveau-Monde moins éloignées de l'Europe.

Un découragement univerſel étoit la fuite néceſſaire de cette conduite abominable. Auſſi les naturels du pays fe dégoûterent-ils de l'état ſocial & des fatigues qu'il entraine. Ils perfeverent dans ces diſpoſitions fâcheuſes, & ne fe donneroient même aucun ſoin pour faire naître des ſubſiſtances, s'ils n'y étoient contraints par le gouvernement. Leur conduite fe reſſent de cette violence. Les habitans d'une communauté, hommes, femmes, enfans, fe réuniſſent tous pour labourer, pour enſemencer un champ. Ces travaux, interrompus à chaque moment par des danſes & par des feſtins, fe font au ſon de divers inſtrumens. La même négligence, les mêmes plaiſirs accompagnent la récolte du maïs & des autres grains. Ces peuples ne montrent pas plus d'ardeur pour fe procurer des vêtemens. Inutilement on a tenté d'inſpirer un meilleur eſprit, un eſprit plus convenable au bien de l'empire. L'autorité a été impuiſſante contre des uſages que ſa tyrannie avoit fait naître, que ſes injuſtices entretenoient.

Les Péruviens, tous les Péruviens ſans exception, font un exemple de ce profond abrutiſſement où la tyrannie peut plonger les hommes. Ils font tombés dans une indifférence ſtupide & univerſelle. Eh, que pourroit aimer un peuple dont la religion élevoit l'ame, & à qui l'eſclavage le plus aviliſſant a ôté tout ſentiment de grandeur & de gloire ! Les richeſſes que la nature a ſemées ſous leurs pas ne les tentent point. Ils ont la même inſenſibilité pour les honneurs. Ils font ce que l'on veut, ſans chagrin, ni préférence, ſerfs ou caciques, l'objet de la conſidération ou de la riſée publique. Tous les reſſorts de leur ame font briſés. Celui de la crainte même eſt ſouvent ſans effet, par le peu d'attachement qu'ils ont à la vie. Ils s'énivrent & ils danſent : voilà tous leurs plaiſirs, quand ils peuvent oublier leurs malheurs. La pareſſe eſt leur état d'habitude. *Je n'ai pas faim*, diſent-ils à qui veut les payer pour travailler.

Le vuide qui s'étoit fait dans la population du Pérou, & l'inertie de ce qui y étoit reſté d'hommes, déterminerent les conquérans à l'introduction d'une race étrangere : mais ce ſupplément imaginé par un rafinement de la barbarie Européenne, fut plus nuiſible à l'Afrique, qu'utile au pays des incas. L'avarice ne retira pas de ces nouveaux eſclaves tous les avantages qu'elle s'en étoit promis. Le gouvernement, par-tout occupé à mettre des taxes ſur les vertus & ſur les vices, ſur l'induſtrie & ſur la pareſſe, ſur les bons & ſur les mauvais projets, ſur la liberté de commettre des vexations & ſur la facilité à s'y

fouftraire : le gouvernement fit un monopole de ce vil commerce. Il fallut recevoir les
noirs d'une main rivale ou ennemie, les faire
arriver à leur deftination par des climats mal-
fains & des mers immenfes, foutenir la dépenfe de plufieurs entrepôts fort chers. Cependant cette efpece d'hommes fe multiplia
beaucoup plus au Pérou qu'au Mexique. Les
Efpagnols s'y trouvent auffi en bien plus
grand nombre : & voici pourquoi.

· Au tems des premieres conquètes, lorfque
les émigrations étoient les plus fréquentes, le
pays des incas avoit une plus grande réputation de richeffe que la Nouvelle-Efpagne ; &
il en fortit en effet plus de tréfors pendant un
demi-fiecle. La paffion de les partager devoit
y attirer réellement un plus grand nombre
de Caftillans. Quoiqu'ils y fuffent tous ou
prefque tous paffés avec l'efpoir de venir
jouir un jour dans leur patrie de la fortune
qu'ils auroient faite, ils fe fixerent la plupart
dans la colonie. La douceur du climat & la
bonté des denrées les y attachoient. Ils comptoient d'ailleurs fur une grande indépendance
dans une région fi éloignée de la métropole.

XXVIII. En quel état eft maintenant le Pérou.

Il faut voir à quel degré de profpérité s'eft
élevé le Pérou, par les travaux réunis de tant
de races différentes.

· La côte immenfe, qui s'étend depuis Panama jufqu'à Tombès, & qui, en 1718, fut
détachée du Pérou pour être incorporée au

nouveau royaume, est une des plus misérables
régions du globe. Des marais vastes & nombreux en occupent une grande partie. Ce
qu'ils ne couvrent pas est inondé durant plus
de six mois chaque année par des pluies qui
tombent en torrens. Du sein de ces eaux
croupissantes & mal-saines s'élevent des forêts aussi anciennes que le monde, & tellement embarrassées de lianes, que l'homme
le plus fort ou le plus intrépide ne sauroit y
pénétrer. Des brouillards épais & fréquens
jettent un voile obscur sur ces hideuses campagnes. Aucune des productions de l'ancien
hémisphere ne sauroit croître dans ce sol in-
grat, & celles mêmes du nouveau n'y pros-
perent guere. Aussi n'y voit-on qu'un très-
petit nombre de sauvages la plupart errans,
& si peu d'Espagnols, qu'on pourroit presque dire qu'il n'y en a point. La côte est heu-
reusement terminée par le golfe de Guayaquil,
où la nature est moins dégradée.

Ce fleuve vit s'élever, en 1533, la seconde
ville que les Espagnols bâtirent dans le Pérou.
Les Indiens ne laisserent pas subsister long-
tems ce monument érigé contre leur liberté:
mais il fut rétabli quatre ans après par Orel-
lana. Ce ne fut plus dans la baie de Charopte,
qui avoit été d'abord choisie, qu'on le plaça.
La croupe d'une montagne éloignée de la riviere de cinq à six cens toises, fut préférée.
Les besoins de commerce déterminerent dans
la suite les négocians à former leurs habita-

tions fur la rive même. L'efpace qui les fépa-
roit de leur premiere demeure a été occupé
fucceffivement; & aujourd'hui les deux quartiers font entierement réunis. Dans la ville
baffe & dans la ville haute, les maifons font
généralement en bois. Autrefois, toutes
étoient couvertes de chaume. Il difparoît peu-
à-peu par les ordres du gouvernement, qui a
cru ce réglement néceffaire pour prévenir les
accidens du feu fi ordinaires dans ces climats.
Guayaquil étoit naguere un lieu abfolument
ouvert. Il eft maintenant fous la protection
de trois forts, gardés feulement par fes habitans. Ce font de groffes poutres difpofées en
paliffades. Sur ce fol toujours humide & fub-
mergé une grande partie de l'année, du
bois que l'eau ne pourrit jamais, eft préférable aux ouvrages en terre ou en pierre
les mieux entendus.

C'eft une particularité aujourd'hui connue, que fur la côte de Guayaqui!, auffi-
bien que fur celle de Guatimala, fe trouvent
les limaçons qui donnent cette pourpre fi cé-
lébrée par les anciens, & que les modernes
ont cru perdue. La coquille qui les renferme
eft attachée à des rochers que la mer baigne,
Elle a le volume d'une groffe noix. On peut
extraire la liqueur de cet animal de deux manieres. Les uns le tuent après l'avoir tiré de
fa coquille, le preffent avec un couteau depuis la tête jufqu'à la queue, féparent du
corps la partie où s'eft amaffée la liqueur &

jettent le reste. Quand cette manœuvre, ré-
pétée sur plusieurs limaçons, a donné une
certaine quantité de liqueur, on y plonge
le fil qu'on veut teindre, & l'opération est
faite. La couleur, d'abord blanc de lait, devient ensuite verte, & n'est pourpre que lorsque le fil est sec.

Ceux qui n'aiment pas cette méthode, tirent en partie l'animal de sa coquille, &, en
le comprimant, lui font rendre sa liqueur.
On répete cette opération jusqu'à quatre fois
en différens tems, mais toujours moins utilement. Si l'on continue, l'animal meurt à
force de perdre ce qui faisoit le principe de
sa vie, & qu'il n'a plus la force de renouvel-
ler.

On ne connoit point de couleur qui puisse
être comparée à celle dont nous parlons, ni
pour l'éclat, ni pour la durée. Elle réussit
mieux avec le coton qu'avec la laine, le lin
ou la soie.

Ce n'est guere qu'un objet de curiosité :
mais Guayaquil fournit aux provinces voisines des bœufs, des mulets, du sel, du poisson. Il fournit une grande abondance de cacao au Mexique & à l'Europe. C'est le chan-
tier universel de la mer du Sud, & il pourroit le devenir en partie de la métropole. On
ne connoit point de contrée sur la terre qui
soit plus riche en mâtures & en bois de construction. Le chanvre & le goudron qui lui

manquent, lui viennent du Chili & du Guatimala.

Cette ville eſt l'entrepôt néceſſaire de tout
le commerce que le bas Pérou, Panama & le
Mexique veulent faire avec le pays de Quito.
Toutes les marchandiſes que ces contrées
échangent, paſſent par les mains de ſes négocians. Les plus gros des navires s'arrêtent
à l'iſle de Puna, à ſix ou ſept lieues de la
place. Les autres peuvent remonter trente-
cinq lieues dans le fleuve juſqu'à Caracol.

Malgré tant de moyens de s'élever, Guayaquil, dont la population eſt de vingt-mille
ames, n'a que de l'aiſance. Les fortunes y
ont été ſucceſſivement renverſées par neuf
incendies, & par des corſaires qui ont deux
fois ſaccagé la ville. Celles qui ont été faites
depuis ces funeſtes époques n'y ſont pas reſtées. Un climat où les chaleurs ſont intolé-
rables toute l'année, où les pluies ſont continuelles pendant ſix mois, où des inſectes
dégoûtans & dangereux ne laiſſent pas un
inſtant de tranquillité; où paroiſſent s'être
réunies les maladies des températures les plus
oppoſées; où l'on vit dans la crainte continuelle de perdre la vue: un tel climat n'eſt
guere propre à fixer ſes habitans. Auſſi n'y
voit-on que ceux qui n'ont pas acquis aſſez de
bien pour aller couler ailleurs des jours heureux dans l'oiſiveté & dans la molleſſe.

En quittant le territoire de Guayaquil, ou

entre dans les vallées du Pérou. Elles occupent quatre cens lieues d'une côte, semées d'un grand nombre de mauvaises rades parmi lesquelles un heureux hasard a placé un ou deux assez bons ports. Dans tout ce vaste espace, il n'y a pas la trace d'un seul chemin; & il faut la parcourir sur des mules pendant la nuit, parce que la réverbération du soleil en rend les sables impraticables durant le jour. A des distances de trente ou quarante lieues, on trouve les petites villes de Piura, de Peyta, de Santa, de Pisco, de Nasca, d'Ica, de Moquequa, d'Arica & dans l'intervalle un petit nombre de hameaux ou de bourgades. Il n'y a dans toute cette étendue que trois villes dignes de ce nom : Truxillo, qui a neuf mille habitans, Arequipa qui en a quarante mille, & Lima qui en a cinquante-quatre mille. Ces divers établissemens ont été formés par-tout où il y avoit quelque veine de terre végétale, & par-tout où les eaux pouvoient fertiliser un limon naturellement aride.

Le pays offre les fruits propres à ce climat & la plupart de ceux de l'Europe. La culture du maïs, du piment & du coton qui s'y trouvoit établie, ne fut pas abandonnée; & on y porta celle du froment, de l'orge, du manioc, des pommes de terre, du sucre, de l'olivier & de la vigne. La chevre y a beaucoup réussi; mais la brebis a dégénéré, & sa toison est extrèmement grossiere. Dans toutes les vallées, il n'y a qu'une mine; & c'eſt celle de Huantajaha.

Dans le haut Pérou, à cent vingt lieues de la mer, eſt Cuſco, bâtie par le premier des incas, dans un terrein fort inégal & ſur le penchant de pluſieurs collines. Ce ne fut d'abord qu'une foible bourgade qui, avec le tems devint une cité conſidérable qu'on diviſa en autant de quartiers qu'il y avoit de nations incorporées à l'empire. Chaque peuple avoit la liberté de ſuivre ſes anciens uſages : mais tous devoient adorer l'aſtre brillant qui féconde le globe. Aucun édifice n'avoit de la majeſté, de l'agrément, des commodités, parce qu'on ignoroit les premiers principes de l'architeſture. Le temple du ſoleil lui-même ne pouvoit être diſtingué des autres bâtimens publics ou particuliers que par ſon étendue & par l'abondance des métaux prodigués pour ſon ornement.

Au Nord de cette capitale étoit une eſpece de citadelle, élevée avec beaucoup de ſoin, de travail & de dépenſe. Les Eſpagnols parlerent long-tems de ce monument de l'induſtrie Péruvienne avec une admiration qui ſubjugua l'Europe entiere. Des gens éclairés ont vu ces ruines, & le merveilleux a diſparu. On s'eſt enfin convaincu que cette fortification n'avoit guere d'autre ſupériorité ſur les autres ouvrages du même genre érigés dans le pays, que d'avoir été conſtruite avec des pierres plus conſidérables.

A

A quatre lieues de la ville étoient les maisons de campagne des grands & des incas, dans la falubre & délicieufe vallée d'Yucai. C'eft-là qu'on alloit rétablir fa fanté ou fe délaffer des fatigues du gouvernement.

Après la conquête, la place ne conferva guere que fon nom. Ce furent d'autres édifices, d'autres habitans, d'autres occupations, d'autres mœurs, d'autres préjugés, une autre religion. Ainfi cette fatalité qui bouleverfe la terre, les mers, les empires, les nations, qui jette fucceffivement fur tous les points du globe la lumiere des arts & les ténebres de l'ignorance; qui tranfporte les hommes & les opinions, comme les vents & les courans pouffent les productions marines fur les côtes : cette impénétrable & bizarre deftinée voulut que des Européens avec tout le cortège de nos crimes, que des moines avec tous les préjugés de leur croyance, vinffent régner & dormir dans ces murs où les vertueux incas faifoient depuis fi long-tems le bonheur des hommes & où le foleil étoit fi folemnellement adoré. Qui peut donc prévoir quelle race & quel culte s'éleveront un jour fur les débris de nos royaumes & de nos autels ? Cufco compte fous ces nouveaux maitres vingt-fix mille habitans.

Au milieu des montagnes fe voient encore quelques autres villes : Chupuifaca ou la Plata qui a treize mille ames ; Potofi, vingt-cinq mille ; Oropefa, dix-fept mille ; la Paz, vingt mille; Guancavelica, huit mille; Huamanga, dix-huit mille cinq cens.

Mais, qu'on le remarque bien, aucune de ces villes ne fut élevée dans les contrées qui offroient un terroir fertile, des moissons abondantes, des pâturages excellens, un climat doux & sain, toutes les commodités de la vie. Ces lieux, si bien cultivés jusqu'alors par des peuples nombreux & florissans, n'attirerent pas un seul regard. Bientôt, ils ne présenterent que le tableau déplorable d'un désert affreux, & cette confusion plus triste & plus hideuse que ne devoit l'être l'aspect sauvage de la terre avant l'origine des sociétés. La vue du désordre ne déplait pas toujours; elle étonne quelquefois : celle de la destruction afflige. Le voyageur conduit par le hasard ou par la curiosité dans ces régions désolées, ne put s'empêcher d'abhorrer les barbares & sanguinaires auteurs de ces dévastations, en songeant que ce n'étoit pas même aux cruelles illusions de la gloire, au fanatisme des conquètes, mais à la stupide & vile cupidité de l'argent, qu'on avoit sacrifié tant de richesses plus réelles & une si grande population.

Cette soif insatiable de l'or qui n'avoit égard, ni aux subsistances, ni à la sûreté, ni à la politique, décida seule de tous les établissemens. Quelques-uns se sont soutenus; plusieurs sont tombés, & il s'en est formé d'autres. Tous ont suivi la découverte, la progreffion, la décadence des mines auxquelles ils étoient subordonnés.

On s'égara moins dans les moyens de se procurer des vivres. Les naturels du pays n'avoient guere vécu jusqu'alors que de maïs, de fruits & de légumes, où il n'entroit d'autre affaisonnement que du sel & du piment. Leurs liqueurs composées de différentes racines, étoient plus variées. La chica étoit la plus commune. C'est du maïs trempé dans l'eau, & retiré du vase lorsqu'il commence à pousser son germe. On le fait sécher au soleil, puis un peu rôtir & enfin moudre. La farine bien pétrie est mise avec de l'eau dans de grandes cruches. La fermentation ne se fait pas attendre plus de deux ou trois jours, & ne doit pas durer plus long-tems. Le grand inconvénient de cette boisson qui, prise avec peu de modération, enivre infailliblement, est de ne pouvoir pas se conserver plus de sept ou huit jours sans s'aigrir. Son goût ressemble assez à celui du cidre inférieur.

Toutes les cultures établies dans l'empire avoient uniquement pour but les premiers besoins. Il n'y avoit pour la volupté que la seule coca. C'est un arbrisseau qui se ramifie beaucoup & ne s'éleve guere au-dessus de trois ou quatre pieds. Ses feuilles sont alternes, ovales, entieres, marquées dans leur longueur de trois nervures, dont deux sont peu apparentes. Les fleurs ramassées en bouquets le long des tiges, sont petites, composées

d'un calice à cinq divisions, de cinq pétales
garnis à leur base d'une écaille. Le pistil entouré de dix étamines & surmonté de trois
styles se change en une petite baie rougeâtre,
oblongue qui, en se séchant, devient trian-
gulaire & contient un noyau rempli d'une
seule amande.

La feuille de la coca faisoit les délices des
Péruviens. Ils la mâchoient après l'avoir
mêlée avec une terre d'un gris blanc & de
nature savonneuse qu'ils nommoient *tocera*.
C'étoit, dans leur opinion, un des plus
salutaires restaurans qu'ils pussent prendre.
Leur goût pour la coca a si peu varié que si
elle venoit à manquer à ceux d'entre eux
qui sont enterrés dans les mines, ils cesse-
roient de travailler, quelques rigueurs qu'on
pût employer pour les y contraindre.

Les conquérans ne s'accommoderent, ni
de la nourriture, ni des boissons du peuple
vaincu. Ils naturaliserent librement & avec
succès tous les grains, tous les fruits, tous
les quadrupèdes de l'ancien hémisphère dans
le nouveau. La métropole, qui s'étoit pro-
posée de fournir à sa colonie des vins, des
huiles, des eaux-de-vie, voulut d'abord interdire la culture de la vigne & de l'olivier :
mais on ne tarda pas à comprendre qu'il
seroit impossible de faire passer régulierement
au Pérou des objets sujets à tant d'accidens
& d'un si gros volume; & il fut permis de

les y multiplier autant que le climat & les befoins le comporteroient.

Après avoir pourvu à une fubfiftance meilleure & plus variée, les Espagnols voulurent avoir un habillement plus commode & plus agréable que celui des Péruviens. C'étoit pourtant le peuple de l'Amérique le mieux vêtu. Il devoit cette fupériorité à l'avantage qu'il avoit d'avoir des animaux domeftiques qui lui fervoient à cet ufage, le lama & le paco.

XXIX. Particularités fur le lama, le paco, le guanaco & la vigogne.

Le lama eft un animal haut de quatre pieds & long de cinq ou fix : mais le cou feul occupe la moitié de cette longueur. Il a la tète bien faite, avec de grands yeux, un mufeau alongé & les levres épaiffes. Sa bouche n'a point de dents incifives à la mâchoire fupérieure. Il a les pieds fourchus comme le bœuf, mais aidés d'un éperon en arrière qui lui fert à s'accrocher dans les endroits efcarpés où il aime à grimper. Une laine courte fur le dos, mais longue fur les flancs & fous le ventre, fait partie de fon utilité. Quoique très-lafcif, il s'accouple avec peine. En vain la femelle, qui fe profterne pour le recevoir, l'invite par fes foupirs ; ils font quelquefois un jour entier à gémir fans pouvoir jouir, fi l'homme ne les aide à remplir le vœu de la nature. Ainfi, plufieurs de nos animaux domeftiques, enchaînés, domptés, forcés &

G iij

contraints dans les mouvemens & les senfa-
tions les plus libres, perdent en de vains
efforts, dans des étables, les germes de leur
reproduction, quand on ne supplée pas par
les soins & les secours d'une attention éco-
nomique à la liberté qu'on leur a ôtée. Les
femelles du lama n'ont que deux mamelles,
jamais plus de deux petits & communément
un seul qui suit la mere en naissant. Son
accroissement est prompt , & la vie affez
courte. A trois ans, il se reproduit, conserve
sa vigueur jusqu'à douze, puis dépérit & finit
vers quinze.

On emploie les lamas, comme les mulets,
à transporter sur le dos des charges d'environ
cent livres. Ils vont lentement, mais d'un pas
grave & ferme ; faisant quatre ou cinq lieues
par jour, dans des pays impraticables pour
les autres animaux ; descendant des ravines
& gravissant des rochers où les hommes ne
sauroient les suivre. Après quatre ou cinq
jours de marche, ils prennent d'eux mêmes
un repos de vingt-quatre heures.

La nature les a fait pour les hommes du
climat où ils naissent, doux, mésurés &
flegmatiques comme les Péruviens. Pour s'arrêter, ils plient les genoux & baissent le corps
avec la précaution de ne pas déranger leur
charge. Au coup du sifflet de leur conducteur, ils se relevent avec la même attention
& marchent. Ils broutent en chemin l'herbe
qu'ils rencontrent, & ruminent la nuit, mê-

me en dormant, appuyés fur la poitrine &
les pieds repliés fous le ventre. Le jeûne ni
le travail ne les rebutent point, tandis qu'ils
ont des forces : mais quand ils font excédés
ou qu'ils fuccombent fous le faix, il eft inutile de les harceler ou de les frapper : ils s'obf-
tinent jufqu'à fe tuer en frappant de la tête
contre la terre. Jamais ils ne fe défendent,
ni des pieds, ni des dents ; & dans la fureur
de l'indignation, ils fe contentent de cracher
à la face de ceux qui les infultent.

Le paco eft au lama, ce que l'âne eft au
cheval, une efpece fuccurfale plus petite,
avec des jambes plus courtes, un mufle plus
ramaffé ; mais du même naturel, des mêmes
mœurs, du même tempérament que le lama.
Fait, comme lui, à porter des fardeaux ; plus
obftiné dans fes caprices, peut-être parce
qu'il eft plus foible.

Les lamas & les pacos font d'autant plus
utiles à l'homme, que leur fervice ne lui
coûte rien. Leur fourrure épaiffe leur tient
lieu de bât. Le peu d'herbe qu'ils trouvent
en marchant fuffit pour leur nourriture &
leur fournit une falive abondante & fraîche
qui les difpenfe de boire.

Du tems des incas, les peuples montroient
un grand attachement pour ces animaux utiles, & cette bienveillance s'eft perpétuée.
Avant de les employer aux travaux pour lefquels ils font propres, les Péruviens affem-
blent leurs parens, leurs amis, leurs voifins.

Auſſi-tôt que l'aſſemblée eſt formée, ils commencent des danſes & des feſtins qui durent
deux jours & deux nuits. De tems en tems,
les convives vont rendre viſite aux lamas &
aux pacos, leur tiennent des diſcours pleins
de ſentiment & leur prodiguent toutes les
tendreſſes qu'on feroit à la perſonne la plus
chérie. On commence enſuite à s'en ſervir:
mais ſans les dépouiller des rubans & des
bandelettes dont on avoit paré leur tête.

Parmi les lamas, il y a une eſpece ſauvage
qu'on nomme guanacos, plus forts, plus vifs
& plus légers que les lamas domeſtiques, courant comme le cerf, grimpant comme le cha-
mois, couvert d'une laine courte & de couleur fauve. Quoique libres, ils aiment à ſe
raſſembler en troupes, quelquefois de deux
ou trois cens. S'ils voient un homme, ils le
regardent d'abord d'un air plus étonné que
curieux. Enſuite ſoufflant des narines & hen-
niſſant, ils courent tous enſemble au ſommet
des montagnes. Ces animaux cherchent le
Nord, voyagent dans les glaces, ſéjournent
au-deſſus de la ligne de neige; vigoureux &
nombreux dans les hauteurs des Cordelieres;
chétifs & rares au bas des montagnes. Quand
on en fait la chaſſe pour avoir leur toiſon,
s'ils gagnent leurs rochers, ni les chiens, ni
les chaſſeurs ne peuvent les atteindre.

Les vigognes, eſpece ſauvage de pacos,
ſe plaiſent encore plus dans le froid & ſur les
montagnes. Elles ſont ſi timides que leur

frayeur même les livre au chaſſeur. Des hommes les entourent & les pouſſent dans des défilés, à l'iſſue deſquels on a ſuſpendu des morceaux de drap ou de linge ſur des cordes élevées de trois ou quatre pieds. Ces lambeaux agités par le vent, leur font tant de peur qu'elles reſtent accroupées & ſerrées l'une contre l'autre, ſe laiſſant plutôt tuer que de s'enfuir. Mais s'il ſe trouve parmi les vigognes quelque guanaco, qui plus hardi, ſaute par-deſſus les cordes, elles le ſuivent & s'échappent.

Tous ces animaux appartiennent tellement à l'Amérique Méridionale & ſur-tout aux plus hautes Cordelieres, qu'on n'en voit jamais du côté du Mexique, où ces montagnes s'abaiſſent conſidérablement. On a tenté de les naturaliſer en Europe; mais ils y ont tous péri. Sans penſer que ces animaux au Pérou même cherchoient le plus grand froid, les Eſpagnols les ont tranſportés dans les plaines brûlantes de l'Andalouſie. Ces eſpeces auroient peut-être réuſſi ſur les Alpes ou les Pyrénées. Cette conjecture de M. de Buffon, à qui nous devons tant de conſidérations utiles & profondes ſur les animaux, eſt digne de l'attention des hommes d'état, que la philoſophie doit éclairer dans toutes leurs démarches.

La chair des lamas & des pacos peut être mangée quand ils ſont jeunes. La peau des vieux ſert aux Indiens de chauſſure, aux Eſ-

G v

pagnols pour des harnois. Il eſt poſſible auſſi de ſe nourrir du guanaco ; mais la vigogne n'eſt recherchée que pour ſa toiſon & pour les bezoards qu'elle produit.

Tous ces animaux n'ont pas une laine égale. Celle du lama & du paco, qui ſont domeſti-ques, eſt fort inférieure à celle du guanaco & ſur-tout à celle du vigogne. On trouve même une grande différence dans la laine du même animal. Celle du dos eſt communément d'un blond clair & de qualité médiocre ; ſous le ventre, elle eſt blanche & fine ; blanche & groſſiere dans les cuiſſes. Son prix, en Eſ-pagne, eſt depuis quatre juſqu'à neuf francs la livre peſant, ſelon ſa qualité.

Ces toiſons étoient utilement employées au Pérou, avant que l'empire eût ſubi un joug étranger. Cuſco en fabriquoit, pour l'uſage de la cour, des tapiſſeries ornées de fleurs, d'oiſeaux, d'arbres aſſez bien imités. Elles ſervoient ailleurs à faire des mantes qui couvroient une chemiſe de coton. On les retrouſſoit pour avoir les bras libres. Les grands les attachoient avec des agraphes d'or & d'argent : leurs femmes avec des épingles des mêmes métaux couronnées d'émeraudes, & le peuple avec des épines. Dans les pays chauds, les mantes des hommes en place étoient de toile de coton aſſez fine & teinte de pluſieurs couleurs. Les gens du commun, ſous le même climat, n'avoient pour tout vêtement qu'une ceinture tiſſue de filameus d'écorce d'arbre, qui couvroit, dans les deux sexes, ce que la pudeur défend de montrer.

La fierté & les habitudes des conquérans, qui leur rendoient généralement incommodes ou méprisables tous les usages établis dans les contrées qui servoient de théâtre à leur avarice ou à leur fureur, ne leur permirent pas d'adopter l'habillement des Péruviens. Ils demanderent à l'Europe tout ce qu'elle possédoit de plus fini, de plus magnifique en toiles & en étoffes. Avec le tems, les trésors qu'on avoit d'abord pillés s'épuiserent; & il ne fut plus possible d'en obtenir de nouveaux qu'en faisant de grandes avances,& en se livrant à des travaux d'une utilité douteuse. Alors, les profusions diminuerent. Les anciennes fabriques de coton, que l'oppression avoit réduites à presque rien, reprirent quelque vigueur. Il s'en éleva d'un autre genre; & leur nombre a augmenté successivement.

Avec la laine de vigogne, on fabrique,dans plusieurs provinces, des bas, des mouchoirs, des écharpes. Cette laine, mêlée avec la laine extrèmement dégénérée des moutons venus d'Europe, sert à faire des tapis & des draps passables. Cette derniere seule est convertie en serges & en d'autres étoffes grossieres.

Les manufactures de luxe sont établies à Arequipa, à Cusco & à Lima. De ces trois grandes villes partent tous les bijoux & tous

G vj

les diamans, toute la vaiſſelle des particuliers
& toute l'argenterie des égliſes. Ces ouvrages
ſont groſſiérement travaillés & mêlés de beaucoup de cuivre. On ne retrouve guere plus
de goût & de perfection dans les galons, dans
les broderies, dans les dentelles qui ſortent
des mêmes atteliers.

D'autres mains s'exercent à dorer les cuirs,
à faire avec du bois & de l'ivoire des morceaux de marqueterie & de ſculpture, à tracer
quelques figures ſur des marbres trouvés
depuis peu à Cuenca, ou ſur des toiles de lin
venues de l'ancien hémiſphere. Ces productions d'un art imparfait ſervent à la décoration des maiſons, des palais, des temples.
Le deſſein n'en eſt pas abſolument mauvais ;
mais les couleurs manquent de vérité & ne
ſont pas durables. Cette induſtrie appartient
preſqu'excluſivement aux Indiens fixés à
Cuſco, & moins opprimés, moins abrutis ſur
ce théâtre de leur premiere gloire que dans
tout le reſte. Si ces Américains, à qui la nature a refuſé l'eſprit d'invention, mais qui
ſavent imiter, avoient eu d'excellens mode-
les & des maitres habiles, ils ſeroient devenus du moins de bons copiſtes. On porta à
Rome, ſur la fin du ſiecle dernier, des ouvrages d'un peintre Péruvien, nommé Michel
de Saint-Jaques, où les connoiſſeurs trouverent du génie.

Ici, j'entends des murmures. On me dit
quel intérêt veux-tu que je prenne à ces

vains détails dont tu m'importunes depuis si long-tems ? Parle-moi de l'or, de l'argent du Pérou. Dans cette région si reculée du Nouveau-Monde, *jamais je n'ai vu, jamais je ne verrai que ses métaux.* Qui que tu sois qui m'interpelle ainsi, homme avare, homme sans goût, qui, transporté au Mexique & au Pérou, n'étudierois ni les mœurs, ni les usages, qui ne daignerois pas jetter un coup-d'œil sur les fleuves, sur les montagnes, sur les forêts, sur les campagnes, sur la diversité des climats, sur les poissons & sur les insectes ; mais qui demanderois où sont les mines d'or? où sont les atteliers où l'on travaille l'or ; je vois que tu es entré dans la lecture de mon ouvrage, comme les féroces Européens dans ces riches & malheureuses contrées ; je vois que tu étois digne de les y accompagner, parce que tu avois la même ame qu'eux. Hé bien, descends dans ces mines ; trouves-y la mort à côté de ceux qui les exploitent pour toi ; & si tu en remontes, connois du moins la source criminelle de ces funestes trésors que tu ambitionnes ! puisses-tu ne les posséder à l'avenir sans éprouver le remords ! Que l'or change de couleur, & que tes yeux ne le voient que teint de sang !

XXX. *Description des mines du Pérou, & spécialement de celles de platine & de mercure.*

On trouve dans le pays des incas des mines de cuivre, d'étain, de soufre, de bitume qui sont généralement négligées.

L'extrême befoin a procuré quelque attention à celles de fel. On y taille ce foffile en
pierres proportionnées à la force des lamas
& des pacos deftinés à les diftribuer dans
toutes les provinces de l'empire éloignées
de l'océan. Ce fel eft de couleur violette &
a des veines comme le jafpe. Il n'eft vendu,
ni au poids, ni à la mefure, mais en pierres
dont le volume eft à-peu-près égal.

Une nouvelle matiere a été découverte
depuis peu dans ces régions : c'eft la platine,
ainfi appellée du mot Efpagnol *plata*, dont
on a fait le diminutif *platina* ou petit argent.

C'eft une fubftance métallique qui jufqu'ici n'a été apportée du Nouveau-Monde
dans l'ancien, que fous la forme de petits
graviers anguleux, triangulaires & fort irré-
guliers, comme de la groffe limaille de fer.
Sa couleur eft d'un blanc moyen, entre la
blancheur de l'argent & celle du fer, ayant
un peu le gras du plomb.

M. Ulloa eft le premier qui ait parlé de
la platine, dans la relation qu'il publia en
1747, d'un long voyage qu'il venoit de faire
au Pérou. Il apprit à l'Europe que cette
fubftance extraordinaire, & qu'on doit regarder comme un huitieme métal, venoit
des mines d'or de l'Amérique & fe trouvoit en particulier dans celles du nouveau
royaume.

L'année fuivante Wood, métallurgifte
Anglois, en apporta quelques échantillons de

la Jamaïque dans la Grande-Bretagne. Il les avoit reçus huit ou neuf ans auparavant de Carthagène, & les avoit soumis, avant personne, à des expériences.

De très habiles chymistes se sont occupés depuis d'expériences & de recherches sur la platine; en Angleterre, M. Lewis; en Suède, M. Scheffer; en Prusse, M. Margraff; enfin, en France M M. Macquer, Beaumé, de Buffon, de Morveau, de Sickengen, de Milly. Les travaux réunis de ces différens chymistes ont tellement avancé nos connoissances sur cet objet, qu'on ne craint pas de dire, qu'il est peu de substances métalliques qui nous soient aujourd'hui mieux connues que la platine. Celle qui nous arrive en France n'est jamais absolument pure. Elle est communément mêlée avec une quantité assez considérable d'un petit sable noir, aussi attirable à l'aimant que le meilleur fer, mais qui est indissoluble dans les acides, & qui se fond avec beaucoup de difficulté. Enfin on y remarque quelquefois des parcelles d'or très-fines.

Ce mélange, à-peu-près constant, de la platine brute avec l'or & avec le fer, avoit fait soupçonner qu'elle pouvoit bien n'être autre chose qu'un alliage de ces deux métaux; & en effet, en fondant ensemble de l'or & du fer, ou mieux encore de l'or & du sable magnétique, semblable à celui qui se trouve mêlé avec la platine, on obtient un alliage qui a quelques rapports apparens avec cette fubftance métallique : mais un examen plus approfondi femble avoir détruit cette opinion , & les expériences de MM. Macquer & Beaumé , & fur-tout celles de M. le baron de Sickengen , paroiffent avoir démontré , que la platine eft un métal particulier, qui n'eft formé de la combinaifon d'aucun autre, & qui a des qualités qui lui font propres.

Le peu de connoiffances que les chymiftes ont eues jufqu'ici de l'hiftoire naturelle de la platine , & la petite quantité qu'ils en ont eue en leur poffeffion, ne leur a pas permis d'y appliquer encore en grand, les travaux de la métallurgie : mais les méthodes qu'ils ont données, & celles fur-tout dont on eft redevables à M. le baron de Sickengen , font fuffifantes pour l'exactitude chymique. Il ne refte plus qu'à les rendre plus fimples & moins difpendieufes.

La premiere opération à faire fur la platine, confifte à en féparer l'or, le fer & le fable magnétique, avec lequel elle eft unie. Pour remplir cet objet, on la diffout à l'aide d'un peu de chaleur dans une eau régale, formée d'à-peu-près parties égales d'acide nitreux & d'acide marin. Le fable qui eft indiffoluble, refte au fond du vafe où l'on opère, & en tranfvafant la liqueur, on a une diffolution qui contient de l'or, du fer & de la platine. Pour opérer d'abord la féparation de l'or, on ajoute à la diffolution une petite portion de vitriol de fer. Auffi-tôt l'or fe précipite, mais il n'en eft pas de même de la platine qui continue à demeurer unie au diffolvant. Enfin pour fe débarraffer du fer, on verfe goutte à goutte dans la même liqueur, de l'alkali qui a été préala-blement calciné avec du fang de bœuf. Auffi-tôt le fer fe précipite fous la couleur de bleu de Pruffe, & il ne refte plus dans la diffolu-tion que de la platine parfaitement pure, combinée avec l'eau régale.

La platine ainfi purifiée, il ne s'agit plus que de la féparer de fon diffolvant, & c'eft à quoi on parvient par l'addition du fel am-moniac. Ce fel précipite la platine fous cou-leur jaune, & ce précipité traité à grand feu fe ramollit & fe fond même ; & en le forgeant fous le marteau, on en obtient de la platine très-pure & très-malléable. Il paroit, d'après ce qu'on a pu recueillir du mémoire de M. le baron de Sickengen, qui a été commu-niqué à l'académie des fciences, mais qui n'a point encore été publié, que la platine brute, traitée feule & échauffée à grand feu, fe ramollit affez pour pouvoir être forgée & mife en barreaux ; & cette circonftance indi-que tout naturellement la marche qu'il y au-roit à fuivre pour la traiter dans les travaux en grand.

Le métal qu'on obtient par ces différens procédés, eft à-peu-près de la même pefan-

teur fpécifique que l'or ; il eft d'une couleur
qui tient le milieu entre celle du fer & de
l'argent; il eft fufceptible de fe forger , de
s'étendre en lames minces, de fe filer , mais
il n'eft pas à beaucoup près auſſi ductile que
l'or , & le fil qu'on en obtient n'eft pas , à
diamètre égal , en état de fupporter un poids
auſſi fort fans fe rompre. Diffous.dans de
l'eau régale, on peut, en le précipitant, lui
faire prendre une infinité de couleurs différentes; & M. le comte de Milly eft parvenu
à varier tellement ces précipités , qu'il a fait
exécuter un tableau dans lequel il n'entroit
prefque uniquement que de la platine.

L'or eft fufceptible de s'allier avec tous
les métaux , & la platine a comme lui cette
propriété : mais lorfqu'elle entre dans l'alliage dans une trop grande proportion, elle
le rend caffant. Alliée avec le cuivre jaune,
elle forme un métal dur & compacte , fufceptible de prendre le plus beau poli, qui
ne fe ternit point à l'air, & qui feroit en
conféquence très-propre à faire des miroirs
de téléfcope.

Il ne paroît pas que le mercure ait aucune
action fur la platine, M. Levis avoit propofé
en conféquence l'amalgame avec le mercure,
comme un moyen propre à la féparer d'avec
l'or, auquel elle pouvoit avoir été unie : mais
ce moyen a été regardé par les chymiftes
modernes comme incertain & fautif ; & il
exifte aujourd'hui des méthodes plus fûres,

Telles font celles dont on a parlé au commencement de cet article.

Ce nouveau métal préfente des propriétés
infiniment intéreffantes pour la fociété. Il
n'eft attaquable par aucun acide fimple, ni
par aucun diffolvant connu, fi ce n'eft par
l'eau régale; il n'eft point fufceptible de fe
ternir à l'air, ni de s'y couvrir de rouille, il
réunit à la fixité de l'or & à la propriété qu'il
a d'être indeftructible, une dureté prefque
égale à celle du fer, une infufibilité beaucoup
plus grande. Enfin on ne peut fe refufer de
conclure, en confidérant tous les avantages
de la platine, que ce métal mérite au moins,
par fa fupériorité fur tous les autres de partager le titre de roi des métaux, que l'or a
obtenu depuis fi long-tems.

Il feroit à defirer fans doute, qu'un métal
auffi précieux pût devenir commun, & qu'on
pût l'employer pour les uftenfiles de cuifine,
dans les arts & dans les laboratoires de chy-
mie. Il réuniroit tous les avantages des vaiffeaux de verre, de porcelaine & de grès, fans
en avoir la fragilité. Un préjugé du miniftere Efpagnol, & qui a été long-tems celui de
tous les chymiftes, nous prive de cet avantage. On s'eft perfuadé que la platine pouvoir s'allier avec l'or, de maniere à ne pouvoir en être féparé par aucun moyen, & en
conféquence on a cru devoir interdire l'extraction & le tranfport d'une fubftance qui
pouvoit fournir des armes dangereufes à la

cupidité. Mais aujourd'hui qu'on connoît des moyens aussi simples & aussi faciles à séparer l'or d'avec la platine, que de séparer l'argent d'avec l'or ; aujourd'hui que les chymistes nous ont appris que lorsque ces deux métaux sont dissous dans l'eau régale, on peut précipiter l'or par l'addition du vitriol de mars, ou la platine par l'addition du sel ammoniac, & que dans les deux cas, ces deux métaux sont parfaitement séparés; enfin aujourd'hui que ceux qui gouvernent les nations ont des moyens faciles pour s'éclairer en consultant les académies, on ne peut douter que le gouvernement Espagnol ne s'empresse de tirer parti d'une richesse dont il paroît jusqu'ici qu'il est le seul possesseur, & dont il peut faire un usage utile pour sa nation & pour la société toute entiere.

Hors une seule, la nature n'a point formé des mines d'or & d'argent dans ce qu'on appelle les vallées du Pérou. Les grosses masses de ces précieux métaux qui s'y rencontrent quelquefois, y ont été transportées par des embrâsemens souterrains, des volcans, des tremblemens de terre ; par les révolutions que l'Amérique a essuyées essuie encore tous les jours. Ces masses détachées s'offrent aussi de tems en tems ailleurs. Vers l'an 1730, on trouva, non-loin de la ville de la Paz, un morceau d'or qui pesoit quatre-vingt-dix marcs. C'étoit un composé de six différentes

fpeces de ce précieux métal , depuis dix-
uit jufqu'à vingt-trois karats & demi. On
e voit que peu de mines & de bas-aloi dans
monticules voifins de la mer. C'eſt feule-
ient dans les lieux très-froids & très-élevés
u'elles font riches & multipliées.

Sans avoir des monnoies, les Péruviens
onnoiſſoient l'emploi de l'or & de l'argent
u'ils réduiſoient en bijoux , ou même en
aſes. Les torrens & les rivieres leur four-
iſſoient le premier de ces métaux : mais pour
procurer le fecond , il falloit plus de travail
plus d'induſtrie. Le plus fouvent on ouvroit
terre , mais jamais ſi profondément que les
vailleurs ne puſſent jetter eux-mèmes le
inérai fur les bords de la foſſe qu'ils avoient
euſée, ou du moins l'y faire arriver, en le
ranſmettant de main en main. Quelquefois
uſſi on perçoit le flanc des montagnes , &
'on fuivoit, dans un efpace toujours très-
eu étendu, les différentes veines que la for-
une pouvoit offrir. C'étoit par le moyen du
eu qu'étoient fondus les deux métaux , qu'ils
toient dégagés des matieres étrangeres qui
'y trouvoient mêlées. Des fourneaux, où
in courant d'air rempliſſoit la fonction du
ouſllet , entierement inconnu dans ces ré-
ions, fervoient à cette opération difficile.

Porco, peu éloigné du lieu où un des lieu-
enans de Pizarre fonda, en 1539, la ville
e la Plata, Porco étoit de toutes les mines
ue les incas faiſoient travailler, la plus abon-

dante & la plus connue. Ce fut auſſi la premiere que les Eſpagnols exploiterent,après la
conquête. Une infinité d'autres ne tarderent
pas à ſuivre.

Toutes, ſans exception, toutes ſe trouverent d'une exploitation très-diſpendieuſe.
La nature les a placées dans des contrées privées d'eau, de bois, de vivres, de tous les
ſoutiens de la vie, qu'il faut faire arriver
avec de grands forfaits à travers des déſerts
immenſes. Ces difficultés ont été ſurmon-
·tées, le ſont encore, avec plus ou moins de
ſuccès.

Pluſieurs mines qui eurent de la réputation ont été abandonnées ſucceſſivement.
Leur produit, quoiqu'égal à celui des premiers tems, ne ſuffiſoit plus pour ſoutenir
les dépenſes qu'il falloit faire pour l'obtenir.
Cette révolution eſt réſervée à beaucoup
d'autres.

· On a été forcé de renoncer à des mines
qui avoient donné de fauſſes eſpérances. De
ce nombre a été celle d'Ucantaya, découverte en 1703, ſoixante lieues au Sud-Eſt de
Cuſco. Ce n'étoit qu'une croûte d'argent
preſque maſſif, qui rendit d'abord beaucoup,
mais qui fut bientôt épuiſée.

Des mines très-riches ont été négligées,
parce que les eaux s'en étoient emparées. La
diſpoſition du terrein qui, du ſommet des
Cordelieres, va toujours en pente juſqu'à la
mer du Sud, a dû rendre ces évènemens plus

communs au Pérou qu'ailleurs. Le mal s'eſt trouvé quelquefois ſans remede ; d'autres fois on l'a réparé ; le plus ſouvent il s'eſt per-pétué, faute de moyens, d'activité ou d'in-telligence.

On s'attacha d'abord de préférence aux mines d'or. Les gens ſages ne tarderent pas à ſe décider pour celles d'argent, générale-ment plus ſuivies, plus égales, & par conſé-quent moins trompeuſes. Pluſieurs des pre-mieres ſont cependant encore exploitées. Des ſuccès aſſez ſuivis ſont regarder celles de Lu-tixaca, d'Araca, de Suches, de Caracaua, de Fipoani, de Cachacamba comme les plus ri-ches.

Entre celles d'argent qui, de nos jours, ont le plus de réputation, il faut placer celle de Huantajaha, exploitée depuis quarante ou cinquante ans, à deux lieues de la mer, près de la rade d'Iqueyque. En creuſant cinq à ſix pieds dans la plaine, on trouve ſouvent des maſſes détachées qu'on ne prendroit d'a-bord que pour un mélange confus de gravier & de ſable, & qui à l'épreuve rendent en ar-gent les deux tiers de leur peſanteur. Quel-quefois, il y en a de ſi conſidérables, qu'en 1749 on en envoya deux à la cour d'Eſpa-gne, l'une de cent ſoixante-quinze livres, & l'autre de trois cens ſoixante-quinze. Dans les montagnes, le métal eſt en filon & de deux eſpeces. Celle que dans la contrée on nomme *barra* ſe coupe comme le roc, &

prend la route de Lima où elle eſt travaillée.
Elle donne le plus ſouvent une, deux, trois,
quatre & juſqu'à cinq parties d'argent pour
une de pierre. L'autre eſt purifiée par le
moyen du feu dans le pays même. Si cinq de
ſes quintaux ne produiſent pas un marc d'argent, elle eſt jetée dans les décombres. Ce
mépris vient de l'exceſſive cherté des vivres,
de l'obligation de tirer l'eau potable de quatorze lieues, de la néceſſité d'aller moudre
le minerai à une diſtance très-conſidérable.

A trente lieues nord-eſt d'Arequipa, eſt
Caylloma. Ses mines furent découvertes très-
anciennement; on ne ceſſa jamais de les exploiter, & leur abondance eſt toujours la
même.

Celles du Potoſi furent trouvées en 1545.
Un Indien, nommé Hualpa, qui pourſuivoit
des chevreuils ſaiſit, dit-on, pour eſcalader
des rocs eſcarpés, un arbriſſeau dont les racines ſe détacherent & laiſſerent appercevoir
un lingot d'argent. Ce Péruvien s'en ſervit
pour ſes uſages, & ne manqua pas de retourner à ſon tréſor toutes les fois que ſes beſoins ou ſes deſirs l'en ſollicitoient. Le changement arrivé dans ſa fortune fut remarqué
par ſon concitoyen Guanca, auquel il avoua
ſon ſecret. Les deux amis ne furent pas jouir
de leur bonheur. Ils ſe brouillerent; & l'in-
diſcret confident découvrit tout à ſon maître Villaroel, Eſpagnol établi dans le voiſinage.

Cette

Cette connoiſſance échauffa rapidement les eſprits Pluſieurs mines furent auſſi-tôt ouvertes dans une montagne qui a la forme d'un cône, une lieue de circonférence, cinq à ſix cens toiſes d'élévation, & la couleur d'un rouge obſcur. Avec le tems, une montagne moins conſidérable & qui ſort de la premiere, fut également & auſſi heureuſement ſouillée. Les tréſors qu'on tiroit de l'une & de l'autre furent l'origine d'une des plus grandes & des plus opulentes cités du Nouveau-Monde.

Dans aucune contrée du globe, la nature n'offrit jamais à l'avidité humaine d'auſſi riches mines que celles du Potoſi. Indépendamment de ce qui ne fut pas enregiſtré & qui s'écoula en fraude, le quint du gouvernement, depuis 1545 juſqu'en 1564, monta à 36,450,000 l. chaque année. Mais cette prodigieuſe abondance de métaux ne tarda pas à diminuer. Depuis 1564 juſqu'en 1585, le quint annuel ne fut que de 15,187,489 liv. 4 ſ. Depuis 1585 juſqu'en 1624, de 12,149,994 l. 12 ſ. Depuis 1624 juſqu'en 1633, de 6,074,997 l. 6 ſ. Depuis cette derniere époque, le produit de ces mines a ſi ſenſiblement diminué, qu'en 1763 le quint du roi ne paſſa pas 1,364,682 l. 12 ſols.

Dans les premiers tems, chaque quintal de minerai donnoit cinquante livres d'argent. Cinquante quintaux de minerai ne produi-

Tome IV.   H

sent plus que deux livres d'argent, C'est un,
au lieu de douze cens cinquante.

Pour peu que cette dégradation augmente,
on sera forcé de renoncer à cette source de
richesses. Il est même vraisemblable que cet
événement seroit déja arrivé si, au Potosi,
la mine n'étoit si tendre, si les eaux n'étoient
si favorablement disposées pour la moudre,
que les dépenses y sont infiniment moindres
que par-tout ailleurs.

Mais pendant que les mines du Potosi
voyoient s'éclipser graduellement leur éclat,
s'élevoient non loin d'elles à une grande réputation celles d'Oruro. Leur prospérité
augmentoit même, lorsque les eaux s'empa-
rerent des plus abondantes. Au tems où nous
écrivons, on n'a pas encore réussi à les sai-
gner, & tant de trésors restent toujours sub-
mergés. Les mines de Popo, les plus importantes de celles qui ont échappé à ce grand
désastre, ne sont éloignées que de douze lieues
de la ville de San-Philippe de Austria de
Gruro, bâtie dans ce canton autrefois si célebre.

Nul accident ne troubla jamais les travaux
d'aucun des mineurs établis à l'Ouest de la
Plata, dans le district de Carangas. Cependant ceux que le hasard avoit attirés à Turco
furent constamment les plus heureux, parce
que cette montagne leur offrit toujours un
minerai incorporé ou comme fondu dans la

pierre, & par conféquent plus riche que tous les autres.

Dans le diocefe de la Paz & affez près de la petite ville de Puno, Joſeph Salcedo découvrit, vers l'an 1660, la mine de Layca-Cota. Elle étoit ſi abondante qu'on coupoit ſouvent l'argent au ciſeau. La proſpérité, qui rabaiſſe les petites ames, avoit tellement élevé celle du propriétaire de tant de richeſſes, qu'il permettoit à tous les Eſpagnols qui venoient chercher fortune dans cette partie du Nouveau-Monde, de travailler quelques jours à leur profit, ſans peſer & ſans meſurer le don qu'il leur faiſoit. Cette générofité attira autour de lui une multitude d'aventuriers. Leur avidité leur mit les armes à la main. Ils ſe chargerent ; & leur bienfaiteur, qui n'avoit rien négligé pour prévenir ou pour étouffer leurs diviſions ſanglantes, fut pendu comme en étant l'auteur. De pareils traits ſeroient capables d'affoiblir dans les ames le penchant à la bienfaiſance, & mon cœur a répugné à rapporter celui-ci.

Pendant que Salcedo étoit en priſon, l'eau gagna ſa mine. La ſuperſtition fit imaginer que c'étoit en punition de l'attentat commis contre lui. On reſpecta long-tems cette idée de la vengeance céleſte. Mais enfin, en 1740, Diego de Baena & quelques autres hommes entreprenans s'affocierent, pour détourner les ſources qui avoient noyé tant de tréſors. L'ouvrage étoit affez avancé en 1754, pour

H ij

qu'on en reţirát déja quelque utilité. Nous
ignorons ce qui eſt arrivé depuis cette époque.

Toutes les mines du Pérou étoient originairement exploitées par le moyen du feu.
Dans la plupart, on lui ſubſtitua en 1571 le
mercure.

Ce puiſſant agent ſe trouve en deux états
différens dans le ſein de la terre. S'il y eſt
tout pur & ſous la forme fluide qui lui eſt
propre, on le nomme *mercure vierge*, parce
qu'il n'a point éprouvé l'action du feu pour
être tiré de la mine. S'il y eſt combiné avec
le ſoufre, il forme une ſubſtance d'un rouge
plus ou moins vif, qu'on nomme *cinnabre*.

Juſqu'à la mine de mercure vierge, découverte dans les derniers tems à Montpellier
ſous les édifices de la ville mère,& que pour
cette raiſon on n'exploitera vraiſemblablement jamais, il n'y en avoit pas d'autres bien
connues en Europe que celles d'Ydria dans
la Carniole. Elles ſont dans une vallée, au
pied des hautes montagnes appellées par les
Romains, *Apes juliæ*. Le haſard les fit découvrir en 1497. Leur profondeur eſt d'environ neuf cens pieds. On y deſcend par des
puits, comme dans les autres mines. Il y a
ſous terre une infinité de galeries dont quelques-unes ſont ſi baſſes, que l'on eſt obligé
de ſe courber pour y paſſer ; & il y a des endroits où il fait ſi chaud qu'il n'eſt pas poſſible de s'arrèter, ſans ſe trouver dans une ſueur

très-abondante. C'est dans ces souterrains qu'est le mercure dans une espece d'argille ou dans des pierres. Quelquefois même, on voit couler cette substance en forme de pluies & suinter si copieusement au travers des rochers qui forment les voûtes de ces souterrains, qu'un homme seul en a souvent recueilli jusqu'à trente-six livres en un jour.

Il y a quelques hommes passionnés pour le merveilleux qui préferent ce mercure à l'autre. C'est un préjugé. L'expérience prouve que le meilleur mercure qu'on puisse employer, & dans la pharmacie, & dans la métallurgie, c'est celui qui a été tiré du cinnabre. Pour séparer la combinaison que la nature a faite du soufre & du mercure, deux matieres volatiles, il faut avoir nécessairement recours à l'action du feu & y joindre un intermede. C'est ou de la limaille de fer, ou du cuivre, ou du régule d'antimoine, ou de la chaux, ou du sel alkali fixe. La Hongrie, l'Esclavonie, la Boheme, la Carinthie, le Frioul & la Normandie fournissent à l'Europe cette derniere espece de mercure. Ce qu'il en faut à l'Espagne pour le Mexique sort de sa mine d'Almaden déja célebre du tems des Romains: mais le Pérou a trouvé dans son sein même, à Guanca-Velica, de quoi pourvoir à tous ses besoins.

Cette mine étoit, dit-on, connue des anciens Péruviens qui s'en servoient uniquement pour peindre leur visage. On l'oublia

H iij

dans le cahos où la conquête plongea cette
région infortunée. Elle fut retrouvée en 1556,
selon quelques historiens, & en 1564 selon
d'autres : mais Pedro-Fernandez Velasco fut
le premier qui, en 1571, imagina de la faire
servir à l'exploitation des autres mines. Le
gouvernement s'en réserva la propriété. Dans
la crainte même que les droits qu'il mettoit
sur le mercure ne fussent fraudés, , il défendit d'ouvrir, sous quelque prétexte que ce
fût, d'autres mines du même genre.

La mine de Guanca-Velica a éprouvé plusieurs révolutions. Au tems où nous écrivons,
sa circonférence est de cent quatre-vingts va-
res, son diametre de soixante, & sa profondeur de cinq cens treize. Elle a quatre ouvertures, toutes au sommet de la montagne, un
petit nombre d'arcboutans destinés à soutenir les terres, & trois soupiraux qui donnent
de l'air ou servent à l'écoulement des eaux.
Elle est exploitée par quelques associés, la plupart sans fortune, auxquels le souverain fait
les avances dont ils ont besoin, & qui lui livrent le mercure à un prix convenu. Les
hommes employés à ces travaux, éprouvoient
autrefois assez généralement des mouvemens
convulsifs. Cette calamité est maintenant
beaucoup moins commune; soit parce que
le mercure que le minerai contenoit a diminué de plus de moitié, soit qu'on ait imaginé
quelques précautions qui avoient été d'abord
négligées. Ceux qui ont soin des fourneaux

sont presque les seuls exposés aujourd'hui à ce malheur ; & encore leur guérison est-elle assez facile. Il n'y a qu'à les faire passer dans un climat chaud, qu'à les occuper à la culture des terres. Le mercure qui infectoit leurs membres sort par la transpiration.

La stérilité de Guanca-Velica & des terres limitrophes est remarquable. Aucun arbre fruitier n'a pu y être naturalisé. De toutes les especes de bled qu'on a semées, l'orge seul a germé ; & encore n'est-il jamais parvenu à former du grain. Il n'y a que la pomme de terre qui ait prospéré.

L'air n'est pas plus salubre que le sol n'est fertile. Les enfans, nouvellement nés, périssent par le tetanos encore plus souvent que dans le reste du Nouveau-Monde. Ceux qui ont échappé à ce danger, sont attaqués à trois ou quatre mois d'une toux violente, & meurent la plupart dans des convulsions, à moins qu'on n'ait l'attention de les transporter sous un ciel plus doux. Cette précaution nécessaire pour les Indiens, pour les métis, l'est beaucoup plus pour les Espagnols qui sont moins robustes. La rigueur extrême du climat, les vapeurs sulfureuses qui couvrent l'horizon, le tempérament généralement vicié des peres & des meres, doivent être les causes principales d'une si grande calamité.

Il y avoit long-tems que les monts très-élevés de Guanca-Velica occupoient les hom-

H iv

mes avides de richeffes, lorfqu'ils font venus intéreffer la phyfique.

Les aftronomes, envoyés en 1735 au Pérou pour mefurer les degrés du méridien, parcoururent un efpace de quatre-vingt-dix lieues, en commençant un peu au nord de l'équateur jufqu'au midi de la ville de Cuenca, & n'apperçurent aucun figne qui leur donnât lieu de croire que ces montagnes les plus hautes de l'univers euffent été jamais couvertes par l'océan. Les bancs de coquillage qu'on découvrit quelque tems après au Chili, ne prouvoient pas le contraire, parce qu'ils étoient fur des hauteurs qui n'avoient que cinquante toifes. Mais depuis que Guanca-Velica a offert des coquilles en nature & des coquilles pétrifiées, les unes & les autres en très-grand nombre, c'eft une néceffité de revenir fur fes pas, & d'abandonner toutes les conféquences qu'on avoit tirées de ce phénomene.

Ce n'eft pas à Guanca-Velica que le mercure eft livré au public. Le gouvernement l'envoie dans les provinces où font les mines. Les dépôts font au nombre de douze. En 1763, Guanca-Velica en confomma lui-même cent quarante deux quintaux ; Tauja, deux cens quarante-fept ; Pafco, fept cens vingt-neuf, Truxillo, cent trente-un ; Cufco, treize ; la Plata, trois cens foixante-neuf ; la Paz, trente ; Caylloma, trois cens foixante quatorze; Carangas, cent cinquante ; Oturo, douze cens soixante-quatre ; Potosi, mille sept cens quatre-vingt-douze. Ce qui fut en tout cinq mille deux cens quarante-un quintaux.

Quoique la qualité du minérai décide de la plus grande ou de la moindre consommation du mercure, on pense généralement dans l'autre hémisphere, où la métallurgie est très-imparfaite, que, dans l'ensemble, la consommation du mercure est égale à la quantité d'argent qu'on tire des mines. Dans cette supposition, les douze dépôts qui, depuis 1759 jusqu'en 1763, livrerent, année commune, cinq mille trois cens quatre quintaux dix-huit livres de mercure devoient recevoir cinq mille trois cens quatre quintaux dix-huit livres d'argent. Cependant il ne leur en fut porté que deux mille deux cens cinquante-quatre quintaux dix-huit livres qui furent détournés pour frauder les droits.

XXXI. Renversement & réédification de Lima. Mœurs de cette capitale du Pérou.

Lima a toujours vu couler dans son sein la plus grande partie de ces richesses, qu'elles aient ou n'aient pas échappé à la vigilance du fisc. Cette capitale, bàtie en 1535, par François Pizarre, & devenue depuis si célebre, est située à deux lieues de la mer, dans une plaine délicieuse. Sa vue se promene d'un côté sur un océan tranquille, & de l'autre s'étend jusqu'aux Cordelieres. Son territoire n'est qu'un amas de pierres à fusil que la mer y a sans doute entaillées avec les

H v

fiecles, mais couverte d'un pied de terre
que les eaux de fource qu'on y trouve par.
tout en creufant , ont dû y amener des
montagnes.

Des cannes à fucre , des oliviers fans
nombre, quelques vignes, des prairies arti-
ficielles , des pâturages pleins de fel qui
donnent aux viandes un goût exquis , de
menus grains deftinés à la nourriture des vo-
lailles qui font parfaites, des arbres fruitiers
de toutes les efpeces , quelques autres cultures couvrent ces campagnes fortunées.
L'orge & le froment y profpererent long-
tems : mais un tremblement de terre y fit,
il y a plus d'un fiecle, une fi grande révolution, que les femences pourriffoient fans
germer. Ce ne fut qu'après quarante ans de
ftérilité que le fol redevint tout ce qu'il avoit
été. Lima, ainfi que les autres villes des vallées, doit principalement fes fubfiftances aux
fueurs des noirs. Ce n'eft guere que dans
l'intérieur du pays que les champs font ex-
ploités par les Indiens.

Avant l'arrivée des Efpagnols , toutes les
conftructions fe faifoient au Pérou fans au-
cuns fondémens. Les murs des maifons particulieres & des édifices publics étoient également jettés fur la fuperficie de la terre , avec
quelques matériaux qu'ils fuffent élevés.
L'expérience avoit appris à ces peuples que,
dans la région qu'ils habitoient, c'étoit l'u-
nique maniere de fe loger folidement. Leurs

conquérans, qui méprifoient fouverainement
ce qui s'écartoit de leurs ufages , & qui portoient par-tout les pratiques de l'Europe ,
fans examiner fi elles convenoient aux contrées qu'ils envahiffoient , leurs conquérans
s'éloignerent en particulier à Lima de la maniere de bâtir qu'ils trouvoient généralement
établie. Auffi, lorfque les naturels du pays
virent ouvrir les profondes tranchées & employer le ciment , dirent-ils que leurs tyrans
creufoient des tombeaux pour s'enterrer ;
& c'étoit peut-être une confolation au malheur du vaincu, de prévoir que la terre elle-même le vengèroit un jour de fes dévaf-
tateurs.

La prédiction s'eft accomplie. La capitale
du Pérou, renverfée en détail par onze tremblemens de terre, fut enfin détruite par le
douzieme. Le 28 octobre 1746, à dix heures
& demie du foir, tous ou prefque tous les
édifices, grands & petits, s'écroulerent en
trois minutes. Sous ces décombres furent
écrafées treize cens perfonnes. Un nombre
infiniment plus confidérable furent mutilées ;
& la plupart périrent dans des tourmens horribles.

Callao, qui fert de port à Lima, fut également bouleverfée ; & ce fut le moindre de
fes malheurs. La mer qui avoit reculé d'horreur au moment de cette terrible cataftrophe,
revint bientôt affaillir de fes vagues impé-
tueufes l'efpace qu'elle avoit abandonné. Le

H vj

peu de maifons & de fortifications , qui avoient échappé , devinrent fa proie. De quatre mille habitans que comptoit cette ra. de célebre, il n'y en eut que deux cens de fauvés. Elle avoit alors vingt-trois navires, Dix-neuf furent engloutis, & les autres jettés bien avant dans les terres par l'océan irrité.

Le ravage s'étendit fur toute la côte. Le peu qu'il y avoit de bâtimens daus fes mauvais ports furent fracaffés. Les villes des vallées fouffrirent généralement quelques dommages ; plufieurs même furent totalement bouleverfées. Dans les montagnes, quatre ou cinq volcans vomirent des colonnes d'eau fi prodigieufes , que le pays en fut inondé.

Les efprits tombés depuis long-tems; commé en léthargie , furent réveillés par cette funefte cataftrophe ; & ce fut Lima qui donna l'exemple de ce changement. Il falloit d'éblayer d'immenfes décombres entaffés les uns fur les autres. Il falloit retirer les richeffes immenfes enterrées fous ces ruines. Il falloit aller chercher à Guayaquil , & plus loin encore, tout ce qui étoit néceffaire pour d'innombrables conftructions. Il falloit avec des matériaux raffemblés de tant de contrées élever une cité fupérieure à celle qui avoit été détruite. Ces prodiges , qu'on ne devoit pas attendre d'un peuple oifif & efféminé , s'exécuterent très-rapidement. Le befoin donna de l'activité , de l'émulation, de l'induftrie.

Lima, quoique peut-être moins riche, est actuellement plus agréable que lorfqu'en 1682, fes murs offrirent à l'entrée du vice-roi, Duc de Palata, des rues pavées d'argent. Il eft auffi plus folidement bâti, & voici pourquoi.

La vanité d'avoir des palais aveugla long-tems les habitans de la capitale du Pérou fur les dangers auxquels cette folle oftentation les expofoit. Inutilement, la terre engloutit, à diverfes époques, ces maffes énormes; l'inftruction ne fut jamais affez forte pour les corriger. La derniere cataftrophe leur a ouvert les yeux. Ils fe font foumis à la néceffité, & ont enfin fuivi l'exemple des autres Efpagnols fixés dans les vallées.

Les maifons font actuellement fort baffes, & n'ont la plupart qu'un rez-de-chauffée. Elles ont pour mur des poteaux placés de diftance en diftance. Ces intervalles font remplis par des cannes affez femblables aux nôtres, mais qui n'ont point de cavité, qui font très-folides, qui pouriffent difficilement & qui font enduites d'une terre glaife. Ces finguliers édifices font couronnés par un toit de bois entierement plat, recouvert auffi de terre glaife, précaution fuffifante dans un climat où il ne pleut jamais. Un ofier de grande réfiftance, que dans le pays on nomme chaglas, lie les différentes parties de ces bâtimens les unes aux autres, & les unit toutes aux fondemens. Avec cette conftruction, les maifons entieres fe prètent aifément aux mouvemens qui leur font communiqués par les tremblemens de terre. Elles peuvent bien ètre endommagées par ces mouvemens convulfifs de la nature : mais il eft difficile qu'elles foient renverfées.

Cependant ces bâtimens ne manquent pas d'apparence. L'attention qu'on a d'en peindre en pierres de taille les murailles & les corniches ne laiffe pas foupçonner la qualité des matériaux dont ils font formés. On leur trouve même un air de grandeur & de folidité auquel il ne feroit pas naturel de s'attendre. Le vice de conftruction eft encore mieux fauvé dans l'intérieur des maifons où tous les ornemens font peints auffi d'une maniere plus ou moins élégante. Dans les édifices publics, on s'eft un peu écarté de la méthode ordinaire. Plufieurs ont dix pieds d'élévation en brique cuite au foleil ; quelques églifes mème ont en pierre une hauteur pareille. Le refte de ces monumens eft en bois peint ou doré ; ainfi que les colonnes, les frifes & les ftatues qui les décorent.

Les rues de Lima font larges, parallèles, & fe coupent à angles droits. Des eaux tirées de la riviere de Rimac qui baigne fes murs, les lavent, les rafraichiffent continuellement. Ce qui n'eft pas employé à cet ufage falutaire, eft heureufement diftribué pour la commodité des citoyens, pour l'agrément des jardins ; pour la fertilité des campagnes.

Les fléaux de la nature qui ont ranimé à un certain point les travaux à Lima, ont eu moins d'influence sur les mœurs.

La superstition qui regne sur toute l'étendue de la domination Espagnole, tient au Pérou deux sceptres dans ses mains; l'un d'or pour la nation usurpatrice & triomphante; l'autre de fer pour ses habitans esclaves & dépouillés. Le scapulaire & le rosaire sont toutes les marques de religion que les moines exigent des Espagnols Péruviens. C'est sur la forme & la couleur de ces especes de talismans, que le peuple & les grands fondent la prospérité de leurs entreprises, le succès de leurs intrigues amoureuses, l'espérance de leur salut. L'habit monacal fait au dernier moment la sécurité des riches malversateurs. Ils sont convaincus qu'enveloppés de ce vêtement redoutable au démon, cet être vengeur du crime n'osera descendre dans leurs tombeaux & s'emparer de leurs ames. Si leurs cendres reposent près de l'autel, ils esperent participer aux sacrifices des pontifes beaucoup plus que les pauvres & les esclaves.

D'après d'aussi funestes erreurs, que ne se permet-on pas pour acquérir des richesses qui assurent le bonheur dans l'un & l'autre monde? La vanité d'éterniser son nom & la promesse d'une vie immortelle transmettent à des cénobites une fortune dont on ne sauroit plus jouir; & les familles sont frustrées d'un héritage bien ou mal acquis, par des legs qui vont enrichir ces hommes, qui ont trouvé le secret d'échapper à la pauvreté en s'y dévouant. Ainsi, l'ordre des sentimens, des idées & des choses est renversé; & les enfans des peres opulens sont condamnés à une misere forcée par la pieuse rapacité d'une foule de mendians volontaires. L'Anglois, le Hollandois, le François perdent de leurs préjugés nationaux en voyageant. L'Espagnol traine avec lui les siens dans tout l'univers; & telle est la manie de léguer à l'église, qu'au Pérou tous les biens fonds appartiennent au sacerdoce ou lui doivent des redevances. Le monachisme y a fait ce que la loi du *Vacuf* fera tôt ou tard à Constantinople. Ici, l'on attache sa fortune à un *minaret*, pour l'assurer à son héritier; là, on en dépouille un héritier en l'attachant à un monastere, par la crainte d'être damné. Les motifs sont un peu divers, mais, à la longue, l'effet est le même. Dans l'une & l'autre contrée, l'église est le gouffre où toute la richesse va se précipiter; & ces Castillans, autrefois si redoutés, sont aussi petits devant la superstition, que des esclaves asiatiques en présence de leur despote.

Ces extravagances pourroient faire soupçonner un abrutissement entier. Ce seroit une injustice. Depuis le commencement du siecle, les bons livres sont assez communs à Lima; on n'y manque pas absolument de lumieres; & il peut nous être permis de dire que les navigateurs François y semerent, durant la guerre pour la succession, quelques bons principes. Cependant, les anciennes habitudes n'ont que peu perdu de leur force. L'Espagnol créole passe toujours sa vie chez des courtisannes, ou s'amuse dans sa maison à boire l'herbe du Paraguay. Il craindroit d'ôter des plaisirs à l'amour, en lui donnant des nœuds légitimes. Son goût le porte à se marier derriere l'église, expression qui, dans le pays, signifie vivre dans le concubinage. En vain les évêques anathématisent tous les ans, à pâques, les personnes engagées dans ces liens illicites. Que peuvent ces vains foudres contre l'amour, contre l'usage, sur-tout contre le climat qui lutte sans cesse & l'emporte à la fin sur toutes les loix civiles & religieuses contraires à son influence?

Les femmes du Pérou ont plus de charmes, que les armes spirituelles de Rome n'inspirent de terreur. La plupart, celles de Lima principalement, ont des yeux brillans; une peau blanche; un teint délicat, animé, plein de fraicheur & de vie; une taille moyenne & bien prise; un pied mieux fait & plus petit que celui des Espagnoles même; des cheveux épais & noirs qui flottent, comme au hasard & sans ornement, sur des épaules & un sein d'albâtre.

Tant de graces naturelles sont relevées par tout ce que l'art a pu y ajouter. C'est la plus grande somptuosité dans les vêtemens; c'est

une profusion fans bornes de perles & de diamans dans toutes les efpeces de parure où il
eft poffible de les faire entrer. On met même
une forte de grandeur & de dignité à laiffer
égarer , à laiffer détruire ces objets précieux.
Rarement une femme , même fans titre &
fans nobleffe , fe montre-t-elle en public fans
étoffes d'or & fans pierreries. Jamais elle ne
fort que fuivie de trois ou quatre efclaves,
la plupart mulâtreffes , en livrée comme les
laquais , en dentelles comme leurs maitreffes.

Les odeurs font d'un ufage général à Lima.
Les femmes n'y font jamais fans ambre. Elles
en répandent dans leur linge & dans leurs
habits , même dans leurs bouquets , comme
s'il manquoit quelque chofe au parfum naturel des fleurs. L'ambre eft fans doute une
ivreffe de plus pour les hommes , & les fleurs
donnent un nouvel attrait aux femmes. Elles
en garniffent leurs manches & quelquefois
leurs cheveux , comme des bergeres.

Le goût de la mufique , répandu dans tout
le Pérou , fe change en paffion dans la capitale. Ses murs ne retentiffent que de chan-
fons, que de concerts de voix & d'inftrumens.
Les bals font fréquens. On y danfe avec une
légéreté furprenante : mais on néglige trop
les graces des bras , pour s'attacher à l'agilité
des pieds , fur-tout aux inflexions du corps,
images des vrais mouvemens de la volupté.

Tels font les plaifirs que les femmes, toutes vêtues d'une maniere plus élégante que

odeste , goûtent & répandent dans Lima.
ïais c'est particulierement dans les délicieux
allons où elles reçoivent compagnie qu'on
es trouve féduifantes. Là , nonchalamment
ouchées fur une ftrade qui a un demi pied
d'élévation & cinq ou fix de large , & fur des
apis & des carreaux fuperbes , elles coulent
des jours tranquilles dans un délicieux repos.

es hommes qui font admis à leur converfa-
tion s'affeyent à quelque diftance , à moins
qu'une grande familiarité n'appelle ces ado-
rateurs jufqu'à la ftrade qui eft comme le
fanctuaire du culte & de l'idole. Cependant,
les divinités aiment mieux y être libres que
fieres ; & banniffant le cérémonial , elles
jouent de la harpe ou de la guitarre , chan-
tent même & danfent quand on les en prie.

Les citoyens les plus diftingués trouvent,
dans les majorats ou fubftitutions perpétuelles que leur ont tranfmis les premiers conquérans leurs ancètres , de quoi fournir à ces
profufions : mais les biens fonds n'ont pas
fuffi à un grand nombre de familles , même
très-anciennes. La plupart ont cherché des
reffources dans le commerce. Une occupation fi digne de l'homme , dont il étend à la
fois l'activité , les lumieres & la puiffance , ne
leur a jamais paru déroger à leur nobleffe ;
& les loix les ont confirmés dans une maniere
de penfer fi utile & fi raifonnable. Leurs
fonds , joints aux remifes qu'on fait fans ceffe
de l'intérieur de l'empire , ont rendu Lima

le centre de toutes les affaires que les provinces du Pérou font entre elles ; des affaires
qu'elles font avec le Mexique & le Chili ; des
affaires plus importantes qu'elles font avec
la métropole.

XXXII. Panama fut long-tems le pont de communication du Pérou avec l'Efpagne. Comment s'entretenoit ce commerce.

Le détroit de Magellan paroiſſoit la ſeule
voie ouverte pour cette derniere liaiſon. La
longueur du trajet ; la frayeur qu'inſpiroient
des mers orageuſes & peu connues ; la crainte
d'exciter l'ambition des autres nations ; l'impoſſibilité de trouver un aſyle dans des événemens malheureux ; d'autres conſidérations
peut-être, tournerent toutes les vues vers Panama.

Cette ville qui avoit été la porte par où
l'on étoit entré au Pérou, s'étoit élevée à une
grande proſpérité, lorſqu'en 1670, elle fut
pillée & brûlée par des pirates. On l'a rebâ-
tie dans un lieu plus avantageux, à quatre
ou cinq milles de ſa premiere place, & à trois
lieues du port de Périco, formé par un grand
nombre d'iſles & aſſez vaſte pour contenir
les plus nombreuſes flottes. Elle donne des
loix aux provinces de Panama, de Vera-
guas & de Darien, régions ſans habitans,
ſans culture, ſans richeſſes, & qu'on
décora du grand nom de royaume de Terre-
ferme à une époque où l'on eſpéroit beaucoup de leurs mines. De ſon propre fonds,

anama n'a jamais offert au commerce que
s perles.

La pêche s'en fait dans quarante-trois isles
son golfe. La plupart des habitans y em-
loient ceux de leurs nègres qui font bons
igeurs. Ces efclaves plongent & replon-
ent dans la mer, jufqu'à ce que cet exercice
iolent ait épuifé leurs forces ou laffé leur
urage.

Chaque noir doit rendre un nombre fixe
'huitres. Celles où il n'y a point de perle,
elles où la perle n'eft pas entierement for-
iée, ne font pas comptées. Ce qu'il peut
rouver au-delà de l'obligation qui lui eft im-
ofée, lui appartient inconteftablement. I'
eut le vendre à qui bon lui femble: mais
our l'ordinaire, il le cède à fon maitre pour
n prix modique.

Des monftres marins, plus communs aux
sles où fe trouvent les perles, que fur les
ôtes voifines, rendent cette pèche dange-
eufe. Quelques-uns dévorent en un inftant
les plongeurs. Le *mantas*, qui tire fon nom
de la figure, les roule fous fon corps & les
étouffe. Pour fe défendre contre de tels ennemis, chaque pêcheur eft armé d'un poignard. Auffi-tôt qu'il apperçoit quelqu'un
de ces poiffons voraces, il l'attaque avec précaution, le bleffe & le met en fuite. Cependant, il périt toujours quelques pêcheurs &
il y en a un grand nombre d'eftropiés.

Les perles de Panama font communément

d'affez belle eau. Il y en a même de remarquables par leur groffeur & par leur figure.
L'Europe en achetoit autrefois une partie:
mais depuis que l'art eft parvenu à les imiter,
& que la paffion pour les diamans en a fait
tomber ou diminuer l'ufage , c'eft le Pérou
qui les prend toutes.

Cette branche de commerce contribua cependant beaucoup moins à donner de la célébrité à Panama , que l'avantage dont elle
jouiffoit d'être l'entrepôt de toutes les productions du pays des incas , deftinées pour
notre hémifphère. Ces richeffes , arrivées
par une flotille , étoient voiturées : les unes
à dos de mulet & les autres par le Chàgre, à
Porto-Belo , fitué fur la côte feptentrionale
de l'ifthme qui fépare les deux mers.

Quoique la pofition de cette ville eût été
reconnue & approuvée par Colomb, en 1502,
elle ne fut bàtie qu'en 1584, des débris de
Nombre-de-Dios. Elle eft difpofée , en forme
de croiffant, fur le penchant d'une montagne
qui entoure le port. Ce port célebre , autrefois très-bien défendu par des fortifications
que l'amiral Vernon détruifit en 1740,paroit
offrir une entrée large de fix cens toifes : mais
elle eft tellement retrécie par des rochers à
fleur d'eau , qu'elle fe trouve réduite à un canal étroit. Les vaiffeaux n'y arrivent qu'à la
toue,parce qu'ils trouvent toujours des vents
contraires ou un grand calme. Ils y jouiffent
d'une fùreté entiere.

L'intempérie de Porto-Belo est si connue, qu'on l'a surnommé le tombeau des Espagnols. Ce fut plus d'une fois une nécessité d'y abandonner des navires dont les équipages avoient tous péri. Les habitans eux-mêmes n'y vivent pas long-tems & ont généralement un tempérament vicié. Il est comme honteux d'y demeurer. On n'y voit que quelques nègres, quelques mulâtres, un petit nombre de blancs qui y sont fixés par les emplois du gouvernement. La garnison même, quoique composée seulement de cent cinquante hommes, n'y reste jamais plus de trois mois de suite. Jusqu'au commencement du siecle, aucune femme n'avoit osé y accoucher : elle auroit cru vouer ses enfans, se vouer elle-même à une mort certaine. Les plantes transplantées dans cette région funeste, où la chaleur, l'humidité, les vapeurs sont excessives & continuelles, n'ont jamais prospéré. Il est établi que les animaux domestiques de l'Europe, qui se sont prodigieusement multipliés dans toutes les parties du Nouveau-Monde, perdent leur fécondité en arrivant à Porto-Belo; & à en juger par le peu qu'il y en a, malgré l'abondance des pâturages, on seroit porté à croire que cette opinion n'est pas mal fondée.

Les désordres du climat n'empêcherent pas que Porto-Belo ne devint d'abord le théâtre du plus grand commerce qui ait jamais existé. Tandis que les richesses du Nouveau-Monde

y arrivoient pour être échangées contre l'industrie de l'ancien, les vaisseaux partis d'Espagne & connus sous le nom de galions, s'y
rendoient de leur côté, chargés de tous les
objets de nécessité, d'agrément ou de luxe
qui pouvoient tenter les possesseurs des mines.

Les députés des deux commerces régloient
à bord de l'amiral le prix des marchandises
sous les yeux du commandant de l'escadre
& du président de Panama. L'estimation ne
portoit pas sur la valeur intrinsèque de chaque chose, mais sur la rareté ou son abondance. L'habileté des agens consistoit à si bien
faire leurs combinaisons, que les cargaisons
apportées d'Espagne absorboient tous les trésors venus du Pérou. On regardoit la foire
comme mauvaise, lorsqu'il se trouvoit des
marchandises négligées faute d'argent, ou de
l'argent sans emploi faute de marchandises.
Dans ce cas seulement, il étoit permis aux
négocians Européens d'aller achever leurs
ventes dans la mer du Sud, & aux négocians
Péruviens de faire des remises à la métropole
pour leurs achats.

Dès que les prix étoient réglés, les échanges commençoient. Ils n'étoient ni longs,
ni difficiles. La franchise la plus noble, en
étoit la base. Tout se passoit avec tant de
bonne-foi, qu'on n'ouvroit pas les caisses des
piastres, qu'on ne vérifioit pas le contenu
des balots. Jamais cette confiance réciproc-
que ne fut trompée. Il se trouva plus d'une
fois

fois des facs d'or mêlés parmi des facs d'argent, des articles qui n'étoient pas portés fur les factures. Les méprises étoient réparées avant le départ des vaisseaux ou à leur retour. Seulement, il arriva, en 1654, un événement qui auroit pu altérer cette confiance. On trouva en Europe que toutes les piastres reçues à la derniere foire avoient un cinquieme d'alliage. La perte fut soufferte par les commerçans Espagnols : mais comme les monnoyeurs de Lima furent reconnus pour auteurs de cette malversation, la réputation des marchands Péruviens ne souffrit aucune atteinte.

La foire, dont la mauvaise qualité de l'air avoit fait fixer la durée à quarante jours, se tint d'abord assez régulierement. On voit par des actes de 1595, que les galions devoient être expédiés d'Espagne tous les ans, au plus tard tous les dix-huit mois ; & les douze flottes parties depuis le 4 août 1628, jusqu'au 3 juin 1645, prouvent qu'on ne s'écartoit pas de cette regle. Elles revenoient, après un voyage de onze, de dix, quelquefois même de huit mois, chargées d'immenses richesses, en or, en argent & en marchandises.

Cette prospérité continua sans interruption, jusqu'au milieu du dix-septieme siecle. Avec la perte de la Jamaïque, commença une contrebande considérable, qui jusqu'alors avoit été peu de chose. Le sac de Panama, en 1670, par le pirate Anglois, Jean Morgan, eut des suites encore plus fâcheuses. Le Pérou qui envoyoit ses fonds d'avance dans cette ville, ne les y fit plus passer qu'après l'arrivée des ga. lions à Carthagene. Ce changement occasionna des retards, des incertitudes. Les foires dimi. nuerent, & le commerce interlope augmenta.

L'élévation d'un prince François sur le trône de Charles-Quint alluma une guerre générale; & dès les premieres hostilités, les galions fu. rent brûlés dans le port de Vigo, où l'impos. sibilité de gagner Cadix les avoit forcés de se refugier. La communication de l'Espagne avec Porto-Belo fut alors tout-à-fait interrompue; & la mer du Sud eut plus que jamais des liai. sons directes & suivies avec l'étranger.

La pacification d'Utrecht ne finit pas le dé. sordre. Le malheur des circonstances voulut que la cour de Madrid ne pût pas se dispen. ser de donner exclusivement à une compagnie Angloise le privilege de pourvoir le Pérou d'esclaves. Elle se vit même forcée d'accorder à ce corps avide le droit d'envoyer à chaque foire un vaisseau chargé des différentes mar. chandises que le pays pouvoit consommer. Ce bâtiment qui n'auroit dû être que de cinq cens tonneaux, en portoit toujours plus de mille. On ne lui donnoit ni eau, ni vivres. Quatre ou cinq navires, qui le suivoient, fournis. soient à ses besoins, & substituoient des effets nouveaux aux effets déja vendus. Les galions, écrasés par cette concurrence, l'étoient encore par les versemens frauduleux dans tous les ports où l'on conduisoit les nègres. Enfin, il fut impoſſible, après l'expédition de 1737, de ſoutenir plus long-tems ce commerce ; & l'on vit finir ces fameuſes foires ſi enviées des nations, quoiqu'elles duſſent être regardées comme le tréſor commun de tous les peuples.

Depuis cette époque, Panama & Porto-Belo ſont infiniment déchus. Ces deux villes ne ſervent plus qu'à quelques branches peu importantes d'un commerce languiſſant. Les affaires plus conſidérables ont pris une autre direction.

XXXIII. *Les Eſpagnols ont ſubſtitué la route du détroit de Magellan & du cap de Horn à celle de Panama.*

On ſait que Magellan découvrit, en 1520, à l'extrémité méridionale de l'Amérique le fameux détroit qui porte ſon nom. Il y vit, & l'on y a vu ſouvent depuis , des hommes qui avoient environ un pied de plus que les Européens. D'autres navigateurs n'ont rencontré ſur les mêmes plages que des hommes d'une taille ordinaire. Pendant deux ſiecles, on s'eſt mutuellement accuſé d'ignorance, de prévention , d'impoſture. Enfin, il eſt arrivé des voyageurs auxquels un heureux haſard a préſenté des hordes d'une hauteur commune, des hordes d'une ſtature élevée, & qui ont conclu d'un événement auſſi déciſif que leurs précurſeurs avoient eu raiſon dans ce qu'ils affirmoient, & tort dans ce qu'ils avoient nié. Alors ſeulement on a fait attention qu'il n'y avoit point d'habitans ſédentaires dans ces lieux incultes ; qu'ils y arrivoient de différentes régions plus ou moins éloignées ; &

I ij

qu'il étoit vraisemblable que les sauvages
d'une contrée étoient plus grands que ceux
d'une autre. La physique a appuyé cette conjecture. Jamais, en effet, on ne pourra rai-
sonnablement penser que la nature s'éloigne
plus de ses voies en engendrant ce qu'il nous
a plu de nommer géants, qu'en donnant le
jour à ce que nous appellons nains.

Il y a des géants & des nains dans toutes les
contrées. Il y a des géants, des nains & des
hommes d'une taille commune, nés d'un même pere & d'une même mere. Il y a des géants,
des nains dans toutes les especes d'animaux,
d'arbres, de fruits, de plantes ; & quel que soit
le système qu'on préfere sur la génération, on
ne doit non plus s'étonner de la diversité de
la taille entre les hommes dans la même famille ou dans des familles différentes, que de
voir des fruits différens en volume à un arbre voisin ou sur le même arbre. Celui qui
expliquera un de ces phénomenes les aura
tous expliqués.

Le détroit de Magellan a cent quatorze
lieues de long, & en quelques endroits moins
d'une lieue de large. Il sépare la terre des Patagons de celle de Feu, qu'on présume n'a-
voir formé autrefois qu'un même continent.
La conformité de leurs stériles côtes, de leur
âpre climat, de leurs monstrueux rochers, de
leurs montagnes inaccessibles, de leurs neiges
éternelles, de leurs sauvages habitans : tout
doit faire penser que ce grand canal de navi-

gation eſt l'ouvrage de quelqu'une de ces révolutions phyſiques, qui changent ſi ſouvent
la face du globe.

Quoique ce fût long-tems le ſeul paſſage
connu pour arriver à la mer du Sud, les dangers qu'on y trouvoit le firent preſque oublier. La hardieſſe du célebre Drake, qui
porta, par cette voie, le ravage ſur les côtes
du Pérou, inſpira aux Eſpagnols la réſolution
d'y former un grand établiſſement, deſtiné
à préſerver de toute invaſion cette riche partie du Nouveau-Monde.

Pedro Sarmiento, chargé de cette entrepriſe importante, partit d'Europe, en 1581,
avec vingt-trois navires & trois mille cinq
cens hommes. L'expédition fut contrariée
par des calamités ſi multipliées, que l'amiral
n'arriva l'année ſuivante au détroit qu'avec
quatre cens hommes, trente femmes & des
vivres pour ſept ou huit mois. Les reſtes déplorables d'une ſi belle peuplade furent établis à Philippeville, dans une baie ſûre, commode, ſpacieuſe. Mais l'infortune qui avoit
ſi cruellement aſſailli les Eſpagnols dans leur
traverſée, les pourſuivit obſtinément au terme de leur voyage. On ne leur envoya aucun ſecours; le pays ne fourniſſoit point de
ſubſiſtances; & ils périrent de miſere. De
vingt-quatre malheureux qui avoient échappé à ce fléau terrible, vingt-trois, dont la deſtinée eſt toujours reſtée inconnue, s'embarquerent pour la riviere de la Plata. Fernan-

do Gomez, le feul qui reſtoit, fut recueilli, en 1587, par le corſaire Anglois Cavendish, qui donna au lieu où il l'avoit trouvé le nom de port *Famine*.

Cependant, le deſtruction de la colonie eut de moindres ſuites qu'on ne le craignoit. Le détroit de Magellan ceſſa bientôt d'etre la route des pirates que leur avidité conduiſoit dans ces régions éloignées. En 1616, des na- vigateurs Hollandois ayant doublé le cap de Horn, ce fut dans la ſuite le chemin que ſui- virent les ennemis de l'Eſpagne qui vouloient paſſer dans la mer du Sud. Il fut encore plus fréquenté par les vaiſſeaux François durant la guerre qui bouleverſa l'Europe au com- mencement du ſiecle. L'impoſſibilité où ſe trouvoit Philippe V d'approviſionner lui- même ſes colonies, enhardit les ſujets de ſon aïeul à aller au Pérou. Le beſoin où l'on y étoit de toutes choſes fit recevoir ces alliés avec joie, & ils gagnerent dans les premiers tems juſqu'à huit cens pour cent. Les négo- cians de Saint-Malo qui s'étoient emparés de ce commerce, n'acquirent pas des richeſſes pour eux ſeuls. En 1709, ils les livrerent à leur patrie, accablée par l'inclémence des ſai- ſons, par des défaites réitérées, par une ad- miniſtration ignorante, arbitraire & fiſcale. Une navigation qui permettoit de ſi nobles ſacrifices, excita bientôt une émulation trop univerſelle. La concurrence devint ſi conſi- dérable, les marchandiſes tomberent dans un tel aviliffement, qu'il fut impoffible de les vendre, & que plufieurs armateurs les brûlerent, pour n'être pas réduits à les remporter. L'équilibre ne tarda pas à fe rétablir. Et ces étrangers faifoient des bénéfices affez confidérables, lorfque la cour de Madrid prit, en 1718, des mefures efficaces pour les éloigner de ces parages qu'on trouvoit qu'ils fréquentoient depuis trop long-tems.

Cependant, ce ne fut qu'en 1740 que les Efpagnols commencerent à doubler eux-mêmes le cap de Horn. Ils employerent des bâtimens & des pilotes Malouins dans leurs premiers voyages : mais une affez courte expérience les mit en état de fe paffer de fecours étrangers ; & ces mers orageufes furent bientôt plus familieres à leurs navigateurs qu'elles ne l'avoient jamais été à leurs maîtres dans cette carriere.

XXXIV. Le Pérou eft-il auffi riche qu'il l'étoit autrefois?

Jufqu'alors la haute opinion qu'on avoit toujours eue, & long-tems avec raifon, des richeffes du Pérou, s'étoit maintenue. La cour d'Efpagne accufoit le commerce interlope d'en avoir détourné la plus grande partie; & elle fe flattoit que le nouveau fyftème les rameneroit dans fes ports en auffi grande abondance qu'aux époques les plus reculées. Une évidence, à laquelle il fut impoffible de fe refufer, réduifit les plus incrédules à voir que les mines de cette partie du Nouveau-Monde n'étoient plus ce qu'elles avoient été ; &

qué ce qu'elles avoient laiffé de vuide n'avoit pas été rempli par d'autres objets.

Depuis 1748 jufqu'en 1753, Lima ne reçut d'Efpagne pour tout le Pérou que dix navires qui remporterent chaque année 30,764,617 liv. Cette fomme étoit formée par 4,594,191 livres en or ; par 20,673,657 livres en argent; par 5,496,768 livres en productions diverfes.

Ces productions furent trente & un mille quintaux de cacao, qui furent vendus en Europe 3,240,000 livres. Six cens quintaux de quinquina, qui furent vendus 207,360 liv. Quatre cens foixante-dix quintaux de laine de vigogne, qui furent vendus 324,000 liv. Dix mille huit cens cinquante quintaux de cuivre, qui furent vendus 810,108 liv. Dix mille fix cens quintaux d'étain, qui furent vendus 915,300 livres.

Dans l'or & l'argent 1,620,000 livres appartenoient au gouvernement, 19,422,571 liv. au commerce ; 4,225,178 liv. au clergé ou aux officiers civils & militaires.

Dans les marchandifes, il y avoit 1,381,569 livres pour la couronne, & 4,115,199 livres pour les négocians.

Le tems a un peu changé l'état de chofes : mais l'amélioration n'eft pas confidérable.

Fin du feptieme Livre.

HISTOIRE
PHILOSOPHIQUE
ET
POLITIQUE
DES ÉTABLISSEMENS ET DU COMMERCE DES EUROPÉENS DANS LES DEUX INDES.

LIVRE HUITIEME.

Conquête du Chili & du Paraguay par les Espagnols. Détail des événemens qui ont accompagné & suivi l'invasion. Principes sur lesquels cette puissance conduit ses colonies.

I. Les Européens ont-ils été en droit de fonder des colonies dans le Nouveau-Monde ?

LA raison & l'équité permettent les colonies, mais elles tracent les principes dont il ne devroit pas être permis de s'écarter dans leur fondation.

I v

Un nombre d'hommes, quel qu'il foit, qui defcend dans une terre étrangère & inconnue, doit être confidéré comme un feul homme. La force s'accroit par la multitude, mais le droit refte le même. Si cent, fi deux cens hommes peuvent dire, *ce pays nous appartient;* un feul homme peut le dire auffi.

Ou la contrée eft déferte, ou elle eft en partie déferte & en partie habitée, ou elle eft toute peuplée.

Si elle eft toute peuplée, je ne puis légitimement prétendre qu'à l'hofpitalité & aux fecours que l'homme doit à l'homme. Si l'on m'expofe à mourir de froid ou de faim fur un rivage, je tirerai mon armé, je prendrai de forces ce dont j'aurai befoin, & je tuerai celui qui s'y oppofera. Mais lorfqu'on m'aura accordé l'afyle, le feu & l'eau, le pain & le fel, on aura rempli fes obligations envers moi. Si j'exige au-delà, je deviens voleur & affaffin. On m'a fouffert. J'ai pris connoiffance des loix & des mœurs. Elles me conviennent. Je defire de me fixer dans le pays. Si l'on y confent, c'eft une grace qu'on me fait, & dont le refus ne fauroit m'offenfer. Les Chinois font peut-être mauvais politiques, lorfqu'ils nous ferment la porte de leur empire, mais ils ne font pas injuftes. Leur contrée eft affez peuplée, & nous fommes des hôtes trop dangereux.

Si la contrée eft en partie déferte, en par-

tie occupée, la partie déferte eft à moi. J'en
puis prendre poffeffion par mon travail. L'ancien habitant feroit barbare, s'il venoit fubitement renverfer ma cabane, détruire mes
plantations & piller mes champs. Je pourrois repouffer fon irruption par la force. Je
puis étendre mon domaine jufques fur les con-
fins du fien. Les forêts, les rivieres & les'rivages de la mer nous font communs, à moins
que leur ufage exclufif ne foit néceffaire à
fa fubfiftance. Tout ce qu'il peut encore exiger de moi, c'eft que je fois un voifin paifi-
ble, & que mon établiffement n'ait rien de
menaçant pour lui. Tout peuple eft autorifé
à pourvoir à fa fûreté préfente, à fa fûreté à
venir. Si je forme une enceinte redoutable,
fi j'amaffe des armes, fi j'élève des fortifications, fes députés feront fages s'ils viennent
me dire : es-tu notre ami ? es-tu notre ennemi ? ami : à quoi bon tous ces préparatifs de
guerre ? ennemi : tu trouveras bon que nous
les détruifions ; & la nation fera prudente,
fi à l'inftant elle fe délivre d'une terreur bien
fondée. A plus forte raifon pourra-t-elle, fans
bleffer les loix de l'humanité & de la juftice,
m'expulfer & m'exterminer, fi je m'empare
de fes femmes, de fes enfans, de fes propriétés ; fi j'attente à fa liberté civile ; fi je la gêne dans fes opinions religieufes : fi je prétends
lui donner les loix ; fi j'en veux faire mon
efclave. Alors je ne fuis dans fon voifinage
qu'une bête féroce de plus ; & elle ne me doit

pas plus de pitié qu'à un tigre. Si j'ai des denrées qui lui manquent & si elle en a qui me soient utiles, je puis proposer des échanges. Nous sommes maîtres elle & moi de mettre à notre chose tel prix qu'il nous conviendra. Une aiguille a plus de valeur réelle pour un peuple réduit à coudre avec l'arète d'un poisson les peaux de bète dont il se couvre, que son argent n'en peut avoir pour moi. Un sabre, une coignée seront d'une valeur infinie pour celui qui supplée à ces instrumens par des cailloux tranchans, enchâssés dans un morceau de bois durci au feu. D'ailleurs, j'ai traversé les mers pour rapporter ces objets utiles, & je les traverserai derechef pour rapporter dans ma patrie les choses que j'aurai prises en échange. Les frais du voyage, les avaries & les périls doivent entrer en calcul. Si je ris en moi-même de l'imbécillité de celui qui me donne son or pour du fer, le prétendu imbécille se rit aussi de moi qui lui cède mon fer dont il connoît toute l'utilité, pour son or qui ne lui sert à rien. Nous nous trompons tous les deux, ou plutôt nous ne nous trompons ni l'un, ni l'autre. Les échanges doivent ètre parfaitement libres. Si je veux arracher par la force ce qu'on me refuse, ou faire accepter violemment ce qu'on dédaigne d'acquérir, on peut légitimement ou m'enchaîner ou me chasser. Si je me jette sur la denrée étrangere, sans en offrir le prix, ou si je l'enleve furtivement, je suis un voleur qu'on peut tuer sans remords.

Une contrée déserte & inhabitée, est la seule qu'on puisse s'approprier. La premiere découverte bien constatée fut une prise de possession légitime.

D'après ces principes, qui me paroissent d'éternelle vérité, que les nations Européennes se jugent & se donnent à elles-mêmes le nom qu'elles méritent. Leurs navigateurs arrivent-ils dans une région du Nouveau-Monde qui n'est occupée par aucun peuple de l'ancien, aussi-tôt ils enfouissent une petite lame de métal, sur laquelle ils ont gravé ces mots: CETTE CONTRÉE NOUS APPARTIENT. Et pourquoi vous appartient-elle? N'êtes-vous pas aussi injustes, aussi insensés que des sauvages portés par hasard sur vos côtes, s'ils écrivoient sur le sable de votre rivage ou sur l'écorce de vos arbres: CE PAYS EST A NOUS. Vous n'avez aucun droit sur les productions insensibles & brutes de la terre où vous abordez, & vous vous en arrogez un sur l'homme votre semblable. Au lieu de reconnoître dans cet homme un frere, vous n'y voyez qu'un esclave, une bête de somme. O mes concitoyens! vous pensez ainsi, vous en usez de cette maniere; & vous avez des notions de justice, une morale, une religion sainte, une mere commune avec ceux que vous traitez si tyranniquement. Ce reproche doit s'adresser plus particulierement aux Espa-

gnols; & il va être malheureusement justi-
fié encore par leurs forfaits dans le Chili.

II. Premieres irruptions des Efpagnols dans le Chili.

Cette région, telle qu'elle est possédée par
l'Espagne, a une largeur commune de trente
lieues entre la mer & les Cordelieres, & neuf
cens lieues de côte depuis le grand désert
d'Atacamas qui la sépare du Pérou, jusqu'aux
isles de Chiloé qui la séparent du pays des
Patagons. Les incas soumirent à leurs sages
loix une partie de cette vaste contrée; & ils
se proposoient d'assujettir le reste: mais ils
trouverent des difficultés qu'ils ne purent
vaincre.

Ce grand projet fut repris par les Espagnols,
aussi-tôt qu'ils eurent fait la conquête des
principales provinces du Pérou. Almagro,
parti de Cusco au commencement de 1535,
avec cinq cens soixante - dix Européens &
quinze mille Péruviens, parcourut d'abord
le pays de Charcas, auquel les mines du Potosi donnerent depuis un si grand éclat. Pour
se porter de cette contrée au Chili, on ne
connoissoit que deux chemins, & ils étoient
regardés l'un & l'autre comme presque impraticables. Le premier n'offroit sur les bords
de la mer que des sables brûlans, sans eau &
sans subsistances. Pour suivre le second, il
falloit traverser des montagnes très-escarpées,
d'une hauteur prodigieuse & couvertes de
neiges aussi anciennes que le monde. Ces difficultés ne rebuterent pas le général; & il se

décida pour le dernier paſſage , par la ſeule raiſon qu'il étoit le moins long. Son ambition coûta la vie à cent cinquante Eſpagnols & à dix mille Indiens ; mais enfin il atteignit le terme qu'il s'étoit propoſé , & il fut reçu avec une ſoumiſſion entiere par les peuples anciennement dépendans du trône qu'on venoit de renverſer. La terreur de ſes armes lui auroit fait obtenir vraiſemblablement de plus grands avantages , ſi des intérêts particuliers ne lui euſſent fait deſirer de ſe trouver au centre de l'empire. Sa petite armée refuſa de repaſſer les Cordelieres. Il fallut la ramener par la voie qui avoit été d'abord négligée ; & les haſards furent ſi heureux , qu'elle ſouffrit beaucoup moins qu'on ne l'avoit craint. Ce bonheur étendit les vues d'Almagro , & le précipita peut-être dans les entrepriſes où il trouva une fin tragique.

Les Eſpagnols reparurent au Chili en 1541. Valdivia, qui les conduiſoit, y pénétra ſans réſiſtance. Mais les nations qui l'habitoient ne furent pas plutôt revenues de l'étonnement où les armes & la diſcipline de l'Europe les avoient jettées, qu'elles voulurent recouvrer leur indépendance. La guerre dura dix ans ſans interruption. Si quelques cantons, découragés par des pertes réitérées, ſe déterminoient à la ſoumiſſion , un plus grand nombre s'obſtinoit à défendre leur liberté, quoique avec un déſavantage preſque continuel.

Un capitaine Indien, à qui son âge & ses
infirmités ne permettoient pas de sortir de
sa cabane, entendoit toujours parler de ces
malheurs. Le chagrin de voir les siens constamment battus par une poignée d'étrangers,
lui donna des forces. Il forma treize compagnies de mille hommes chacune, qu'il mit
à la file l'une de l'autre & les mena à l'ennemi. Si la premiere étoit mise en déroute, elle
devoit, au lieu de se replier sur la seconde,
aller se rallier sous la protection de la derniere. Cet ordre, qui fut fidèlement suivi, dé-
concerta les Espagnols. Ils enfoncerent successivement tous les corps, sans en tirer aucun avantage considérable. Les hommes &
les chevaux ayant également besoin de repos,
Valdivia ordonna la retraite vers un défilé
où il prévoyoit qu'il seroit aisé de se défendre. On ne lui donna pas le tems d'y arriver.
Les Indiens de l'arriere-garde s'en étant emparés par des voies détournées, tandis que
les autres suivoient ses pas avec précaution,
il fut enveloppé & massacré avec les cent cinquante cavaliers qui formoient sa troupe. On
lui versa, dit-on, de l'or fondu dans la bouche. *Abreuve-toi donc de ce métal dont tu es si
altéré*, lui crioient avec satisfaction ces sauvages. Ils profiterent de leur victoire pour
porter la désolation & le feu dans les établissemens Européens. Plusieurs furent détruits,
& tous auroient eu la même destinée, si des
forces considérables, arrivées à propos du Pé-

rou, n'eussent mis les vaincus en état de défendre les postes qui leur restoient, & de recouvrer ceux qu'on leur avoit enlevés.

III. Les Espagnols ont été réduits à combattre continuellement dans le Chili. Maniere dont leurs ennemis font la guerre.

Ces hostilités meurtrieres se sont renouvellées, à mesure que les usurpateurs ont voulu étendre leur empire, souvent même lorsqu'ils n'avoient pas cette ambition. Les combats ont été sanglans, & n'ont guere été interrompus que par des trèves plus ou moins courtes. Cependant depuis 1771, la tranquillité n'a pas été troublée.

Les Araucos sont dans ces contrées les ennemis les plus ordinaires, les plus intrépides, les plus irréconciliables de l'Espagne. Souvent ils sont joints par les habitans de Tucapel & de la riviere Biobio, par ceux qui s'étendent vers les Cordelieres. Comme ces peuples sont plus rapprochés par leurs habitudes des sauvages de l'Amérique Septentrionale que des Péruviens leurs voisins, les confédérations qu'ils forment sont toujours à craindre.

Ils ne portent à la guerre que leurs corps & ne traînent après eux ni tentes, ni bagage. Les mêmes arbres, dont ils tirent leur nourriture, leur fourniffent les lances & les javelots dont ils sont armés. Assurés de trouver dans un lieu ce qu'ils avoient dans un autre, ils abandonnent sans regret le pays qu'ils ne peuvent plus défendre. Tout séjour leur est égal. Leurs troupes, sans embarras de vivres ni de munitions, se meuvent avec une agilité surprenante. Ils exposent leur vie en gens qui n'y sont pas attachés ; & s'ils perdent leur champ de bataille, ils retrouvent leurs magasins & leurs campemens par-tout où il y a des terres couvertes de fruits.

Ce sont les seuls peuples du Nouveau-Monde qui aient osé se mesurer avec les Européens en rase campagne, & qui aient imaginé l'usage de la fronde pour lancer de loin la mort à leurs ennemis. Leur audace s'élève jusqu'à attaquer les postes les mieux fortifiés. Ces emportemens leur réussissent quelquefois, parce qu'ils reçoivent continuellement des secours qui les empêchent de sentir leurs pertes. S'ils en font d'assez marquées pour se rebuter, ils se retirent à quelques lieues, & cinq ou six jours après, ils vont fondre d'un autre côté. Ces barbares ne se croient battus que lorsqu'ils sont enveloppés. S'ils peuvent gagner un lieu d'un accès difficile, ils se jugent vainqueurs. La tête d'un Espagnol qu'ils portent en triomphe les console de la mort de cent Indiens.

Quelquefois les hostilités sont prévues de loin & concertées avec prudence. Le plus souvent un ivrogne crie qu'il faut prendre les armes. Les esprits s'échauffent. On choisit un chef; & voilà la guerre. Dans les ténebres de la nuit fixée pour la rupture, on

tombe sur le premier village où il y a des Espagnols, & de-là le carnage est porté dans
d'autres. Tout y est massacré, excepté les
femmes Européennes qu'on ne manque jamais de s'approprier. De-là l'origine de tant
d'Indiens blancs & blonds.

Comme ces Américains font la guerre sans
frais, sans embarras, ils n'en craignent pas
la durée, & ont pour principe de ne jamais
demander la paix. La fierté Espagnole doit
se plier à en faire toujours les premieres
ouvertures. Lorsqu'elles sont favorablement
reçues, on tient une conférence. Le gouverneur du Chili & le général Indien, accompagnés des capitaines les plus distingués
des deux partis, reglent, dans les plaisirs
de la table, les conditions de l'accommo-
dement. La frontiere étoit autrefois le théâtre
de ces assemblées. Les deux dernieres ont été
tenues dans la capitale de la colonie. On a
même obtenu des sauvages, qu'ils y auroient
habituellement quelques députés, chargés
de maintenir l'harmonie entre les deux peuples.

IV. Etablissemens formés dans le Chili par les Espagnols.

Malgré la chaleur & l'opiniâtreté de tant
de combats, se sont formés au Chili plusieurs
assez bons établissemens, principalement sur
les bords de l'océan.

Coquimbo ou la Serena, ville élevée, en
1544, à cinq ou six cens toises de la mer,
pour contenir les Indiens & pour assurer la

communication du Chili avec le Pérou, ne fut jamais confidérable. On la vit diminuer encoreaprès que des pirates l'eurent faccagée & brûlée. Malgré la fertilité de fes campagnes, quoiqu'on ait ouvert d'abondantes mines du meilleur cuivre à fon voifinage, elle ne s'eft jamais bien relevée de cette infortune.

Valparaifo ne fut d'abord qu'un amas de cabanes deftinées à recevoir les marchandifes qui venoient du Pérou, les denrées qu'on vouloit y envoyer. Peu-à-peu les agens de ce commerce qui appartenoit en entier aux négocians de la capitale, réuffirent à fe l'approprier. Alors, ce vil hameau, quoique placé dans une fituation très-défagréable, devint une ville floriffante. Son port s'enfonce une lieue dans les terres. Le fond en eft d'une vafe gluante & ferme. A mille toifes du rivage, il a trente-fix ou quarante braffes d'eau, & quinze ou feize tout près de la plage. Dans les mois d'avril & de mai, les vents du nord feroient courir quelques dangers aux navires, fi on négligeoit de les amarrer fortement. L'avantage qu'a cette rade d'être la plus voifine des meilleures cultures & de Sant-Yago, doit la raffurer contre la crainte de voir diminuer fes profpérités.

Ce fut en 1550 que fut bâtie la Conception, dans un terrein inégal, fablonneux, un peu élevé, fur les bords d'une baie, dont le développement embraffe près de quatre lieues & qui a trois ports, dont un feul eft fûr. La ville se vit d'abord le chef-lieu de la colonie : mais les Indiens voisins s'en rendirent si souvent les maitres, qu'en 1574, il fut jugé convenable de la dépouiller de cette utile & honorable prérogative. En 1603, elle fut de nouveau détruite par un ennemi implacable. Depuis cette époque, plusieurs tremblemens de terre lui ont causé des dommages très-considérables. Telle est cependant l'excellence de son territoire, qu'il lui reste encore quelque éclat.

A soixante quinze lieues de la Conception, toujours sur les bords de l'océan Pacifique, est Valdivia, ville plus importante que peuplée. Son port & sa forteresse, regardés comme la clef de la mer du Sud, furent long-tems sous l'inspection immédiate des vice-rois du Pérou. On comprit à la fin que c'étoit une surveillance trop éloignée ; & la place fut incorporée au gouvernement de la province.

Personne ne pensoit aux isles de Chiloé. Le bonheur qu'avoient eu les Jésuites de réunir & de civiliser un grand nombre de sauvages dans la principale, qui a cinquante lieues de long & sept ou huit de large, fit naitre le desir de l'occuper. Au centre sont les Indiens convertis. Sur la côte orientale a été construite une fortification nommée Chacao, où l'on entretient la garnison nécessaire pour sa défense.

Dans l'intérieur des terres est Saint-Yago, bâti précipitamment en 1541, détruit en 1730 par un tremblement de terre, & rétabli

auffi-tôt avec un agrément & des commodités qu'on ne trouve que très-rarement dans
le Nouveau-Monde. Les maifons y font, à
la vérité, fort baffes & conftruites avec des
briques durcies au foleil; mais elles fonttou-
tes blanchies au-dehors, toutes peintes en-
dedans, toutes accompagnées de jardins fpa-
cieux, toutes rafraîchies par des eaux cou-
rantes. On compte quarante mille habitans
dans cette cité; & le nombre en feroit plus
grand, fans neuf couvens de moines & fept
de religieufes que la fuperftition y a érigés.

Entre les conjonctures malheureufes, fous
lefquelles fe fit la découverte du Nouveau-
Monde, il ne faut pas oublier l'importance
que donnoit aux moines l'efprit général de
la fuperftition; importance qui s'eft depuis
très-affoiblie dans quelques contrées; qui
paroit lutter avec force contre le progrès des
lumieres dans quelques autres; qui domine
impérieufément dans les poffeffions lointai-
nes de l'Efpagne, & qui laiffera des traces
auffi durables que funeftes, quand elles feroient dès cet inftant contrariées par toute
l'autorité du miniftere.

Sant-Yago eft la capitale de l'état & le fiege
de l'empire. Celui qui y commande eft fubordonné au vice-roi du Pérou pour tous les
objets relatifs au gouvernement, aux finances
& à la guerre: mais il en eft indépendant
comme chef de la juftice & préfident de l'au-
dience royale. Onze corrégidors, répandus

dans la province, font chargés, fous fes ordres, des détails de l'adminiſtration.

Il s'eſt fucceſſivement formé dans cette
contrée une population de quatre à cinq
cens mille ames. On n'y voit que peu de ces
infortunés efclaves que fournit l'Afrique; &
la plupart font confacrés au fervice domeſtique. Les defcendans des premiers fauvages,
que de féroces aventuriers afservirent avec
tant de peine, ou fe font refugiés dans des
montagnes inacceſſibles, ou fe font perdus
dans le fang de leurs conquérans. Tous les
colons font regardés & traités comme Efpagnols. La nobleſſe de cette origine ne leur
a pas infpiré cet éloignement invincible pour
les occupations utiles, qui eſt fi général dans
leur nation. La plupart de ces hommes fains,
agiles & robuſtes, vivent fur des plantations
éparfes, & cultivent de leurs propres mains
un terrein plus ou moins vaſte.

V. Fertilité du Chili, & fon état actuel.

Ils font encouragés à ces louables travaux
par un ciel toujours pur & toujours ſerein ;
par le climat le plus agréablement tempéré
des deux hémifpheres ; fur-tout par un fol
dont la fertilité étonne tous les voyageurs.
Sur cette heureuſe terre, les récoltes de vin,
de bled, d'huile, quoique aſſez négligemment
préparées, font quadruples de celles que
nous obtenons, avec toute notre activité &
toutes nos lumieres. Aucun des fruits de
l'Europe n'a dégénéré. Plufieurs de nos ani-

maux se sont perfectionnés, & les chevaux,
en particulier, ont acquis une vitesse & une
fierté que n'ont jamais eues les andalous dont
ils descendent. La nature a poussé plus loin
ses faveurs encore. Elle a prodigué à cette
région un excellent cuivre qui est utilement
employé dans l'ancien & le Nouveau-Monde.
Elle lui a donné de l'or.

Avant 1750, le fisc n'avoit reçu aucune
année, pour son vingtieme de ce précieux
métal, au-delà de 50,220 l. A cette époque
fut érigé dans la colonie un hôtel des monnoies. L'innovation eut des suites favorables.
En 1771, le droit royal s'éleva à 200,032 l.
4 sols ; & il doit avoir beaucoup augmenté.
L'alcavala & les douanes ne rendoient que
323,000 liv. & ils en rendent 1,080,000 liv.
Ces diverses branches de revenu sont gros-
sies, depuis 1753, par la vente exclusive du
tabac.

Aussi le Chili n'a-t-il plus besoin de puiser
dans les caisses du Pérou pour ses dépenses
publiques. La plus considérable est l'entretien
des troupes. Elle monte à 490,125 l. 12 l.
pour la solde des mille fantassins, des deux
cens quarante cavaliers, des deux compagnies
d'Indiens affectionnés, qui, depuis 1754,
forment l'état militaire du pays. Indépendamment de ces forces, dispersées dans les
isles de Jean Fernandez & de Chiloé, dans
les ports de la Conception & de Valparayso,
sur les frontieres des Andes, il y a dans
Val-

Valdivia une garnison particuliere de sept cens quarante-six soldats qui coûte 655,437 l. 12 s. Ces moyens de défense seroient appuyés, s'il le falloit, par des milices très-nombreuses. Peut-être la partie qui combattroit à pied ne seroit-elle que peu de résistance, malgré les peines qu'on s'est depuis peu données pour l'exercer : mais il seroit raisonnable d'attendre quelque vigueur des meilleurs hommes de cheval qui soient peut-être sur le globe.

VI. Commerce du Chili avec les sauvages, avec le Pérou & avec le Paraguay.

Le Chili a toujours eu des liaisons de commerce avec les Indiens voisins de sa frontiere, avec le Pérou & le Paraguay.

Les sauvages lui fournissoient principalement le *poncho*. C'est une étoffe de laine, quelquefois blanche & ordinairement bleue, d'environ trois aunes de long sur deux de large. On y passe la tête par un trou pratiqué au milieu, & elle se déploie sur toutes les parties du corps. Hors quelques cérémonies infiniment rares, les hommes, les femmes, les gens du commun, ceux d'une condition plus relevée ne connoissent pas d'autre vêtement. Il coûte depuis trente jusqu'à mille livres, selon la finesse plus ou moins grande de son tissu, & principalement selon les bordures plus ou moins élégantes, plus ou moins riches qu'on y ajoute. Ces peuples reçoivent en échange de petits miroirs, des quincailleries, quelques autres objets de peu de valeur. Quelle que soit leur paſſion pour ces bagatelles, lorſqu'on les expoſe à leurs yeux avides , jamais ils ne ſortiroient de leurs forèts & de leurs campagnes pour les aller chercher. Il faut les leur porter. Le marchand , qui veut entreprendre ce petit négoce, s'adreſſe d'abord aux chefs de famille , ſeuls dépoſitaires de l'autorité publique. Lorſqu'il a obtenu la permiſſion de vendre , il parcourt les habitations , & donne indiſtinctement ſa marchandiſe à tous ceux qui la demandent. Ses opérations finies, il annonce ſon départ, & tous les acheteurs s'empreſſent de lui livrer , dans le premier village où il s'eſt montré, les eſſets dont on eſt convenu. Jamais il n'y eut dans ces contrats la moindre infidélité. On donne au marchand une eſcorte qui l'aide à conduire juſqu'à la frontiere les draps & les troupeaux qu'il a reçus en paiement.

Ce n'eſt pas au fond des forèts ; c'eſt au centre des ſociétés policées qu'on apprend à mépriſer l'homme & à s'en méfier. Si un de nos marchands , dans une de nos foires , diſtribuoit indiſtinctement ſes effets , ſans garantie , ſans ſûreté à tous ceux qui tendroient leurs mains pour les recevoir ; croyez-vous qu'il en reparut un ſeul avec le prix de la choſe qu'il auroit achetée ? Ce que des hommes, ſous l'empire de l'honneur & des loix religieuſes & civiles , ne rougiroient pas de faire , un ſauvage , affranchi de toute eſpe-

ce de contrainte, ne le fera pas. O honte
de notre religion, de notre police & de nos
mœurs !

Jufqu'en 1724, on vendit à ces fauvages
du vin & des eaux-de-vie, dont ils ont la
paffion comme prefque tous les peuples.
Dans leur ivreffe, ils prenoient les armes ;
ils maffacroient tous les Efpagnols qu'ils ren-
controient ; ils dévaftoient les champs de
leur voifinage. Il eft bien rare que le corrup-
teur ne foit châtié lui-même par celui qu'il a
corrompu. On en a fréquemment l'exemple
dans les enfans envers les peres qui ont négligé leur éducation ; dans les femmes envers
leurs maris, lorfqu'ils ont de mauvaifes
mœurs ; dans les efclaves envers leurs maîtres ; dans les fujets envers les fouverains
négligens ; dans les peuples affujettis envers
les ufurpateurs. Nous avons porté nous-mê-
mes le châtiment des vices que nous avons
femés dans l'autre hémifphere. Nous l'avons
porté chez nous & chez les peuples du Nouveau-Monde que nous avons fubjugués : chez
nous, par la multitude de befoins factices
que nous nous fommes faits : chez eux, en
cent manieres diverfes, entre lefquelles on
peut compter l'ufage des liqueurs fortes que
nous leur avons appris à connoître, & qui
fouvent leur a infpiré une fureur artificielle
qu'ils ont tournée contre nous. De quelque
maniere qu'on s'y prenne, foit par la fuperftition, foit par le patriotifme même, foit par

K ij

les breuvages fpiritueux, on n'ôte point à l'homme fa raifon, fans de fâcheufes confé-quences. Si vous l'enivrez, quelle que foit fon ivreffe, ou elle ceffera promptement, ou vous vous en trouverez mal.

L'ivrognerie, ou l'excès habituel des li-queurs fortes, eft un vice groffier & brutal qui ôte la vigueur à l'efprit, & au corps une partie de fes forces. C'eft une breche faite à la loi naturelle qui défend à l'homme d'alie-ner fa raifon, le feul avantage qui le diftingue des autres animaux qui broutent avec lui au-tour du globe.

Ce défordre, quoique toujours blâmable, ne l'eft pas également par-tout, parce qu'il n'entraîne pas les mêmes inconvéniens dans toutes les régions. Généralement parlant, il rend furieux dans les pays chauds, & ftu-pide feulement dans les pays froids. Il a donc fallu le réprimer avec plus de févérité fous un climat que fous un autre. Il eft arrivé de-là, que par-tout où s'eft établi un gouverne-ment régulier, ce vice eft devenu plus rare fous l'équateur que vers le pole.

Il n'en eft pas ainfi parmi les nations fau-vages. Celles du Midi, n'étant pas plus con-tenues que celles du Nord par le magiftrat ou le préjugé, elles fe font toutes livrées, avec une égale fureur, à leur paffion pour les li-queurs fortes. Il eft entré dans la politique des Européens de leur en fournir, foit pour les dépouiller, foit pour les affervir, foit

même pour les engager à quelques travaux
utiles. Ces boissons n'ont été guere moins
destructives de ces peuples que nos armes; &
l'on ne peut s'empêcher de les placer au nombre des calamités, dont nous avons inondé
cet autre hémisphere.

Il faut louer l'Espagne d'avoir enfin renoncé à vendre aux sauvages du Chili des vins &
des eaux-de-vie. Ce trait de sagesse a visiblement accru les liaisons qu'on entretenoit avec
eux : mais il n'est pas possible qu'elles de viennent de long-tems aussi considérables que celles qu'on a avec le Pérou.

Le Chili fournit au Pérou des cuirs, des
fruits secs, du cuivre, des viandes salées,
des chevaux, du chanvre, des grains, & reçoit en échange du sucre, du tabac, du cacao, de la fayance, plusieurs articles fabriqués
à Quito, & quelques objets de luxe arrivés
d'Europe. C'étoit autrefois à la Conception,
c'est maintenant à Valparayso qu'abordent
les navires expédiés de Callao, pour cette
communication réciproquement utile. Durant près d'un siecle, aucun navigateur de
ces mers paisibles n'osa perdre les terres de
vue ; & alors ces voyages duroient une année entiere.

Un pilote de l'ancien monde, qui avoit
enfin observé les vents, n'y employa qu'un
mois. Il passa pour sorcier. L'inquisition,
qui est ridicule par son ignorance quand elle
n'est pas odieuse par ses fureurs, le fit arrê-

ter. Son journal le juftifia. On y reconnut que, pour avoir le mème fuccès, il ne fal. loit que s'éloigner des côtes ; & cette métho. de fut adoptée généralement.

Le Chili envoie au Paraguay des vins, des eaux-de-vie, des huiles & fur-tout de l'or. On lui donne en paiement des mulets, de la cire, du coton, l'herbe du Paraguay, des nègres, & on lui donnoit beaucoup de marchandifes de notre hémifphere, avant que les négocians de Lima euffent obtenu, par leur argent ou par leur crédit, que cette derniere branche de commerce feroit interdite. La communication des deux colonies ne fe fait point par l'océan. On a jugé plus court, plus fûr & même moins difpendieux de fe fervir de la voie de terre, quoiqu'il y ait trois cens foixante-quatre lieues de Sant-Yago à Buenos-Aires, & qu'il en faille faire plus de quarante dans les neiges & les précipices des Cordelieres.

Si les rapports des deux établiffemens viennent à fe multiplier ou à s'étendre, ce fera par le détroit de Magellan ou par le cap de Horn, qu'il faudra les entretenir. On a douté jufqu'ici laquelle des deux voies étoit la meilleure. Le problème paroit réfolu par les obfervations des derniers navigateurs. Ils fe déclarent affez généralement pour le détroit où l'on trouve de l'eau, du bois, du poiffon, des coquillages, mille plantes fouveraines contre le fcorbut. Mais cette préférence ne doit avoir lieu que depuis septembre jusqu'en mars, c'est-à-dire, dans les mois d'été. Durant les courts jours de l'hiver, il faudroit borner sa marche à quelques heures, ou braver dans un canal le plus souvent étroit, la violence des vents, la rapidité des courans, l'impétuosité des vagues avec une certitude morale du naufrage. Dans cette saison, il convient de préférer la mer ouverte & par conséquent de doubler le cap de Horn.

Des combinaisons d'une absurdité palpable privèrent constamment le Chili de toute liaison directe avec l'Espagne. Le peu qu'il pouvoit consommer de marchandises de notre hémisphere lui venoient du Pérou, qui lui-même les recevoit difficilement & à grands frais par la voie de Panama. Son sort ne changea pas même, lorsque la navigation du cap de Horn fut substituée à celle de l'isthme de Darien; & ce ne fut que très-tard qu'il fut permis aux navires qui rangeoient ses côtes pour arriver à Lima, d'y verser quelques foibles parties de leurs cargaisons. Un soleil plus favorable vient enfin de se lever sur cette belle contrée. Depuis le mois de février 1778, il est permis à tous les ports de la métropole d'y faire à leur gré des expéditions. De grandes prospérités doivent suivre cet heureux retour aux bons principes. Cette innovation aura la même influence sur le Paraguay.

K iv

VII. Les Espagnols découvrent le Paraguay. Extravagan-
ce de leur conduite pendant un siecle.

C'est une vaste région, bornée au Nord,
par le Pérou & le Brésil ; au Midi, par les
terres Magellaniques ; au Levant, par le Brésil ; au Couchant, par le Chili & le Pérou.

Le Paraguay doit son nom à un grand fleuve que tous les Géographes croyoient se former dans le lac des Xarayès. Les commis-
saires Espagnols & Portugais, chargés en
1751 de régler les limites des deux empires,
furent bien étonnés de se rencontrer à la
source de cette riviere, sans avoir apperçu
cet amas d'eau, qu'on disoit immense. Ils
vérifierent que ce qu'on avoit pris jusqu'a-
lors pour un lac prodigieux, n'étoit qu'un
terrein fort bas, couvert depuis le seixieme
jusqu'au dix-neuvieme degré de latitude, dans
la saison des pluies, par les inondations du
fleuve. On sait depuis cette époque que le
Paraguay prend sa source dans le plateau
nommé Campo des Parecis, au treizieme degré de latitude méridionale ; & que vers le
dix-huitieme, il communique par quelques
canaux très-étroits avec deux grands lacs du
pays des Chiquites.

Avant l'arrivée des Espagnols, cette région immense contenoit un grand nombre
de nations, la plupart formées par un petit
nombre de familles. Leurs mœurs devoient
être les mêmes ; & quand il eût existé quelque différence dans leur caractere, les nuan-

ces n'en auroient pas été saisies par les stupides aventuriers qui, les premiers, ensanglantèrent cette partie du Nouveau Monde. La chasse, la pêche, les fruits sauvages, le miel qui étoit commun dans les forêts, quelques racines qui croissoient sans culture : c'étoit la nourriture de ces peuples. Pour trouver une plus grande abondance de ces productions, ils erroient perpétuellement d'une contrée à l'autre. Comme les Indiens n'avoient à porter que quelques vases de terre, & qu'ils trouvoient par-tout des branches d'arbres pour former des cabanes, ces émigrations n'entraînoient que peu d'embarras. Quoiqu'ils vécussent tous dans une indépendance absolue les uns des autres, la nécessité de se défendre leur avoit appris à lier leurs intérêts. Quelques individus se réunissoient sous la direction d'un conducteur de leur choix. Ces associations, plus ou moins nombreuses, selon la réputation & la qualité du chef, se dissipoient avec la même facilité qu'elles s'étoient formées.

La découverte du fleuve Paraguay, fut faite en 1515 par Diaz de Solis, grand pilote de Castille. Il fut massacré, avec la plupart des siens, par les sauvages, qui, pour éviter les fers qu'on leur préparoit, traitèrent quelques années après de la même maniere les Portugais venus du Brésil.

Les deux nations rivales, également effrayées par ces revers, perdirent le Paraguay

K v

de vue, & tournerent leur avarice d'un autre côté. Le hafard y ramena les Efpagnols
en 1526.

Sébaftien Cabot, qui en 1496 avoit fait
la découverte de Terre-Neuve pour l'Angleterre, la voyant trop occupée de fes affaires
domeftiques pour fonger à former des établiffemens dans le Nouveau-Monde, porta fes
talens en Caftille, où fa réputation le fit choifir pour une expédition brillante.

La *Victoire*, ce vaiffeau fameux pour avoir
fait le premier le tour du monde, & le feul
de l'efcadre de Magellan qui fût revenu en
Europe, avoit rapporté des Indes Orientales beaucoup d'épiceries. L'avantage qu'on
retira de leur vente, fit décider un nouvel ar-
mement, qui fut confié aux foins de Cabot.
En fuivant la route qui avoit été tenue dans
le premier voyage, ce navigateur arriva à
l'embouchure de la Plata. Soit qu'il manquât
de vivres pour pouffer plus loin, foit, comme
il eft plus vraifemblable, que fes équipages
commençaffent à fe mutiner, il s'y arrêta.
Il remonta même le fleuve, lui donna le nom
de *la Plata*, parce que dans les dépouilles
d'un petit nombre d'Indiens, mis inhumai-
nement à mort, fe trouverent quelques pa-
rures d'or ou d'argent; & bâtit une efpece de
fort à Rio-Tercero qui fort des montagnes
du Tucuman. La réfiftance qu'oppofoient les
naturels du pays lui fit juger que, pour s'é-
tablir folidement, il falloit d'autres moyens

que ceux qu'il avoit ; &, en 1530, il prit la
route de l'Espagne pour les aller solliciter.
Ceux de ses compagnons qu'il avoit laissés
dans la colonie furent massacrés la plupart ;
& le peu qui avoit échappé à des flèches ennemies , ne tarda pas à le suivre.

Des forces plus considérables , conduites
par Mendoza, parurent sur le fleuve en 1535
& jetterent les fondemens de Buenos-Aires.
Bientôt on s'y vit réduit à mourir de faim,
dans des palissades , ou à se vouer à une mort
certaine, si l'on hasardoit d'en sortir pour se
procurer quelques subsistances. Le retour en
Europe paroissoit la seule voie pour sortir
d'une situation si désespérée : mais les Espagnols s'étoient persuadés que l'intérieur des
terres regorgeoit de mines ; & ce préjugé soutint leur constance. Ils abandonnerent un
lieu où ils ne pouvoient plus rester , & allerent fonder en 1536 l'Assomption, à trois
cens lieues de la mer , toujours sur les bords
du fleuve. C'étoit s'éloigner visiblement des
secours de la métropole : mais, dans leurs
idées, c'étoit s'approcher des richesses ; &
leur avidité étoit encore plus grande que leur
prévoyance.

Cependant, il falloit se résoudre à périr ,
ou réussir à diminuer l'extrême aversion des
sauvages. Le mariage des Espagnols avec les
Indiennes, parut propre à opérer ce grand
changement, & l'on s'y détermina. De l'u-
nion des deux peuples, si étrangers l'un à

K vj

l'autre, fortit la race des métis, qui, avec le tems, devint fi commune dans l'Amérique méridionale. Ainfi le fort des Efpagnols, dans tous les pays du monde, eft d'être un fang mêlé. Celui des Maures coule encore dans leurs veines en Europe, & celui des fauvages dans l'autre hémifphere. Peut-être même ne perdent-ils pas à ce mélange, s'il eft vrai que les hommes gagnent, comme les animaux, à croifer leurs races. Et plût au ciel qu'elles fe fuffent déja toutes fondues en une feule, qui ne confervât aucun de ces germes d'antipathie nationale qui éternifent les guerres & toutes les paffions deftructives! Mais la difcorde femble naitre d'elle-même entre des freres. Comment efpérer que le genre-humain devienne jamais une famille, dont les enfans fuçant à-peu-près le même lait, ne refpirent plus la foif du fang? Elle s'engendre, cette cruelle foif, elle croit & fe perpétue avec la foif de l'or.

C'eft cette paffion honteufe qui continuoit à rendre l'Efpagnol cruel, même après les liens qu'il avoit formés. Il fembloit punir les Indiens de fa propre obftination à chercher des métaux où il n'y en avoit pas. Le naufrage de plufieurs navires qui périrent avec les troupes & les munitions dont ils étoient chargés, en voulant remonter trop haut dans le fleuve, ne put faire revenir d'une opiniâtreté funefte, leur avarice fi long-tems trompée. Il fallut des ordres réitérés de la métropole pour les déterminer à rétablir Buenos-Aires.

Cette entreprise si nécessaire étoit devenue facile. Les Espagnols, multipliés dans le Paraguay, étoient assez forts pour contenir ou pour détruire les peuples qui pouvoient la traverser. Elle n'éprouva, comme on l'avoit prévu, que de légers obstacles. Jean Ortis de Zarate l'exécuta en 1581, sur un sol abandonné depuis quarante ans. Quelques-unes des petites nations, qui étoient dans le voisinage de la place, subirent le joug. Celles qui tenoient davantage à leur liberté, s'éloignerent pour s'éloigner encore à mesure que les établissemens de leurs oppresseurs acquéroient de l'accroissement. La plupart finirent par se réfugier au Chaco.

VIII. Ceux des Indiens qui ne veulent pas subir le joug de l'Espagne se réfugient au Chaco.

Ce pays, qui a deux cens cinquante lieues de long & cent cinquante de large, passe pour un des meilleurs de l'Amérique, & on le croit peuplé de cent mille sauvages. Ils forment, comme dans les autres parties du Nouveau-Monde, un grand nombre de nations, dont quarante-six ou quarante-sept sont très-imparfaitement connues.

Plusieurs rivieres traversent cette contrée. La Pilcomayo, plus considérable que toutes les autres, sort de la province de Charcas & se divise en deux branches, soixante-dix lieues avant de se perdre dans Rio de la Plata. Son cours paroiſſoit la voie la plus convenable pour établir des liaiſons ſuivies entre le Paraguay & le Pérou. Ce ne fut cependant qu'en 1702, qu'on tenta de la remonter. Les peuples, qui en occupoient les rives, comprirent fort bien que tôt ou tard, ils ſeroient aſſervis, ſi l'expédition étoit heureuſe; & ils prévinrent ce malheur en maſſacrant tous les Eſpagnols qui en étoient chargés.

Dix-neuf ans après, les Jéſuites reprirent ce grand projet : mais après avoir avancé trois cens cinquante lieues, ils furent forcés de rétrograder, parce que l'eau leur manqua pour continuer leur navigation. On les blâma d'avoir fait le voyage dans les mois de ſeptembre, d'octobre & de novembre, qui ſont dans ces régions le tems de la ſéchereſſe; & perſonne ne parut douter que cette entrepriſe n'eût eu une iſſue favorable dans les autres ſaiſons de l'année.

Il faut que cette route de communication ait paru moins avantageuſe, ou ait offert de plus grandes difficultés qu'on ne l'avoit cru d'abord, puiſqu'on n'a fait depuis aucun nouvel effort pour l'ouvrir. Cependant le gouvernement n'a pas tout-à-fait perdu de vue le plan anciennement formé de dompter ces peuples. Après des fatigues incroyables & long-tems inutiles, quelques miſſionnaires ſont enfin parvenus à fixer trois mille de ces vagabonds, dans quatorze bourgades, dont ſept ſont placées ſur les frontieres du Tucuman , quatre du côté de Sainte-Croix de la Sierra , deux vers Taïxa , & une feulement au voifinage de l'Affomption.

IX. *Les Efpagnols parviennent à fonder trois grandes provinces. Ce qui eft propre à chacune d'elles.*

Malgré les incurfions fréquentes des habitans du Chaco & la rage de quelques autres peuplades moins nombreufes , l'Efpagne eft parvenue à former dans cette région trois grandes provinces.

Celle qu'on nomme Tucuman eft unie , arrofée & faine. On y cultive avec le plus grand fuccès le coton & le bled que le pays peut confommer ; & quelques expériences ont démontré que l'indigo , que les autres productions particulieres au Nouveau-Monde , y réuffiroient auffi heureufement que dans aucun des établiffemens qu'elles enrichiffent depuis fi long-tems. Ses forêts font toutes remplies de miel. Il n'y a peut-être pas fur le globe de meilleurs pâturages. La plupart de fes bois font d'une qualité fupérieure. Il eft en particulier un arbre défigné par le nom de quebracho qu'on prétend approcher de la dureté, de la pefanteur, de la durée du meilleur marbre , & qui à caufe de la difficulté des tranfports eft vendu, au Potofi, jufqu'à dix mille livres. La partie des Andes qui eft de ce département , eft abondante en or & en cuivre, on y a déja ouvert quelques mines.

Mais combien il faudroit de bras pour demander à ce vaste territoire les richesses qu'il renferme. Cependant ceux qui lui accordent le plus de population ne la font pas monter à plus de cent mille habitans, Espagnols, Indiens & nègres. Ils sont réunis dans sept bourgades dont Sant-Yago del Estero est la principale, ou distribués sur des domaines épars dont quelques-uns ont plus de douze lieues d'étendue & comptent jusqu'à quarante mille bêtes à corne, jusqu'à six mille chevaux, sans compter d'autres troupeaux moins remarquables.

La province, appellée spécialement Paraguay, est beaucoup trop humide, à cause des forêts, des lacs, des rivieres qui la couvrent. Aussi, abstraction faite des fameuses missions du même nom qui sont de son ressort, n'y compte-t-on que cinquante-six mille habitans. Quatre cens seulement sont à l'Assomption, sa capitale. Deux autres bourgades, qui portent aussi le nom de ville en ont moins encore. Quatorze peuplades, conduites sur le même plan que celles des Guaranis, contiennent six mille Indiens. Tout le reste vit dans les campagnes & y cultive du tabac, du coton, du sucre qui sont envoyés avec l'herbe du Paraguay à Buenos-Aires, d'où on tire en échange quelques marchandises arrivées d'Europe.

Cette contrée fut toujours exposée aux incursions des Portugais du côté de l'Est & à celles des sauvages au Nord & à l'Ouest.

Il falloit trouver le moyen de repouffer des
ennemis le plus fouvent implacables. On
conftruifit des forts; des terres furent deftinées pour leur entretien; & chaque citoyen
s'obligea à les défendre huit jours chaque
mois. Ces arrangemens faits anciennement
fubfiftent encore. Cependant, s'il fe trouve
quelqu'un à qui ce fervice ne plaife pas ou
auquel fes occupations ne permettent pas de
le faire, il peut s'en difpenfer en payant depuis foixante francs jufqu'à cent francs felon
fa fortune.

Ce qui conftitue aujourd'hui la province
de Buenos-Aires, faifoit originairement partie de celle du Paraguay. Ce ne fut qu'en
1621 qu'elle en fut détachée. La plus grande
obfcurité fut long-tems fon partage. Un commerce interlope, qu'après la pacification
d'Utrecht, ouvrit avec elle l'établiffement
Portugais du Saint Sacrement, & qui la mit
à portée de former des liaifons fuivies avec
le Chili & le Pérou, lui communiqua quelque
mouvement. Les malheurs arrivés à l'efcadre
de Pizarre, chargée, en 1740, de défendre
la mer du Sud contre les for. es Britanniques,
augmenterent fa population & fon activité.
L'une & l'autre reçurent un nouvel accroiffement des hommes entreprenans qui fe fixerent dans cette contrée, lorfque les cours de
Madrid & de Lisbonne entreprirent de fixer
les limites trop long-tems incertaines de leur
territoire. Enfin la guerre qu'en 1776 fe

firent les deux puissances avec des troupes envoyées d'Europe, acheverent de donner une grande consistance à la colonie.

Maintenant, les deux rives du fleuve, depuis l'océan jusqu'à Buenos-Aires, & depuis Buenos-Aires jusqu'à Santa-Fé, sont, ou couvertes de nombreux troupeaux, ou assez bien cultivées. Le bled, le maïs, les fruits, les légumes, tout ce qui compose les besoins ordinaires de la vie, excepté le vin & le bois, y croit dans une grande abondance.

X. *De la capitale du Paraguay & des difficultés que doivent surmonter les navigateurs pour y arriver.*

Buenos - Aires, chef-lieu de la province, réunit plusieurs avantages. La situation en est saine & agréable. On y respire un air tempéré. Elle est régulierement bâtie. Ses rues sont larges & formées par des maisons extrêmement basses, mais toutes embellies par un jardin plus ou moins étendu. Les édifices publics & particuliers qui étoient tous de terre, il y a cinquante ans, ont acquis de la solidité, des commodités même, depuis qu'on fait cuire de la brique & faire de la chaux. Le nombre des habitans s'élève à trente mille. Une forteresse, gardée par une garnison de six à sept cens hommes, défend un côté de la ville, & les eaux du fleuve environnent le reste de son enceinte. Deux mille neuf cens quarante-trois miliciens, Espagnols, Indiens, nègres & mulâtres libres

font toujours en état de fe joindre aux troupes régulieres.

La place eft à foixante lieues de la mer.
Les vaiſſeaux y arrivent par un fleuve qui
manque de profondeur, qui eſt femé d'isles,
d'écueils, de rochers, & où les tempêtes font
beaucoup plus communes, beaucoup plus
terribles que fur l'océan. Ils font obligés
de mouiller tous les foirs à l'endroit où ils
fe trouvent ; & dans les jours les plus cal-
mes, des pilotes les précedent, la fonde à
la main, pour leur indiquer la route qu'ils
doivent fuivre. Après avoir furmonté ces
difficultés, il faut qu'ils s'arrêtent à trois
lieues de la ville, qu'ils y débarquent leurs
marchandifes dans des bâtimens légers, qu'ils
aillent fe radouber & attendre leur cargaifon
à l'Incenada de Barragan, fitué fept ou huit
lieues plus bas.

C'eſt une efpece de village, formé par
quelques cabanes, conſtruites avec du jonc,
couvertes de cuirs & difperfées fans ordre.
On n'y trouve ni magafins, ni fubfiftances ;
& il n'eſt habité que par un petit nombre
d'hommes indolens, dont on ne peut fe pro-
mettre prefque aucun fervice. L'embouchure
d'une riviere, large de cinq à fix mille toifes,
lui fert de port. Il n'y a que les navires qui
ne tirent pas plus de douze pieds d'eau qui
puiſſent y entrer. Ceux qui ont befoin de
plus de profondeur font réduits à fe réfugier
derriere une pointe voifine, où le mouillage

eſt heureuſement plus incommode que dangereux.

L'inſuffiſance de cet aſyle, fit bâtir, en
1726, quarante lieues au-deſſous de Buenos-
Aires, la ville de Montevideo ſur une baie
qui a deux lieues de profondeur. Une citadelle bien entendue la défend du côté de
terre, & des batteries, judicieuſement placées, la protegent du côté du fleuve. Malheu-
reuſement, on ne trouve que quatre ou cinq
braſſes d'eau, & on eſt réduit à s'échouer.
Cette néceſſité n'entraine pas de grands inconvéniens pour les navires marchands : mais
les vaiſſeaux de guerre dépériſſent vite ſur
cette vaſe & s'y arquent très-facilement.
Des navigateurs expérimentés, auxquels la
nature a donné l'eſprit d'obſervation, ont
remarqué qu'avec peu de travail & de dépenſe, on auroit pu faire au voiſinage un
des plus beaux ports du monde, dans la
riviere de Sainte-Lucie. Pour y réuſſir, il ne
falloit que creuſer le banc de ſable qui en
rend l'entrée difficile. Il faudra bien que la
cour de Madrid s'arrête un peu plutôt, un
peu plus tard à ce parti ; puiſque Maldonade,
qui faiſoit tout ſon eſpoir, eſt maintenant
reconnu pour un des plus mauvais havres
qu'il y ait au monde.

XI. De l'herbe du Paraguay, la principale richeſſe de la colonie.

La plus riche production qui ſorte des
trois provinces, c'eſt l'herbe du Paraguay.

C'est la feuille d'un arbre de grandeur moyenne, qui n'a été décrit ni observé par aucun botaniste. Son goût approche de celui de la mauve, & sa figure de celle de l'oranger. On la divise en trois classes. La premiere, nommée caacuys, est le bouton qui commence à peine à déployer ses feuilles : elle est fort supérieure aux deux autres ; mais elle ne se conserve pas si long-tems, & il est difficile de la transporter au loin. La seconde, qui s'appelle caamini, est la feuille qui a acquis toute sa grandeur, & dont on a tiré les côtes. Si les côtes y restent, c'est le caaguazu, qui forme la troisieme espece. Les feuilles, après avoir été grillées, se conservent dans des fosses creusées en terre & couvertes d'une peau de bœuf.

Les montagnes de Maracayu produisent celles de ces feuilles qui ont le plus de réputation. L'arbre qui les fournit croît dans les fonds marécageux qui séparent les hauteurs. L'Assomption donna d'abord de la célébrité à une production qui faisoit les délices des sauvages. L'exportation qu'elle en fit, lui procura des richesses considérables. Cette prospérité ne fut qu'un éclair. La ville perdit bientôt, dans le long trajet qu'il falloit faire, la plupart des Indiens de son territoire. Elle ne vit autour d'elle qu'un désert ; & il lui fallut renoncer à cette unique source de son opulence.

A ce premier entrepôt succéda celui de

Villa-Rica, qui s'étoit approché trente-six lieues de la production. Il se réduisit peu-à-peu à rien, par la même raison qui avoit fait tomber celui dont il avoit pris la place.

Enfin au commencement du siecle, fut bâti Cunuguati, à cent lieues de l'Assomption & au pied des montagnes de Maracayu. C'est aujourd'hui le grand marché de l'herbe du Paraguay : mais il lui est survenu un concurrent qu'on ne devoit pas craindre.

Les Guaranis, qui ne cueilloient d'abord de cette herbe que ce qu'il en falloit pour leur consommation, en ramasserent avec le tems pour en vendre. Cette occupation & la longueur du voyage les tenoient éloignés de leurs peuplades une grande partie de l'année. Pendant ce tems, ils manquoient tous d'instruction. Plusieurs périssoient par le changement de climat ou par la fatigue. Il y en avoit même, qui, rebutés par ce travail, s'enfuyoient dans des déserts, où ils reprenoient leur premier genre de vie. D'ailleurs, les missions, privées de leurs défenseurs, restoient exposées aux irruptions de l'ennemi. C'étoit beaucoup trop de maux. Pour y remédier, les Jésuites tirerent du Maracayu même des graines qu'ils semerent dans la partie de leur territoire, qui approchoit le plus de celui dont elles tiroient leur origine. Elles se développerent très-rapidement, & ne dégénérerent pas, au moins, d'une maniere sensible.

Le produit de ces plantations, joint à celui ue ce hasard donne seul ailleurs, est fort considérable. Une partie reste dans les trois provinces. Le Chili & le Pérou en consomment annuellement vingt-cinq mille quintaux, qui leur coûtent près de deux millions de livres.

Cette herbe, dans laquelle les Espagnols & les autres habitans de l'Amérique Méridionale trouvent tant d'agrément, & à laquelle ils attribuent un si grand nombre de vertus, est d'un usage général dans cette partie du Nouveau-Monde. On la jette séchée & presque en poussiere dans une coupe, avec du sucre, du jus de citron & des pastilles d'une odeur fort douce. L'eau bouillante qui est versée par dessus, doit être bue sur le champ, pour ne pas donner à la liqueur le tems de noircir.

XII. Liaisons du Paraguay avec les contrées limitrophes & avec l'Espagne.

L'herbe du Paraguay est indifférente à l'Europe qui n'en consomme point ; & nous ne prenons pas plus d'intérêt au commerce que fait cette région de ses excellentes mules dans les autres contrées du Nouveau-Monde.

Cet animal utile est très-multiplié sur le territoire de Buenos-Aires. Les habitans du Tucuman y portent des bois de construction & de la cire, qu'ils échangent chaque année contre soixante mille mulets de deux ans,

qui chacun ne coûtoit pas autrefois trois livres, mais qu'il faut payer huit ou dix aujourd'hui. On les tient quatorze mois dans
les pâturages de Cordoue, huit dans ceux de
Salta ; & par des routes de six cens, de sept
cens, de neuf cens lieues, ils font conduits
en troupeaux de quinze cens ou de deux
mille dans le Pérou, où on les vend près
d'Oruro, de Cufco, de Guanca-Velica, depuis foixante-dix jufqu'à cent livres, fuivant
le plus ou le moins d'éloignement.

Le Tucuman livre d'ailleurs au Potofi feize
ou dix-huit mille bœufs & quatre ou cinq
mille chevaux, nés & élevés fur fon propre
territoire. Ce fol fourniroit vingt fois davantage des uns & des autres, s'il étoit poffible
de leur trouver quelque débouché.

Une connoiffance qui fera peut-être moins
indifférente pour nos négocians, c'eft la route
que prennent les cargaifons qu'ils envoient
dans cette partie de l'autre hémifphere.

Il y a rarement quelque communication
entre les bourgades femées de loin en loin
fur cette région. Outre qu'on ne l'entretiendroit pas fans de grandes fatigues, fans de
grands dangers, elle feroit de peu d'utilité à
des hommes qui n'ont rien ou prefque rien
à s'offrir, rien ou prefque rien à fe demander.
Buenos-Aires feule avoit un grand intérêt à
trouver des débouchés pour les marchandifes
d'Europe qui lui arrivoient, tantôt ouverte-
ment, tantôt en fraude ; & elle parvint à
ouvrir

ouvrir un commerce affez régulier avec le Chili & avec le Pérou. Originairement, les caravanes, qui formoient ces liaisons, employoient le secours de la bouffole pour se conduire dans les vastes déserts qu'il leur falloit traverser : mais, avec le tems, on est parvenu à se passer de cet instrument si nécessaire pour d'autres usages bien plus importans.

Des charriots partent maintenant de Buenos-Aires pour leur destination respective. Plusieurs se joignent pour être en état de résister aux nations sauvages qui les attaquent souvent dans leur marché. Tous font traînés par quatre bœufs, portent cinquante quintaux & font sept lieues par jour. Ceux qui prennent la route du Pérou s'arrêtent à Juguy, après avoir parcouru quatre cens soixante - sept lieues ; & ceux qui font destinés pour le Chili n'en ont que deux cens soixante quatre à faire pour gagner Mendoza. Les premiers reçoivent quatre piastres ou 21 livres 8 sols par quintal, & les seconds un prix proportionné à l'espace qu'ils ont parcouru. Un troupeau de bêtes à poil & à corne suit toujours ces voitures. Les chevaux font montés par ceux des voyageurs que le charriot ennuie ou fatigue ; les bœufs doivent servir pour la nourriture & pour le renouvellement des attelages.

L'an 1764 fut l'époque heureuse d'une autre institution utile. Le ministere avoit pris enfin le parti d'expédier tous les deux mois de la Corogne un paquebot pour Buenos-Aires. C'étoit un entrepôt d'où il s'agissoit de faire arriver les lettres & les passagers dans toutes les possessions Espagnoles de la mer du Sud. Le trajet étoit de neuf cens quarante-six lieues jusqu'à Lima, de trois cens soixante-quatre jusqu'à Sant-Yago; & des déserts immenses occupoient une grande partie de ce vaste espace. Un homme actif & intelligent vint cependant à bout d'établir une poste réguliere de la capitale du Paraguay aux capitales du Pérou & du Chili, au grand avantage des trois colonies & par conséquent de la métropole.

Le Paraguay envoie à l'Espagne plusieurs objets plus ou moins importans : mais ils y ont été tous apportés des contrées limitrophes. De ses propres domaines, le pays ne fournit que des cuirs.

Lorsqu'en 1539 les Espagnols abandonnerent Buenos-Aires pour remonter le fleuve, ils laisserent dans les campagnes voisines quelques bêtes à corne qu'ils avoient amenées de leur patrie. Elles se multiplierent tellement, que personne ne daigna se les approprier, lorsqu'on rétablit la ville. Dans la suite, il parut utile de les assommer pour en vendre la peau à l'Europe. La maniere dont on s'y prend est remarquable.

Plusieurs chasseurs se rendent à cheval

dans les plaines où ils favent qu'il y a le plus
de bœufs fauvages. Ils pourfuivent chacun le
leur & lui coupent le jarret avec un long
baton, armé d'un fer taillé en croiffant &
bien aiguifé. Cet animal abattu, fon vainqueur en pourfuit d'autres qu'il abat de même. Après quelques jours d'un exercice fi
violent, les chaffeurs retournent fur leurs
pas, retrouvent les taureaux qu'ils ont ter-
raffés, les écorchent, en prennent la peau,
quelquefois la langue ou le fuif, & abandonnent le refte à des chiens fauvages ou à des
vautours.

Les cuirs étoient originairement à fi bon
marché, qu'ils ne coûtoient que deux livres, quoique les acheteurs rebutáffent ceux
qui avoient la plus légere imperfection, parce qu'ils devoient le même impôt que ceux
qui étoient les mieux conditionnés. Avec le
tems, le nombre en diminua tellement qu'il
fallut donner 43 liv. 4 fols pour les grands,
37 liv. 16 f. pour les médiocres & 32 liv. 8 f.
pour les petits. Le gouvernement, qui voyoit
avec regret fe réduire peu-à-peu à rien cette
branche de commerce, défendit de tuer les
jeunes taureaux. Quelques citoyens actifs
réunirent un grand nombre de géniffes dans
des parcs immenfes; & depuis ces innova-
tions, les cuirs qui font tous en poil & qui
pefent depuis vingt jufqu'à cinquante livres,
ont baiffé d'environ un tiers. Tous doivent
au fifc onze livres.

Depuis 1748 jufqu'en 1753, l'Efpagne reçut, par an, de cette colonie 8,752,065 livres. L'or entra dans cette fomme pour 1,514,705 liv. ; l'argent pour 3,780,000 l.; & les productions pour 3,447,360 liv. Le dernier article fut formé par trois cens quintaux de laine de vigogne, qui produifirent 207,360 livres, & par cent cinquante mille cuirs qui rendirent 3,240,000 livres. Tout étoit pour le commerce, rien n'appartenoit au gouvernement.

La métropole ne doit pas tarder à voir couler de cette région, dans fon fein, des valeurs nouvelles ; & parce que la colonie du Saint-Sacrement, par où s'écouloient les richeffes, eft fortie des mains des Portugais ; & parce que le Paraguay a reçu une exiftence plus confidérable que celle dont il jouiffoit.

XIII. *Innovation heureufe, qui doit améliorer le fort du Paraguay.*

L'empire immenfe que la Caftille avoit fondé dans l'Amérique Méridionale fut long-tems fubordonné à un chef unique. Les parties éloignées du centre de l'autorité étoient alors néceffairement abandonnées aux caprices, à l'inexpérience, à la rapacité d'une foule de tyrans fubalternes. Aucun Efpagnol, aucun Indien n'avoit la folie de faire des milliers de lieues pour aller réclamer une juftice qu'il étoit prefque fûr de ne pas obtenir. La force de l'habitude, qui étouffe fi fouvent le cri

de la raifon & qui gouverne encore plus abfolument les états que les individus, empê-
choit qu'on n'ouvrit les yeux fur le principe
certain de tant de calamités. La confufion
devint, à la fin, fi générale, que ce qu'on
appelle le nouveau royaume de Grenade fut
détaché, en 1718, de cette gigantefque domination. Elle reftoit encore beaucoup trop
étendue; & le miniftere l'a de nouveau ref-
treinte, en 1776, en formant d'une partie
du diocefe de Cufco, de tout celui de la Paz,
de l'archevêché de la Plata, des provinces de
Santa-Crux de la Sierra, de Cuyo, du Tucuman, du Paraguay une autre vice-royauté, dont le fiege eft à Buenos - Aires. Le
gouvernement ne tardera pas, fans doute,
à régler le fort de ces fingulieres miffions,
que les louanges de fes panégyriftes, que les
fatyres de fes détracteurs rendirent également
célebres.

**XIV. Principes fur lefquels les Jéfuites fonderent leurs
miffions du Paraguay.**

On dévaftoit l'Amérique depuis un fiecle,
lorfque les Jéfuites y porterent cette infatigable activité, qui les avoit fait fi finguliere-
ment remarquer dès leur origine. Ces hommes entreprenans ne pouvoient pas rappeller
du tombeau les trop nombreufes victimes
qu'une aveugle férocité y avoit malheureufement plongées; ils ne pouvoient pas arracher aux entrailles de la terre les timides Indiens que l'avarice des conquérans y faifoit

tous les jours defcendre. Leur tendre follici-
tude fe tourna vers les fauvages que leur vie
errante avoit jufqu'alors fouftraits au glaive,
à la tyrannie. Le plan étoit de les tirer de
leurs forêts & de les raffembler en corps de
nation, mais loin des lieux habités par les
oppreffeurs du nouvel hémifphere. Un fuccès, plus ou moins grand, couronna ces vues
dans la Californie, chez les Moxos, parmi
les Chiquites, fur l'Amazone & dans quelques autres contrées. Cependant, aucune de
ces inftitutions ne jetta un auffi grand éclat
que celle qui fut formée dans le Paraguay ;
parce qu'on lui donna pour bafe les maximes ·
que fuivoient les incas dans le gouvernement
de leur empire & dans leurs conquêtes.

Les defcendans de Manco-Capac fe rendoient fur leurs frontieres avec des armées
qui favoient du moins obéir, combattre enfemble, fe retrancher ; & qui avec des armes
offenfives, meilleures que celles des fauvages, avoient des boucliers & des armes dé-
fenfives que leurs ennemis n'avoient pas. Ils
propofoient à la nation qu'ils vouloient ajouter à leur domaine d'adopter leur religion,
leurs loix & leurs mœurs. Ces invitations
étoient ordinairement rejettées. De nouveaux députés, plus preffans que les premiers, étoient envoyés. Quelquefois on les
maffacroit, & on fondoit inopinément fur
ceux qu'ils repréfentoient. Les troupes pro-
voquées avoient affez généralement la fupé-

riorité : mais elles s'arrêtoient au moment de
la victoire & traitoient leurs prisonniers avec
tant de douceur, qu'ils alloient faire aimer
de leurs compagnons un vainqueur humain.
Il n'arriva guere qu'une armée Péruvienne
attaquât la premiere ; & il arriva souvent
qu'après avoir vu ses soldats massacrés, qu'a-
près avoir éprouvé la perfidie des barbares,
l'inca ne permettoit pas encore les hostilités.

Les Jésuites, qui n'avoient point d'armées
se bornerent à la persuasion. Ils s'enfonçoient
dans les forêts pour chercher des sauvages ;
& ils les déterminerent à renoncer à leurs habitudes, à leurs préjugés, pour embrasser une
religion à laquelle ces peuples ne compre-
noient rien, & pour goûter les douceurs de
la société qu'ils ne connoissoient pas.

Les incas avoient encore un avantage sur
les Jésuites, c'est la nature de leur culte qui
parloit aux sens. Il est plus aisé de faire adorer le soleil, qui semble révéler lui-même sa
divinité aux mortels, que de leur persuader
nos dogmes & nos mysteres inconcevables.
Aussi les missionnaires eurent-ils la sagesse de
civiliser, jusqu'à un certain point, les sauvages, avant de penser à les convertir. Ils n'es-
sayerent d'en faire des chrétiens, qu'après en
avoir fait des hommes. A peine les eurent-ils
assemblés, qu'ils les firent jouir de tous les
biens qu'on leur avoit promis. Ils leur firent
embrasser le christianisme, quand, à force de

L iv

les rendre heureux, ils les avoient rendus dociles.

La division des terres en trois parts, pour les temples, pour le public & pour les particuliers ; le travail pour les orphelins, les vieillards & les soldats ; le prix accordé aux belles actions ; l'inspection ou la censure des mœurs ; le ressort de la bienveillance ; les fêtes mêlées aux travaux ; les exercices militaires ; la subordination ; les précautions contre l'oisiveté, le respect pour la religion & les vertus : tout ce qu'on admiroit dans la législation des incas se retrouva au Paraguay ou y fut même perfectionné.

Les incas & les Jésuites avoient également établi un ordre qui prévenoit les crimes & dispensoit des punitions. Rien n'étoit si rare au Paraguay que les délits. Les mœurs y étoient belles & pures par des moyens encore plus doux qu'au Pérou. Les loix avoient été séveres dans cet empire ; elles ne le furent pas chez les Guaranis. On n'y craignoit pas les châtimens ; on n'y craignoit que sa conscience.

A l'exemple des incas, les Jésuites avoient établi le gouvernement théocratique ; mais avec un avantage particulier à la religion chrétienne : c'étoit la confession. Dans le Paraguay, elle conduisoit le coupable aux pieds du magistrat. C'est-là que, loin de pallier ses crimes, le repentir le lui faisoit aggraver. Au lieu d'éluder sa peine, il venoit la demander à genoux. Plus elle étoit sévère & publique, plus elle rendoit le calme à la conscience. Ainsi le châtiment qui, par-tout ailleurs, effraie les coupables, faisoit ici leur consolation, en étouffant les remords par l'expiation. Les peuples du Paraguay n'avoient point de loix civiles, parce qu'ils ne connoissoient point de propriété; ils n'avoient point de loix criminelles, parce que chacun s'accusoit & se punissoit volontairement : toutes leurs loix étoient des préceptes de religion. Le meilleur de tous les gouvernemens, s'il étoit possible qu'il se maintint dans sa pureté, seroit la théocratie : mais il faudroit que la religion n'inspirât que les devoirs de la société; n'appellât crime, que ce qui blesse les droits naturels de l'humanité ; ne substituât pas, dans ces préceptes, des prieres aux travaux, de vaines cérémonies de culte à des œuvres de charité, des scrupules à des remords fondés. Il n'en étoit pas tout-à-fait ainsi au Paraguay. Les missionnaires Espagnols y avoient beaucoup trop porté leurs idées, leurs usages monastiques. Cependant, peut-être ne fit-on jamais autant de bien aux hommes, avec si peu de mal.

Il y eut plus d'arts & de commodités dans les républiques des Jésuites qu'il n'y en avoit dans Cusco même, & il n'y eut pas plus de luxe. L'usage de la monnoie y étoit même ignoré. L'horloger, le tisserand, le serrurier, le tailleur déposoient leurs ouvrages dans les

L v

magasins publics. On leur donnoi: tout ce qui leur étoit néceffaire : le laboureur avoit travaillé pour eux. Les religieux inftituteurs veilloient fur les befoins de tous avec des ma. giftrats élus par le peuple mèmo.

Il n'y avoit point de diftinction entre les états ; & c'eft la feule fociété fur la terre où les hommes aient joui de cette égalité qui eft le fecond des biens : car la liberté eft le premier.

Les incas & les Jéfuites ont fait également refpecter la religion par la pompe & l'appa. reil impofant du culte public. Les temples du foleil étoient auffi bien conftruits , auffi bien ornés que le permettoit l'imperfection des arts & des matériaux. Les églifes du Paraguay font réellement fort belles. Une mufique qui alloit au cœur, des cantiques touchans , des peintures qui parloient aux yeux, la majefté des cérémonies , tout attiroit , tout retenoit les Indiens dans ces lieux facrés, où le plaifir fe confondoit pour eux avec la piété.

XV. Pourquoi les hommes ne fe font-ils que peu multipliés dans ces célebres miffions ?

Il femble que les hommes auroient dû fe multiplier extrèmement fous un gouverne. ment où nul n'étoit oifif, n'étoit excédé de travail ; où la nourriture étoit faine , abondante, égale pour tous les citoyens fainement vêtus, logés commodément: où les vieillards, les veuves , les orphelins, les malades avoient des fecours inconnus fur le refte de la terre :

où tout le monde fe marioit par choix, fans intérêt, & où la multitude des enfans étoit une confolation, fans pouvoir être une charge : où la débauche inféparable de l'oifiveté qui corrompt l'opulence & la mifere ne hâtoit jamais le terme de la vie humaine : où rien n'irritoit les paffions factices & ne contrarioit les paffions réglées par la raifon & par la nature : où l'on jouiffoit des avantages du commerce, fans être expofé à la contagion des vices du luxe : où des magafins abondans, des fecours gratuits entre des nations confédérées par la fraternité d'une même religion, étoient une reffource affurée contre la difette qu'amenoient l'inconftance & l'intempérie des faifons : où la vengeance publique ne fut jamais dans la trifte néceffité de condamner un feul criminel à la mort, à l'ignominie, à des peines de quelque durée : où l'on ignoroit jufqu'au nom d'impôt & de procès, deux terribles fléaux qui travaillent par-tout l'efpece humaine. Un tel pays dévoit être, ce femble, le plus peuplé de la terre. Cependant il ne l'étoit pas.

Cette domination, commencée en 1610, s'étend depuis le Parana qui fe jette dans le Paraguay fous le vingtieme degré de latitude méridionale, jufqu'à l'Uruguay, qui fe perd dans le même fleuve vers le trente-quatrieme degré de latitude. Sur les bords de ces deux grandes rivieres qui defcendent des montagnes voifines du Bréfil, dans les plaines que

féparent ces rivieres, les Jéfuites avoient formé dès l'an 1676 vingt-deux peuplades dont
on ignore la population. En 1702, on y en
comptoit vingt-neuf compofées de vingt-
deux mille fept cens foixante & une familles
qui avoient quatre-vingt-neuf mille quatre
cens quatre-vingt-onze têtes. Aucun monument d'une foi certaine ne porta jamais le
nombre des bourg:.'es au-deffus de trente-
deux, ni celui de leurs habitans au-deffus de
cent vingt-un mille cent foixante-huit.

On foupçonna long-tems les religieux inftituteurs de diminuer la lifte de leurs fujets,
pour priver l'Efpagne du tribut auquel ces
peuples s'étoient librement foumis ; & la
cour de Madrid montra fur cela quelques
inquiétudes. Des recherches exactes diffipe-
rent ce foupçon auffi injurieux que mal fondé. Etoit-il vraifemblable qu'une compagnie,
dont la gloire fut toujours l'idole, facrifiât à
un intérêt obfcur & bas, un fentiment de
grandeur proportionné à la majefté de l'édifice qu'elle élevoit avec tant de foins & de
travaux ?

Ceux qui connoiffoient affez le génie de la
fociété, pour ne la pas calomnier fi groffierement, répandoient que les Guaranis ne fe
multiplioient pas, parce qu'on les faifoit périr dans les travaux des mines. Cette accufation, intentée il y a plus d'un fiécle, fe per-
pétua par une fuite de l'avarice, de l'envie,
de la malignité qui l'avoient formée. Plus

le ministere Espagnol fit chercher cette source
de richesses, plus il se convainquit que c'é-
toit une chimere. Si les Jésuites avoient découvert de pareils trésors, ils se seroient bien
gardés de faire ouvrir cette porte à tous les
vices qui auroient bientôt désolé leur empire
& ruiné leur puissance.

L'oppression d'un gouvernement monacal
dut, selon d'autres, arrêter la population des
Guaranis. Mais l'oppression n'est que dans
les travaux & dans les tributs forcés ; dans
les levées arbitraires, soit d'hommes, soit
d'argent, pour composer des armées & des
flottes destinées à périr ; dans l'exécution violente des loix imposées sans le consentement
des peuples & contre la réclamation des magistrats ; dans la violation des privileges publics & l'établissement des privileges particuliers ; dans l'incohérence des principes
d'une autorité qui se disant établie de Dieu
par l'épée, veut tout prendre avec l'une &
tout ordonner au nom de l'autre, s'armer
du glaive dans le sanctuaire, & de la religion
dans les tribunaux. Voilà l'oppression. Jamais elle n'est dans une soumission volontaire
des esprits, ni dans la pente & le vœu des
cœurs, en qui la persuasion opere & précède
l'inclination, qui ne font que ce qu'ils aiment à faire & n'aiment que ce qu'ils font.
C'est-là ce doux empire de l'opinion, le seul
peut-être qu'il soit permis à des hommes
d'exercer sur des hommes ; parce qu'il rend

heureux ceux qui s'y abandonnent. Tel fût, sans doute, celui des Jésuites au Paraguay, puisque des nations entieres venoient d'elles-mêmes s'incorporer à leur gouvernement, & qu'on ne vit pas une seule de leurs peuplades secouer le joug. On n'oseroit dire que cinquante missionnaires eussent pu forcer à l'esclavage cent mille Indiens, qui pouvoient, ou massacrer leurs pasteurs ou s'enfuir dans des déserts. Cet étrange paradoxe révolteroit également les esprits foibles & les esprits audacieux.

Quelques personnes soupçonnerent que les Jésuites avoient répandu dans leurs peuplades cet amour du célibat, auquel les siecles de barbarie attacherent parmi nous une sorte de vénération qui n'est pas encore généralement tombée, malgré les réclamations continuelles de la nature, de la raison, de la société. Rien n'étoit plus éloigné de la vérité. Ces missionnaires ne donnerent pas seulement à leurs néophites l'idée d'une superstition à laquelle le climat apportoit des obstacles insurmontables, & qui auroit suffi pour décrier & faire détester leurs meilleures institutions.

Nos politiques crurent voir dans le défaut de propriété un obstacle insurmontable à la population des Guaranis. On ne sauroit douter que la maxime, qui nous fait regarder la propriété comme la source de la multiplication des hommes & des subsistances, ne soit une vérité incontestable. Mais tel est le sort

des meilleures inftitutions , que nos erreurs
parviennent prefque à les détruire. Sous la
loi de la propriété , quand elle eft jointe à la
cupidité, à l'ambition, au luxe, à une multitude de befoins factices, à mille autres défordres qui prennent naiffance dans les vices de
nos gouvernemens ; les bornes de nos poffeffions , tantôt beaucoup trop refferrées ,
tantôt beaucoup trop étendues, arrètent tout-
à-la-fois la fécondité de nos terres & celle de
notre efpece. Ces inconvéniens n'exiftoient
point dans le Paraguay. Tous y avoient une
fubfiftance affurée ; tous y jouiffoient par
conféquent des grands avantages du droit de
propriété , fans pourtant avoir proprement
ce droit. Ce ne fut donc pas précifément parce
qu'ils en étoient privés que la population ne
fit pas chez eux de grands progrès

Un écrivain mercenaire ou aveuglé par fa
haine n'a pas craint de publier depuis peu à
la face de l'univers que le terrein occupé par
les Guaranis ne pouvoit nourrir que le nombre d'hommes qui y exiftoit , & que plutôt
que de les rapprocher des Efpagnols leurs
miffionnaires avoient eux-mêmes arrèté la
population. Ils perfuadoient , nous dit-on ,
à leurs néophites de laiffer périr leurs enfans
qui feroient autant de prédeftinés & de pro-
tecteurs. Homme ou démon, qui que tu fois,
as-tu réfléchi fur l'atrocité, fur l'extrava-
gance de ton accufation ? As-tu compris l'in-
fulte que tu faifois à tes maîtres, à tes conci-

toyens, en comptant obtenir leur faveur ou
leur eſtime par ces noirceurs ? Combien il
faudroit que ta nation fût déchue de la nobleſſe, de la généroſité de ſon caractere, ſi
elle ne partageoit ici mon indignation !

Aux chimeres qui viennent d'être combat-
tues, tâchons de ſubſtituer des cauſes vraies
ou vraiſemblables.

D'abord, les Portugais de Saint-Paul détruiſirent en 1631 les douze ou treize peuplades, formées dans la province de Guayra,
limitrophe du Bréſil. Ces brigands qui n'é-
toient qu'au nombre de deux cens ſoixante-
quinze ne purent, il eſt vrai, amener que
neuf cens des vingt-deux mille Guaranis qui
compoſoient cet établiſſement naiſſant : mais
le glaive & la miſere en détruiſirent beaucoup.
Pluſieurs reprirent la vie ſauvage. A peine
en arriva-t-il douze mille ſur les bords du Parana & de l'Uruguay où l'on avoit réſolu de
les fixer.

La paſſion qu'avoient les dévaſtateurs de
faire des eſclaves ne fut pas étouffée par cette
émigration. Ils pourſuivirent leur timide
proie dans ſon nouvel aſyle, & devoient.avec
le tems, tout diſperſer, tout mettre aux fers,
ou tout égorger, à moins qu'on ne donnât
aux Indiens des armes pareilles.à celles de
leurs aggreſſeurs.

C'étoit une propoſition délicate à faire.
L'Eſpagne avoit pour maxime de ne pas introduire l'uſage des armes à feu parmi les an-

ciens habitans de cet autre hémifphere, dans
la crainte qu'ils ne fe ferviffent un jour de
ces foudres pour recouvrer leurs premiers
droits. Les Jéfuites applaudiffoient à cette
défiance néceffaire avec des nations dont la
foumiffion étoit forcée : mais ils la jugeoient
inutile avec des peuples librement attachés aux
rois catholiques par des liens fi doux, qu'ils ne
pouvoient être jamais tentés de les dénouer.
Les raifons ou les inftances de ces miffionnaires triompherent des oppofitions & des préjugés. En 1639, on accorda des fufils aux Guaranis; & cette faveur les délivra pour toujours du
plus grand des dangers qu'ils pouvoient courir.

D'autres caufes plus obfcures de deftruction remplacerent celle-là. L'ufage s'établit
d'envoyer annuellement à deux, à trois cens
lieues de leurs frontieres une partie des bourgades cueillir l'herbe du Paraguay, pour laquelle on leur connoiffoit une paffion infur-
montable. Dans ces longues & pénibles cour-
fes, plufieurs périffoient de faim & de fatigue. Quelquefois durant leur abfence des
fauvages errans dévaftoient des plantations
privées de la plupart de leurs défenfeurs. Ces
vices étoient à peine corrigés, qu'une nouvelle calamité affligea les miffions.

Un malheureux hafard y porta la petite-
vérole, dont les poifons furent encore plus
meurtriers dans cette contrée que dans le
refte du Nouveau-Monde. Cette contagion
ne diminua point, & continua à entaffer vic-

time sur victime sans interruption. Les Jésuites ignorerent-ils les salutaires effets de
l'inoculation sur les bords de l'Amazone, ou
se refuserent-ils par superstition à une pratique dont les avantages sont si bien prouvés?

Après tout, ce fut le climat qui arrêta sur-
tout la population des Guaranis. Le pays
qu'ils occupoient, principalement sur le Parana, étoit chaud, humide, sans cesse couvert de brouillards épais & immobiles. Ces
vapeurs y versoient dans chaque saison des
maladies contagieuses. Les inclinations des
habitans aggravoient ces fléaux. Héritiers de
la voracité que leurs peres avoient apportée
du fond des forêts, ils se nourrissoient de
fruits verds, ils mangeoient les viandes presque crues; sans que ni la raison, ni l'autorité,
ni l'expérience pussent déraciner ces habitudes invétérées. De cette maniere, la masse
du sang, altérée par l'air & les alimens, ne
pouvoit pas former des familles nombreuses,
ni des générations de quelque durée.

XVI. Examen des reproches faits aux Jésuites touchant
les missions.

Pour assurer la félicité des Guaranis, en
quel nombre qu'ils fussent ou qu'ils pussent
être, leurs instituteurs avoient originairement réglé avec la cour de Madrid, que ces
peuples ne seroient jamais employés aux travaux des mines, ni asservis à aucune corvée.
Bientôt cette premiere stipulation leur parut
insuffisante au repos des nouvelles républi-

ques. Ils firent décider que tous les Espagnols en seroient exclus, sous quelque déno-
mination qu'ils se présentassent. On prévoyoit que s'ils y étoient admis comme négocians ou même comme voyageurs, ils rempli-
roient de troubles ces lieux paisibles, & y
porteroient le germe de toutes les corrup-
tions. Ces mesures blesserent d'autant plus
profondément des conquérans avides & destructeurs, qu'elles avoient l'approbation des
sages. Leur ressentiment éclata par des im-
putations qui avoient un fondement apparent & peut-être réel.

Les missionnaires faisoient le commerce
pour la nation. Ils envoyoient à Buenos-Aires de la cire, du tabac, des cuirs, des co-
tons en nature & filés, principalement
l'herbe du Paraguay. On recevoit en échange des vases & des ornemens pour les temples; du fer, des armes, des quincailleries,
quelques marchandises d'Europe que la colonie ne fabriquoit pas; des métaux destinés au
paiement du tribut que devoient les Indiens
mâles depuis vingt jusqu'à cinquante ans.
Autant qu'il est possible d'en juger à travers
les épais nuages qui ont continuellement enveloppé ces objets, les besoins de l'état n'absorboient pas le produit entier de ses ventes.
Ce qui restoit étoit détourné au profit des Jésuites. Aussi furent-ils traduits au tribunal
des quatre parties du monde comme une société de marchands qui, sous le voile de la re-

ligion, n'étoient occupés que d'un intérêt sordide.

Ce reproche ne pouvoit pas tomber sur les premiers fondateurs du Paraguay. Les déserts qu'ils parcouroient ne produisoient ni or, ni denrées. Ils n'y trouverent que des forêts, des serpens, des marais; quelquefois la mort ou des tourmens horribles , & toujours des fatigues excessives. Ce qu'il leur en coûtoit de soins, de travaux, de patience pour faire passer les sauvages d'une vie errante à l'état social, ne se peut comprendre. Jamais ils ne songerent à s'approprier le produit d'une terre qui cependant, sans eux, n'auroit été habitée que par des bêtes féroces. Vraisemblablement , leurs successeurs eurent des vues moins nobles & moins pures. Vraisemblablement, ils chercherent un accroissement de fortune & de puissance, où ils ne devoient voir que la gloire du christianisme, que le bien de l'humanité. Ce fut, sans doute, un grand crime de voler les peuples en Amérique pour acheter du crédit en Europe, & pour augmenter sur tout le globe une influence déja trop dangereuse. Si quelque chose pouvoit diminuer l'horreur d'un si grand forfait, c'est que la félicité des Indiens n'en fut pas altérée. Jamais ils ne parurent rien desirer au-delà des commodités dont on les faisoit jouir généralement.

Ceux qui n'accuserent pas les Jésuites d'avarice, censurerent les établissemens du Pa-

raguay comme l'ouvrage d'une superstition
aveugle. Si nous avons une idée juste de la
superstition, elle retarde les progrès de la population ; elle consacre à des pratiques inutiles le tems destiné aux travaux de la société ; elle dépouille l'homme laborieux, pour
enrichir le solitaire oisif & dangereux ; elle
arme les citoyens les uns contre les autres
pour des sujets frivoles ; elle donne au nom
du ciel le signal de la révolte ; elle soustrait
ses ministres aux loix, aux devoirs de la société : en un mot, elle rend les peuples malheureux, & donne des armes au méchant
contre le juste. Vit-on chez les Guaranis aucune de ces calamités ? S'ils dûrent leurs
heureuses institutions à la superstition, ce sera la premiere fois qu'elle aura fait du bien
aux hommes.

La politique, toujours inquiete, toujours
soupçonneuse, paroissoit craindre que les républiques fondées par les Jésuites, ne se dé-
tachassent un peu plutôt, un peu plus tard
de l'empire, à l'ombre duquel elles s'étoient
élevées. Leurs habitans étoient, à ses yeux,
les soldats les plus exercés du nouvel hémisphere. Elle les voyoit obéissant par principe
de religion avec l'énergie des mœurs nouvelles, & combattant avec le fanatisme qui conduisit tant de martyrs sur l'échafaud, qui brisa
tant de couronnes par les mains des disciples
d'Odin & de Mahomet. Mais c'étoit sur-tout
leur gouvernement qui causoit ses alarmes.

Dans les inftitutions anciennes, l'autorité civile & l'autorité religieuſe, qui partent de la même ſource & qui doivent tendre au mê. me but, étoient réunies dans les mêmes mains, ou l'une tellement ſubordonnée à l'autre', que le peuple n'oſoit l'en ſéparer dans ſes idées & dans ſes craintes. Le chriſtianiſ. me introduiſit en Europe un autre eſprit, & forma, dès ſon origine, une rivalité ſecrete entre les deux pouvoirs, celui des armes & celui de l'opinion. Cette diſpoſition éclata, lorſque les barbares du Nord fondirent ſur la domination Romaine. Les chrétiens, per. ſécutés par les empereurs païens, s'empreſſe. rent d'implorer ce ſecours étranger contre l'oppreſſion. Ils prêcherent à ces vainqueurs ignorans un culte-nouveau qui leur impoſoit l'obligation de détruire l'ancien, & deman. derent les décombres des temples pour élever ſur ces magnifiques ruines leurs propres ſanc. tuaires.

Les ſauvages donnerent ſans peine ce qui ne leur appartenoit pas, firent tomber aux pieds du chriſtianiſme leurs ennemis & les ſiens, prirent des terres & des hommes & en céderent à l'égliſe. Ils exigerent des tributs, & en exempterent le clergé qui préconiſoit leurs uſurpations. Des ſeigneurs ſe firent prêtres, des prêtres devinrent ſeigneurs. Les grands attacherent les prérogatives de leur naiſſance au ſacerdoce qu'ils embraſſoient. Les évêques imprimerent le ſceau de la reli.

gion aux domaines qu'ils poſſédoient. De ce
mélange, de cette confuſion du ſang avec le
rang, des titres avec les biens, des perſonnes
avec les choſes, il ſe forma un pouvoir monſ-
trueux qui ſe diſtingua d'abord du véritable
pouvoir qui eſt celui du gouvernement, qui
prétendit enſuite l'emporter ſur lui, & qui
depuis ſe ſentant le plus foible, ſe contenta
de s'en ſéparer & de dominer en ſecret ſur
ceux qui en vouloient bien dépendre. Ces
deux pouvoirs furent toujours tellement diſ-
cordans, qu'ils troublerent ſans ceſſe l'harmonie de tous les états.

Les Jéſuites du Paraguay, qui connoiſſoient
cette ſource de diviſion, profiterent du mal
que leur ſociété avoit fait ſouvent en Europe,
pour établir un bien ſolide en Amérique. Ils
réunirent les deux pouvoirs en un ſeul, ce
qui leur donna la diſpoſition abſolue des
penſées, des affections, des forces de leurs
néophites.

**XVII. Les peuples étoient-ils heureux dans ces miſſions,
& ont-ils regretté leurs légiſlateurs?**

Un pareil ſyſtème rendoit-il redoutables
ces légiſlateurs? Quelques perſonnes le pen-
ſoient dans le Nouveau - Monde; & cette
croyance étoit beaucoup plus répandue dans
l'ancien: mais par-tout on manquoit des lumieres néceſſaires pour aſſeoir un jugement.
La facilité, peut-être inattendue, avec laquelle les miſſionnaires ont évacué ce qu'on
appelloit leur empire, a paru démontrer

qu'ils étoient hors d'état de s'y foutenir. Ils y ont été même moins regrettés qu'on ne croyoit qu'ils le feroient. Ce n'est pas que les peuples euffent à fe plaindre de la négligence ou de la dureté de leurs conducteurs. Une in-différence fi extraordinaire venoit, fans dou-te, de l'ennui que ces Américains, en appa-rence fi heureux, devoient éprouver durant le cours d'une vie trop uniforme pour n'ê-tre pas languiffante, & fous un régime qui, confidéré dans fon vrai point de vue, reffem-bloit plutôt à une communauté religieufe qu'à une inftitution politique.

Comment un peuple entier vivoit-il fans répugnance fous la contrainte d'une loi auf-tere, qui n'affujettit pas un petit nombre d'hommes qui l'ont embraffée par enthoufiaf-me & par les motifs les plus fublimes, fans leur infpirer de la mélancolie & fans aigrir leur humeur ? Les Guaranis étoient des ef-peces de moines, & il n'y a pas peut-être un moine qui n'ait quelquefois détefté fon habit. Les devoirs étoient tyranniques. Aucune faute n'échappoit au châtiment. L'ordre com-mandoit au milieu des plaifirs. Le Guara-nis, infpecté jufques dans fes amufemens, ne pouvoit fe livrer à aucune forte d'excès. Le tumulte & la licence étoient bannis de fes trif-tes fêtes. Ses mœurs étoient trop aufteres. L'égalité à laquelle ils étoient réduits & dont il leur étoit impoffible de fe tirer, éloignoit entre eux toute forte d'émulation. Un Gua-

Guaranis n'avoit aucun motif de furpaffer un Guaranis. Il avoit fait affez bien, fi l'on ne pouvoit ni l'accufer, ni le punir d'avoir mal fait. La privation de toute propriété n'influoit-elle pas fur fes liaifons les plus douces? Ce n'eft pas affez pour le bonheur de l'homme d'avoir ce qu'il lui fuffit; il lui faut encore de quoi donner. Un Guaranis ne pouvoit être le bienfaiteur, ni de fa femme, ni de fes enfans, ni de fes parens, ni de fes amis, ni de fes compatriotes; & aucun de ceux-ci ne pouvoit être le fien. Son cœur ne fentoit aucun befoin. S'il étoit fans vice, il étoit auffi fans vertu. Il n'aimoit point, il n'étoit point aimé. Un Guaranis paffionné auroit été l'être le plus malheureux; & l'homme fans paffion n'exifte, ni dans le fond d'un bois, ni dans la fociété, ni dans une cellule. Je ne connois que l'amour, qui s'irrite & s'accroit par la gène, qui pût y gagner. Mais croira-t on qu'il ne reftât rien aux Guaranis du fentiment de leur liberté fauvage? Mais négligez tout ce qui précede, & ne pefez que le peu de lignes que je vais ajouter. Le Guaranis n'eut jamais que des idées très-confufes de ce qu'il devoit aux foins de fes législateurs, & il en avoit vivement, continuellement fenti le defpotifme. Il fe perfuada fans peine au moment de leur expulfion, qu'il feroit affranchi, & qu'il n'en feroit pas moins heureux. Toute autorité eft plus ou moins odieufe; & c'eft la raifon pour laquelle tous les maîtres, fans exception, ne font que des ingrats.

XVIII. *Mefures préliminaires prifes par la cour d'Efpa-gne pour le gouvernement de ces miffions.*

Lorfqu'en 1768 les miffions du Paraguay fortirent des mains des Jéfuites, elles étoient arrivées à un point de civilifation, le plus grand peut-être où on puiffe conduire les nations nouvelles, & certainement fort fu-périeur à tout ce qui exiftoit dans le refte du nouvel hémifphere. On y obfervoit les loix. Il y régnoit une police exacte. Les mœurs y étoient pures. Une heureufe fraternité y uniffoit les cœurs. Tous les arts de néceffité y étoient perfectionnés, & on y en connoif-foit quelques-uns d'agréables. L'abondance y étoit univerfelle, & rien ne manquoit dans les dépôts publics. Le nombre des bêtes à corne s'y élevoit à fept cens foixante-neuf mille trois cens cinquante-trois ; celui des mulets ou des chevaux, à quatre-vingt quatorze mille neuf cens quatre-vingt-trois ; celui des moutons, à deux cens vingt-un mille cinq cens trente-fept, fans compter quelques autres animaux domeftiques.

Les pouvoirs, concentrés jufqu'alors dans les mêmes mains, furent partagés. Un chef, auquel on donna trois lieutenans, fut chargé de gouverner la contrée. On confia ce qui étoit du reffort de la religion à des moines de S. Dominique, de S. François & de la Merci.

C'est le seul changement qui ait été fait jusqu'ici aux dispositions anciennes. La cour de Madrid a voulu examiner, sans doute, si l'ordre établi devoit être maintenu ou réformé. On cherche à lui persuader de retirer les Guaranis d'une région peu salubre & trop peu fertile, pour en peupler les bords inhabités de Rio-Plata, depuis Buenos-Aires jusqu'à l'Assomption. Si ce plan est adopté & que les peuples refusent de quitter les tombeaux de leurs peres, ils seront réduits à se disperser; s'ils se prètent aux vues de l'Espagne, ils cesseront de former une nation. Quoi qu'il arrive, le plus bel édifice qui ait été élevé dans le Nouveau-Monde sera renversé.

Mais voilà assez, & peut-être trop de détails, sur les révolutions plus ou moins importantes qui ont agité l'Amérique Espagnole pendant trois siecles. Il est tems de remonter aux principes qui dirigerent la fondation de ce grand empire; & de tracer, sans malignité comme sans flatterie, les suites d'un système dont l'antiquité n'avoit ni laissé, ni pu laisser de modèle. Nous commencerons par faire connoître les différentes especes d'hommes qui se trouvent aujourd'hui réunis dans cette immense région.

XIX. Peuples qui habitent l'Amérique Espagnole, & premierement les chapetons.

On ne rangera point parmi les habitans du nouvel hémisphere les commandans chargés

de lui donner des loix , les troupes deſtinées
à le contenir ou à le défendre, les négocians
employés pour ſon approviſionnement. Ces
différentes claſſes d'hommes ne ſe fixent point
en Amérique, & reviennent toutes en Europe
après un ſéjour plus ou moins borné. Parmi
les perſonnes envoyées par l'autorité publique, il n'y a guere que quelques magiſtrats,
quelques adminiſtrateurs ſubalternes qui s'in-
corporent à ces régions éloignées. La loi défend à tout citoyen d'y aller ſans l'aveu du
gouvernement : mais les gens connus en
obtiennent aſſez préciſément la permiſſion, &
ceux qui ſont obſcurs y paſſent très - fré-
-quemment en fraude. On eſt vivement pouſſé
à cette émigration par l'eſpoir d'une fortune
conſidérable, & quelquefois auſſi par la certitude de trouver une conſidération dont on
n'auroit pas joui dans le lieu de ſon origine.
Il ſuffit d'être né en Eſpagne pour obtenir
des égards marqués : mais cet avantage ne ſe
tranſmet pas. Les enfans qui ont reçu le jour
dans cet autre monde ne portent plus le nom
de *chapetons* qui honoroit leurs peres : ils
deviennent ſimplement *créoles*.

XX. Les créoles.

C'eſt ainſi qu'on appelle ceux qui ſont
iſſus du ſang Eſpagnol dans le nouvel hémiſphere. Pluſieurs deſcendent des premiers
conquérans ou de ceux qui les ſuivirent ;
d'autres ont eu d'illuſtres ancètres. La plupart
ont acheté ou obtenu des titres diſtingués ;

mais peu d'entre eux ont manié les grands reſſorts du gouvernement. Soit que la cour les crût incapables d'application, ſoit qu'elle craignit qu'ils ne préféráſſent les intérêts de leur pays à ceux de la métropole, elle les éloigna de bonne heure des places de conſiance & s'écarta rarement de ce ſyſtème bien ou mal conçu. Ce mépris ou cette défiance les découragèrent. Ils acheverent de perdre dans les vices qui naiſſent de l'oiſiveté, de la chaleur du climat, de l'abondance de toutes choſes, cette élévation dont il leur avoit été laiſſé de ſi grands exemples. Un luxe barbare, des plaiſirs honteux, une ſuperſtition ſtupide, des intrigues romaneſques, acheverent la dégradation de leur caractere. Une porte reſtoit ouverte à l'ambition de ces colons proſcrits, en quelque ſorte, ſur leur terre natale. La cour, les armées, les tribunaux, l'égliſe, ſont en Eſpagne des carrieres plus ou moins brillantes qu'il leur eſt libre de parcourir. Il n'y en eſt cependant entré qu'un très-petit nombre, ou parce que leur ame eſt entierement flétrie, ou parce que les diſtances en rendent l'accès trop difficile. Quelques-uns, d'une naiſſance moins diſtinguée, ont tourné, dans l'Amérique même, leur activité, leur intelligence vers les grandes opérations du commerce; & ceux-là ont été les plus ſages & les plus utiles.

XXI. Les métis.

La ſupériorité que les chapetons affectent

M iij

fur les créoles, ceux-ci la prennent fur les *métis*. C'eſt la race provenant d'un Européen avec une Indienne. Les Eſpagnols qui, dans les premieres époques de la découverte, aborderent au Nouveau-Monde n'avoient point de femmes avec eux. Quelques-uns des plus conſidérables attendirent qu'il en vînt d'Europe. La plupart donnerent leur foi aux filles du pays les plus diſtinguées ou les plus agréables. Souvent même, ſans les épouſer on les rendit meres. La loi fit jouir ces enfans, légitimes ou illégitimes, des prérogatives de leur pere : mais le préjugé les plaça plus bas. Ce n'eſt guere qu'après trois générations, c'eſt-à-dire lorſque leur couleur ne differe en rien de celle des blancs, tous très-baſanés, que dans le cours ordinaire de la vie civile, ils ſont traités comme les autres créoles. Avant d'arriver à une égalité ſi flatteuſe, ces métis, par-tout très-nombreux & dont l'eſpece ſe renouvelle ſans interruption, s'oc-cupoient la plupart des arts méchaniques & des moindres détails du commerce. Après avoir acquis plus de dignité, ils ſont encore réduits à continuer les mêmes travaux juſ-qu'à ce qu'une alliance heureuſe ou quelque circonſtance particulière les mette en état de couler des jours inutiles dans les plaiſirs & dans la molleſſe.

XXII. Les négres.

A peine le Nouveau-Monde eut été dé-couvert, qu'en 1503, on y porta quelques noirs. Huit ans après, il y en fut introduit un plus grand nombre, parce que l'expérience avoit prouvé qu'ils étoient infiniment plus propres à tous les travaux que les naturels du pays. Bientôt l'autorité les profcrivit, dans la crainte qu'ils ne corrompiffent les Américains & qu'ils ne les pouffâffent à la révolte. Las-Cafas, auquel il manquoit des notions juftes fur les droits de l'homme, mais qui s'occupoit fans ceffe du foulagement de fes chers Indiens, obtint la révocation d'une loi qu'il croyoit nuifible à leur confervation. Charles - Quint permit en 1517 que quatre mille de ces efclaves fuffent conduits dans les colonies Efpagnoles ; & le courtifan Flamand qui avoit obtenu cette faveur, vendit aux Génois l'exercice de fon privilege.

A l'expiration de l'octroi, ce vil commerce ceffa prefqu'entierement, mais les Portugais devenus fujets de la cour de Madrid le ranimerent. Il retomba encore après que ce peuple eut fecoué le joug qu'il portoit fi impatiemment, & ne reprit quelque vigueur que lorfque les deux nations fe furent rapprochées. Enfin les fujets de la cour de Lisbonne s'engagerent, en 1696, à fournir dans cinq ans vingt-cinq mille noirs à leurs anciens tyrans ; & ils remplirent cette obligation avec le fecours de leur fouverain qui avança les deux tiers des fonds qu'exigeoit une entreprife alors fi confidérable.

Les François, qui venoient de donner un

roi à l'Efpagne, fe mirent trop légérement à la place des Portugais en 1702. Manquant d'établiffemens à la côte d'Afrique, encore peu inftruits dans les opérations (maritimes, malheureux durant le cours d'une longue guerre, ils ne firent rien de ce qu'ils avoient promis fi hardiment.

La paix d'Utrecht fit paffer ce contract à l'Angleterre. La compagnie du Sud, à laquelle le miniftere Britannique l'abandonna, fe chargea de livrer, chacune des trente années que devoit durer fon privilege, quatre mille huit cens Africains aux établiffemens Efpagnols. On la borna à ce nombre pour les cinq derniers ans de fon octroi : mais, tout le refte du tems, il lui étoit permis d'en introduire autant qu'elle en pourroit vendre. Elle s'obligea à payer trente trois piaftres & un tiers ou 180 livres pour chacun des quatre mille premiers noirs. Les huit cens fuivans furent déchargés de ce tribut onéreux en dédommageant d'un prêt de 1,080,000 livres avancées à la cour de Madrid, & qui ne devoient être rembourfées que dans l'efpace de dix ans. Ce tribut étoit réduit à la moitié pour tous les efclaves que le contract n'exigeoit point. Philippe V fe dédommagea de ce facrifice en fe réfervant la quatrieme partie des bénéfices que feroit la fociété. L'exécution du traité ne fut interrompue que par les hoftilités qui, en 1739, diviferent les deux couronnes. La pacification de 1748 rétablit celle d'Angleterre dans tous ses droits : mais la compagnie qui la représentoit fut déterminée , par un dédommagement qu'on lui offrit, à céder les courts restes d'un octroi dont elle prévoyoit qu'on ne la laisseroit pas jouir sans de grandes gênes.

Robert Mayne , négociant de Londres, succéda, sous un nom Espagnol, à l'association du Sud. L'infidélité ou la négligence des agens qu'il avoit établis à Buenos - Aires , devenu l'entrepôt de ce commerce, furent telles, qu'en 1752 il se trouva ruiné, qu'il se vit forcé d'abandonner une entreprise qui , plus sagement dirigée ou mieux surveillée , devoit donner des profits très-considérables.

On prit alors le parti de recevoir à Porto-Rico des esclaves qui devoient au fisc 216 liv. par tête, & qui après avoir payé cette taxe rigoureuse étoient introduits librement sur le continent & dans les isles. Les Anglois qui avoient traité avec le gouverneur de Cuba remplissoient fidellement leurs engagemens ; lorsque la cour de Madrid jugea convenable à ses intérêts de changer de système.

Il fut formé en 1765 une société de quelques maisons de commerce Espagnoles , Françoises & Génoises établies à Cadix. Cette compagnie, mal asservie par ses facteurs & très-obérée, alloit se dissoudre , lorsqu'en 1773 le ministère jugea qu'il étoit de sa sagesse & de sa justice d'accorder des adoucissemens aux conditions qu'il avoit d'abord

M v

impofées. On prolongea le privilege, on diminua les charges; & depuis cette époque,
l'importation des efclaves a pris une nouvelle
activité. Ils font achetés indifféremment dans
tous les lieux où l'on peut s'en procurer avec
le plus d'avantage.

Féroces Européens, d'abord vous doutâtes
fi les habitans des contrées que vous veniez
de découvrir n'étoient pas des animaux qu'on
pouvoit égorger fans remords, parce qu'ils
étoient noirs & que vous étiez blancs. Peu
s'en fallut que vous ne leur enviaffiez la connoiffance de Dieu votre pere commun, chofe
horrible à penfer! Mais quand vous leur eûtes
permis de lever auffi leurs regards & leurs
mains vers le ciel; quand vous les eûtes ini-
tiés aux cérémonies & aux myfteres; affociés
aux prieres, aux offrandes & aux efpérances
à venir d'une religion commune; quand vous
les eûtes avoués pour freres; l'horreur ne
redoubla-t-elle pas, lorfqu'on vous vit fouler
aux pieds le lien de cette confanguinité fa-
crée? Vous les avez rapprochés de vous; &
vous allez au loin les acheter! & vous les
vendez! & vous les revendez comme un vil
troupeau de bêtes! pour repeupler une partie du globe que vous avez dévaftée, vous
en corrompez & dépeuplez une autre. Si la
mort eft préférable à la fervitude, n'êtes-vous
pas encore plus inhumains fur les côtes d'A-
frique que vous ne l'avez été dans les régions
de l'Amérique? Anglois, François, Efpagnols,

Hollandois, Portugais, je suppose que je m'entretienne avec un d'entre vous d'un traité conclu entre deux nations civilisées, & que je lui demande quelle est la sorte de compensation qu'elles ont stipulée, dans l'échange qu'elles ont fait ? Qu'imaginera-t-il ? De l'or, des denrées, des privileges, une ville, une province ; & c'est un nombre plus ou moins grand de leurs semblables que l'on abandonne à l'autre pour en disposer à son gré ? Mais telle est l'infamie de ce pacte dénaturé, qu'il ne se présente pas même à la pensée de ceux qui l'ont contracté.

Tout annonce, que la cour d'Espagne va sortir de la dépendance où elle étoit des nations étrangeres pour des esclaves. C'est l'unique but qu'elle a pu se proposer en exigeant, en 1778, du Portugal la cession de deux de ses isles sur les côtes d'Afrique.

Des cultures difficiles, quelques mines d'un genre particulier, ont occupé une partie des esclaves introduits dans le continent Espagnol du Nouveau - Monde. Le service domestique des gens riches a été la destination du plus grand nombre. Ils n'ont pas tardé à devenir les confidens des plaisirs de leurs maîtres ; & ce honteux ministere les a conduits à la liberté. Leurs descendans se sont alliés, tantôt avec les Européens, tantôt avec les Mexicains, & ont formé la race nombreuse & vigoureuse des mulâtres qui, comme celle des métis, mais deux ou trois généra-

tions plus tard, parvient à la couleur & à
la confidération des blancs. Ceux même d'entre eux qui font encore dans les fers ont pris
un empire décidé fur le malheureux indigene.
Ils ont dû cette fupériorité à la faveur dépla-
cée que leur accordoit le gouvernement. Par
cette raifon, les Africains, qui, dans les établiffemens des autres nations font les ennemis des blancs, en font devenus les défenfeurs dans les Indes Efpagnoles.

Mais pourquoi la faveur du gouvernement
tomba-t-elle fur l'efclave acheté de préférence à l'efclave conquis ? C'eft que l'injure faite
à celui-ci étoit plus ancienne & plus grande
que l'injure faite au premier ; que celui-là
étoit accoutumé au joug; qu'il falloit y accoutumer celui-ci, & que l'efclave d'un maître dont la politique l'a rendu maître d'un efclave, eft entraîné par cette diftinction à faire
caufe avec le tyran commun. Si l'Africain,
le défenfeur des blancs dans les Indes Efpagnoles, fut par-tout ailleurs leur ennemi;
c'eft que par-tout ailleurs il obéiffoit toujours
& qu'il ne commandoit jamais ; c'eft qu'il
n'étoit point confolé de fon rôle par le fpectacle d'un rôle plus malheureux que le fien.
Aux Indes Efpagnoles, l'Africain eft alter-
nativement efclave & maître : dans les établiffemens des autres nations, il eft efclave
du matin au foir.

XXIII. Ancienne condition des Indiens, & leur état actuel.

Les Indiens forment la derniere claffe des

habitans dans une région qui appartenoit toute entiere à leurs ancètres. L'infortune de ces peuples commença à l'époque même de la découverte. Colomb diftribua d'abord des terres à ceux qui l'accompagnoient & y attacha des naturels du pays en 1499. Cette difpofition ne fut pas approuvée par la cour qui, trois ans après, envoya Ovando à Saint-Domingue, avec ordre de rendre ces malheureux à la liberté. Ce nouveau commandant, tout barbare qu'il étoit, fe conforma à la volonté de fes fouverains : mais l'indolence des Américains & les murmures des Efpagnols le déterminerent bientôt à faire rentrer dans les fers ceux qui en étoient fortis & à y en mettre un beaucoup plus grand nombre. Seulement, il décida que ces efclaves tireroient quelque fruit de leur travail, foit qu'ils fuffent employés à la culture des terres, foit qu'ils le fuffent à l'exploitation des mines. Ferdinand & Ifabelle confirmerent, en 1504, cet arrangement avec la claufe que le falaire feroit réglé par le gouvernement.

Les dominicains, qui venoient de paffer dans la colonie, s'indignerent d'un ordre de chofes qui renverfoit tous les principes. Ils refuferent, dans le tribunal de la pénitence, l'abfolution aux particuliers qui follicitoient ou même acceptoient ces dons qu'on appelloit indifféremment répartitions ou commanderies; ils accabloient d'anathèmes, dans la chaire, les miniſtres ou les promoteurs de ces injuſtices. Les cris de ces moines, alors très-révérés, retentirent juſqu'en Europe, où l'uſage, qu'ils attaquoient avec tant d'amertume, fut examiné de nouveau, en 1510, & de nouveau confirmé.

Les Indiens trouverent, en 1516, dans Las-Caſas un défenſeur plus vif, plus intrépide & plus actif que ceux qui l'avoient précédé. Ses ſollicitations déterminerent Ximenès, qui conduiſoit alors la monarchie avec tant d'éclat, à faire paſſer en Amérique trois religieux hiéronimites pour juger une cauſe deux fois jugée. Les arrêts qu'ils prononcerent ne furent pas ceux que leur profeſſion faiſoit préſumer. Ils ſe déciderent pour les répartitions : mais ils en déclarerent déchus tous ceux des courtiſans & des favoris qui ne réſidoient pas dans le Nouveau-Monde.

Las - Caſas, que le miniſtere lui - même avoit déclaré protecteur des Indiens & qui, revêtu de ce titre honorable, avoit accompagné les ſurintendans, revola en Eſpagne pour y vouer à l'indignation publique des hommes d'un état pieux qu'il accuſoit d'avoir ſacrifié l'humanité à la politique. Il parvint à les faire rappeller, & on leur ſubſtitua Figueroa. Ce magiſtrat prit le parti de réunir dans deux gros villages un aſſez grand nombre d'Indiens qu'il laiſſa ſeuls arbitres de leurs actions. L'expérience ne leur fut pas favora-

ble. Le gouvernement conclut de leur stupidité, de leur indolence, que les Américains
étoient des enfans incapables de se conduire
eux-mêmes, & leur condition ne fut pas
changée.

Cependant, il s'élevoit de toutes parts des
voix respectables contre ces dispositions. Les
états de Castille eux-mêmes demanderent,
en 1523, qu'on les annullât. Charles-quint
se rendit à tant de vœux. Il défendit à Cor-
tès, qui venoit de conquérir le Mexique, de
donner des commanderies, & lui enjoignit
de les révoquer s'il y en avoit déja d'accordées. Lorsque ces ordres arriverent dans la
Nouvelle-Espagne, les répartitions y étoient
déja établies comme dans les autres colonies,
& les volontés du monarque ne furent pas
exécutées.

De cette région, de toutes les régions soumises à la Castille, on marquoit sans cesse
que jamais il ne s'opéreroit de vrais travaux,
des travaux utiles dans le Nouveau-Monde,
si les peuples assujettis cessoient d'être un
moment à la disposition de leurs vainqueurs.
La crainte d'avoir découvert sans fruit un si
riche hémisphere faisoit une grande impression sur le ministere: mais aussi n'avoir envahi une moitié du globe que pour en jetter
les nations dans la servitude, étoit un autre
point de vue qui ne laissoit pas d'alarmer
quelquefois le gouvernement. Dans cette incertitude, on permettoit, on défendoit au

hafard les commanderies. En 1536, l'autorité prit enfin un parti mitoyen qui fut de les
autorifer pour deux générations. Quoique
accordées feulement pour deux ans, jufqu'à
cette époque, elles étoient réellement perpétuelles, parce qu'il étoit fans exemple que
ces concellions n'euffent pas été renouvellées.
Le roi continua à fe réferver tous les Indiens
établis dans les ports ou fixés dans les villes
principales.

Le protecteur de ces malheureux s'indigne de ces ordonnances. Il parle, il agit, il
cite fa nation au tribunal de l'univers entier,
il fait frémir d'horreur les deux hémifpheres.
O Las-Cafas! tu fus plus grand par ton humanité que tous tes compatriotes enfemble
par leurs conquêtes. S'il arrivoit, dans les
fiecles à venir, que les infortunées contrées
qu'ils ont envahies fe repeuplaffent & qu'il y
eût des loix, des mœurs, de la juftice, de la
liberté, la premiere ftatue qu'on y éleveroit
feroit la tienne. On te verroit t'interpofer entre l'Américain & l'Efpagnol, & préfenter,
pour fauver l'un, ta poitrine au poignard de
l'autre. On liroit fur le pied de ce monument:
DANS UN SIECLE DE FÉROCITÉ, LAS-CA-
SAS, QUE TU VOIS, FUT UN HOMME BIEN-
FAISANT. En attendant, ton nom reftera
gravé dans toutes les ames fenfibles; & lorfque tes compatriotes rougiront de la barbarie de leurs prétendus héros, ils fe glori-
fieront de tes vertus. Puiffent ces tems heu-

reux n'être pas auffi éloignés que je l'appré-
hende !

Charles-Quint, éclairé par fes propres ré-
flexions ou entraîné par l'éloquence impétueufe de Las-Cafas, ordonne, en 1542, que
toutes les commanderies qui viendront à va-
quer foient indiftinctement réunies à la couronne. Ce ftatut eft fans force au Mexique &
dans le Pérou, il allume une guerre fanglan-
te & opiniâtre. On eft réduit à l'annuller
trois ans après : mais l'autorité fe trouve affez folidement établie, en 1549, pour ofer
braver les murmures, pour n'être plus arrêtée
par la crainte des foulevemens.

À cette époque, la loi décharge les Indiens
de tout fervice perfonnel, & règle le tribut
qu'ils feront obligés de payer à leurs com-
mandeurs. Elle défend à ces maîtres, jufqu'alors fi oppreffeurs, de réfider dans l'é-
tendue de leur jurifdiction & d'y coucher
plus d'une nuit. Elle leur défend d'y avoir
une habitation & d'y laiffer leur famille. Elle
leur défend d'y poffédér des terres, d'y faire
élever des troupeaux, d'y former des atteliers. Elle leur défend de fe mêler des mariages de leurs vaffaux & d'en prendre aucun à
leur fervice. L'homme chargé de percevoir
leurs droits doit avoir l'attache du magiftrat
& donner caution pour les vexations qu'il fe
pourroit permettre.

La taxe impofée aux naturels du pays pour
faire fubfifter les conquérans avec quelquo

dignité, n'eſt pas même une faveur purement gratuite. Ces maitres orgueilleux ſont obligés de réunir leurs ſujets dans une bourgade, de leur bâtir une égliſe, de payer le miniſtre chargé de leur inſtruction. Ils ſont obligés d'établir leur domicile dans la ville principale de la province où eſt ſituée leur réparti-tion, d'avoir toujours des chevaux & des armes en état de repouſſer l'ennemi, ſoit étranger, ſoit domeſtique. Il ne leur eſt per-mis de s'abſenter qu'après s'être fait rempla-cer par un ſoldat agréé du gouvernement.

Ces réglemens n'éprouverent aucune alté-ration remarquable juſqu'en 1568. Alors on décida que les commanderies, qui depuis trente-deux ans étoient concédées pour deux vies, continueroient à être données de la même maniere; mais que celles dont le reve-nu excéderoit 10,800 livres ſeroient grévées de penſions. Toutes devoient, à l'avenir, être affichées lorſqu'elles deviendroient vacantes &, à mérite égal, être diſtribuées de préfé-rence aux héritiers des conquérans, & en-ſuite aux deſcendans des premiers colons. La cour s'appercevant que la faveur décidoit plus ſouvent de ces récompenſes que les talens ou l'ancienneté, voulut, en 1608, qu'elles ſuſ-ſent nulles, ſi elle ne confirmoit dans ſix ans pour le Pérou & dans cinq ans pour le reſte de l'Amérique les graces accordées par les vices-rois. Cependant le commandeur en-troit en jouiſſance auſſi-tôt qu'il étoit nom-

mé. On exigeoit feulement qu'il affurât la
reftitution des fommes qu'il auroit touchées,
fi le choix qu'on avoit fait de lui n'étoit pas
ratifié dans le tems prefcrit par les ordonnances.

Au commencement du dernier fiecle, le
gouvernement s'appropria le tiers du revenu
des commanderies. Peu après, il le prit entier
dans la premiere année, & ne tarda pas à défendre à fes délégués de remplir celles qui deviendroient vacantes. Elles furent enfin toutes fupprimées, en 1720, à l'exception de
celles qu'on avoit données à perpétuité à Cor-
tès & à quelques hôpitaux ou communautés
réligieufes. A cette époque fi remarquable
dans les annales du Nouveau-Monde, les Indiens ne furent plus dépendans que de la couronne.

Cette adminiftration fut-elle la meilleure
qu'il fut poffible d'adopter pour l'intérêt de
l'Efpagne & le bonheur de l'autre hémifphere?
Qui le fait? Dans la folution d'un problème
où fe compliquent les droits de la juftice; le
fentiment de l'humanité; les vues particulieres des miniftres; l'empire de la circonftance;
l'ambition des grands; la rapacité des favoris;
les fpéculations des hommes à projets; l'autorité du facerdoce; l'impulfion des mœurs
& des préjugés; le caractere des fujets éloignés, la nature du climat, du fol & des travaux; la diftance des lieux; la lenteur & le
mépris des ordres fouverains; la tyrannie des

gouverneurs ; l'impunité des forfaits ; l'incertitude & des relations & des délations , & de
tant d'autres élémens divers : doit-on être
surpris de la longue perplexité de la cour de
Madrid , lorsqu'au centre des nations Européennes , aux pieds des trônes , sous les yeux
des administrateurs de l'état , les abus sub-
sistent & s'accroissent souvent par des opérations absurdes ? Alors on prit l'homme, dont
on étoit entouré, pour le modele de l'homme
lointain , & l'on imagina que la législation
qui convenoit à l'un convenoit également à
l'autre. Dans des tems antérieurs , & peut-
être même encore aujourd'hui , confondons-
nous deux êtres séparés par des différences
immenses , l'homme sauvage & l'homme po-
licé ; l'homme né dans les bras de la liberté
& l'homme né dans les langes de l'esclavage.
L'aversion de l'homme sauvage pour nos cités naît de la mal-adresse avec laquelle nous
sommes entrés dans la forêt.

Maintenant, les Indiens qu'on n'a pas fixés
dans les villes , sont tous réunis dans des
bourgades qu'il ne leur est pas permis de quitter , & où ils forment des assemblées muni-
cipales, présidées par leur cacique. A chacun
de ces villages est attaché un territoire plus
ou moins étendu , selon la nature du sol &
le nombre des habitans. Une partie est cul-
tivée en commun pour les besoins publics ,
& le reste distribué aux familles pour leurs
nécessités particulieres. La loi a voulu que

ce domaine fût inaliénable. Elle permet cependant de tems en tems d'en détacher quelques portions en faveur des Espagnols , mais
toujours avec l'obligation d'une redevance
annuelle dirigée au profit des vendeurs sous
l'inspection du gouvernement. Aucune institution n'empêche les Indiens d'avoir des
champs en propre : mais rarement ont-ils le
pouvoir ou la volonté de faire des acquisitions.

Comme l'opprobre brise tous les ressorts
de l'ame, un des principes de cette pauvreté,
de ce découragement , doit être l'obligation
imposée à ces malheureux de faire seuls par
corvée les travaux publics. Sont-ils payés de
ce travail humiliant ? La loi l'ordonne. De
quelle distance peut-on les tirer ? combien
de tems peut-on les retenir ? cela dépend du
gouvernement local.

Un autre devoir des Indiens, c'est d'être
à la disposition de tous les citoyens ; mais
uniquement pour les atteliers & les cultures
de nécessité première ; mais à tour de rôle ;
mais pour dix-huit jours de suite seulement ;
mais pour un salaire prescrit par les ordonnances.

Une obligation plus onéreuse encore, c'est
celle d'exploiter les mines. Les administrateurs en étoient originairement les seuls arbitres. Des statuts qui varièrent souvent , la
réglèrent dans la suite. Au tems où nous écrivons , on n'appelle aux mines, à l'exception

de celles de Guanca - Velica & de Potoſi qui ont des privileges particuliers, que les Indiens qui ne ſont pas éloignés de plus de trente milles ; on leur donne quatre réaux ou cinquante-quatre ſols par jour ; on ne les retient que ſix mois, & l'on n'y occupe que la ſeptieme partie d'une peuplade au Pérou, & la vingt-cinquieme au Mexique. Souvent même, il y en a un moindre nombre ; parce que le libertinage, la cupidité, l'eſpoir du vol, d'autres motifs peut-être, y attirent librement un grand nombre de métis, de mulâtres & d'indigenes.

Un tribut que les Indiens mâles, depuis dix-huit juſqu'à cinquante ans, doivent au gouvernement, met le comble à tant de calamités. Cette taxe, qui s'acquittoit originairement en denrées, n'eſt point par-tout la même. Elle eſt de 8, de 15, de 20, de 30, même de 40 livres, ſelon les époques où, à la demande des contribuables, elle fut convertie en métaux. L'uſage où étoit le fiſc d'exiger toujours en argent la valeur des productions, dont le prix varioit avec les lieux & avec les tems, introduiſit ces diſproportions plus grandes & par conféquent plus deſtructives dans l'Amérique Méridionale que dans la Septentrionale, où la capitation eſt aſſez généralement de 9 réaux ou de 6 livres 1 ſol 6 deniers. Le quart de cette impoſition eſt diſtribué au paſteur, au cacique, à l'Eſpagnol chargé dans chaque province

d'empêcher l'oppreſſion des Indiens, ou mis
en reſerve pour ſecourir la communautédans
ſes revers. Telle eſt la condition légale des
Indiens : mais qui pourroit, dire ce que les
injuſtices particulieres doivent ajouter de
poids à un fardeau déja trop peſant ? Celle
de ces vexations qui a le plus fixé l'attention du gouvernement, eſt venue de ce qu'on
appelle alcade au Mexique & corrégidor au
Pérou.

C'eſt un magiſtrat chargé, ſous l'inſpection
du vice-roi ou des tribunaux, de la juſtice,
de la finance, de la guerre, de la police, de
tout ce qui peut intéreſſer l'ordre public,
dans un eſpace de trente, de quarante, de
cinquante lieues. Quoique la loi lui défendît,
comme aux autres dépoſitaires de l'autorité,
d'entreprendre aucun commerce, il s'empara, dès les premiers tems, de tout celui qu'il
étoit poſſible de faire avec les Indiens ſoumis
à ſa juriſdiction. Comme ſa commiſſion ne
devoit durer que cinq ans, il livroit preſqu'en
arrivant les marchandiſes qu'il avoit à vendre, & employoit aux recouvremens le reſte
de ſon exercice. L'oppreſſion devint générale. Les malheureux indigenes furent toujours écraſés par l'énormité des prix, & ſouvent par l'obligation de prendre des effets
qui leur étoient inutiles, mais que le tyran
avoit été lui-même quelquefois réduit à recevoir des négocians qui lui accordoient un
crédit long & dangereux. On refuſoit tout

ou prefque tout aux pauvres, & l'on fur-
chargeoit ceux qui jouiſſoient de quelque aiſance. Aux échéances, les paiemens étoient
exigés avec une ſévérité barbare par un
créancier, à la fois juge & partie ; & les peines les plus graves décernées contre les dé-
biteurs qui manquoient aux engagemens libres ou forcés qu'ils avoient pris.

Ces atrocités plus criantes & plus communes dans l'Amérique Méridionale que dans la
Septentrionale, affligeoient vivement les
chefs humains & juſtes. Ils croyoient pourtant devoir les tolérer, dans la perſuaſion où
l'on étoit généralement que ſi la chaine qui
exiſtoit étoit une fois rompue, des peuples
indolens & ſans prévoyance manqueroient
de vêtemens, d'inſtrumens d'agriculture,
de beſtiaux néceſſaires pour tous les travaux,
& tomberoient, ſans délai, dans une inaction
& une miſere extrêmes. Quelques hommes
ſages travaillerent à rapprocher des intérêts
ſi oppoſés. Aucune de leurs idées ne fut jugée praticable. Un moyen ſûr de diminuer
le déſordre auroit été d'accorder un meilleur traitement aux magiſtrats qui alloient
chercher dans l'autre hémiſphere une fortune que leur pays natal leur refuſoit : mais le
miniſtere ſe refuſa toujours à cette augmentation de dépenſe. Depuis 1751, les alca-
des & les corrégidors ſont obligés d'afficher
dans le lieu de leur réſidence, les marchandiſes qu'ils ont à vendre, & le prix qu'ils y
veu-

voulent mettre. S'ils s'écartent de ce tarif, approuvé par leurs supérieurs, ils doivent perdre leur place & restituer le quadruple de qu'ils ont volé. Ce réglement, qui s'observe assez exactement, a un peu diminué les déprédations.

XXIV. *Gouvernement civil établi par l'Espagne dans le Nouveau-Monde.*

Il falloit un gouvernement aux différens peuples dont nous venons de parler. La cour de Madrid donna la préférence au plus absolu. Les monarques Espagnols concentrerent dans leurs mains tous les droits, tous les pouvoirs, & en confierent l'exercice à deux délégués, qui, sous le nom de vice-rois ; devoient jouir, tout le tems de leur commission, des prérogatives de la souveraineté. On les entoura même dans leurs fonctions publiques & jusques dans leur vie privée, d'une représentation qui parut propre à augmenter le respect & la terreur que le commandement devoit inspirer. Le nombre de ces places éminentes fut doublé depuis, sans qu'il arrivât jamais la moindre altération dans leur dignité. Cependant leur conduite, comme celle de tous les agens inférieurs, fut soumise à la censure du conseil des Indes, tribunal érigé en Europe pour régir, sous l'inspection du monarque, les provinces conquises dans le Nouveau-Monde.

Dans ces contrées éloignées furent successivement établies dix cours de justice,

Tome IV. N

chargées d'affurer la tranquillité des citoyens & de terminer les différends qui s'élevoient entre eux. Ces tribunaux, connus fous le nom d'audiences, prononcerent définitivement fur les matieres criminelles : mais les procès purement civils qui s'élevoient au-deffus de 10,156 piaftres ou de 54,843 liv. pouvoient être portés, par appel, au confeil des Indes. La prérogative accordée à ces grands corps de faire des remontrances aux dépofitaires de l'autorité royale, & la préro-gative plus confidérable encore attribuée à ceux des capitales, de remplir les fonctions des vice-royautés lorfqu'elles étoient vacan-tes : ces droits les éleverent tous à un degré d'importance qu'ils n'auroient pas obtenu comme magiftrats.

XXV. Quel eft le régime eccléfiaftique fuivi en Amérique?

' Le régime eccléfiaftique paroiffoit plus dif-ficile à régler. A l'époque où le Nouveau-Monde fut découvert, un voile, tiffu ou épaiffi par les préjugés que la cour de Rome n'avoit jamais ceffé de femer, tantôt ouver-tement & tantôt avec adreffe, couvroit de ténebres l'Europe entiere. Ces fuperftitions étoient plus profondes & plus générales en Efpagne, où, depuis fi long-tems, on haïf-foit, on combattoit les infideles. Les fouve-rains de cette nation devoient naturellement établir au-delà des mers les mauvais princi-pes des pontifes qui leur donnoient un au-tre hémifphere. Il n'en fut pas ainfi. Ces princes plus éclairés, ce me semble, que leur siecle ne le comportoit, arracherent au chef de la chrétienneté la collation de tous les bénéfices, les dixmes même que les prètres avoient par-tout envahies. Malheureusement, la sagesse qui avoit dicté leur système ne passa pas à leurs successeurs. Ils fonderent ou permirent qu'on fondât trop d'évêchés. Des temples sans nombre s'éleverent. Les couvens des deux sexes se multiplierent au-delà de tous les excès. Le célibat devint la passion dominante dans un pays désert. Des métaux qui devoient féconder la terre se perdirent dans les églises. Malgré sa corruption & son ignorance, le clergé se fit rendre la plus grande partie de ces tyranniques dixmes qui avoient été arrachées à son avarice. L'Amérique paroissoit n'avoir été conquise que pour lui. Cependant les pasteurs subalternes, ces curés ailleurs si tendres & si respectables, ne se trouvoient pas assez opulens. L'Indien qu'ils étoient chargés d'instruire & de consoler, n'osoit se présenter à eux sans quelque présent. Ils lui laissoient celles de ses anciennes superstitions qui lui étoient utiles, comme la coutume de porter beaucoup de vivres sur le tombeau des morts. Ils mettoient un prix exorbitant à leurs fonctions, & avoient toujours des inventions pieuses qui leur donnoient occasion d'exercer de nouveaux droits. Une pareille conduite avoit rendu leurs dogmes généralement odieux. Ces peuples alloient à la meſſe comme à la corvée, déteſtant les barbares étrangers qui entaſſoient ſur leurs corps & ſur leurs ames des fardeaux également peſans.

Le ſcandale étoit public & preſque général. Le clergé ſéculier & régulier, qui, l'un & l'autre rempliſſoient le même miniſtere, s'accuſoient mutuellement de ces vexations. Les premiers peignoient leurs rivaux comme des vagabonds qui s'étoient dérobés à la ſurveillance de leurs ſupérieurs, pour être impunément libertins. Les ſeconds vouloient que les autres manquaſſent de lumieres ou d'activité, & ne fuſſent occupés que de l'élévation de leur famille. Nous avouerons avec répugnance, mais nous avouerons, que des deux côtés les reproches étoient fondés. La cour fut long-tems agitée par les intrigues ſans ceſſe renaiſſantes des deux cabales. Enfin elle arrêta, en 1757, que les moines mourroient dans les bénéfices qu'ils occupoient, mais qu'ils ne ſeroient pas remplacés par des hommes de leur état. Cette déciſion qui fait rentrer les choſes dans leur ordre naturel, aura vraiſemblablement des ſuites favorables.

XXVI. Partage fait au tems de la conquête des terres du Nouveau-Monde. Comment on les acquiert maintenant.

C'étoit beaucoup d'avoir monté, dès les premiers tems, tous les grands reſſorts de la nouvelle domination. Il reſtoit à régler le ſort de ceux qui devoient y vivre. Le ſou-

verain, qui se croyoit maitre légitime de
toutes les terres de l'Amérique, & par droit
de conquête & par la concession des papes,
en fit d'abord distribuer à ceux de ses soldats
qui avoient combattu dans ce Nouveau-
Monde.

Le fantassin reçut cent pieds de long &
cinquante de large pour ses bâtimens ; mille
huit cens quatre-vingt-cinq toises pour son
jardin ; sept mille cinq cens quarante-trois
pour son verger ; quatre-vingt-quatorze
mille deux cens quatre-vingt pour la culture des grains d'Europe, & neuf mille quatre
cens vingt-huit pour celle du bled d'Inde ;
toute l'étendue qu'il falloit pour élever dix
porcs, vingt chèvres, cent moutons, vingt
bètes à cornes & cinq chevaux. La loi donnoit au cavalier un double espace pour ses bâtimens, & le quintuple pour tout le reste.

Bientôt on construisit des villes. Ces établissemens ne furent pas abandonnés au ca-
price de ceux qui vouloient les peupler. Les
ordonnances exigeoient un site agréable,
un air salubre, un sol fertile, des eaux abondantes. Elles régloient la position des temples, la direction des rues, l'étendue des places publiques. C'étoit ordinairement un particulier riche & actif qui se chargeoit de ces
entreprises, après qu'elles avoient obtenu la
sanction du gouvernement. Si tout n'étoit
pas fini au tems convenu, il perdoit ses avances, & devoit encore au fisc 5400 l. Ses au-

N iij

tres devoirs étoient de trouver un pasteur pour son église, & de lui fournir ce qu'exigeoit la décence d'un culte régulier; de réunir au moins trente habitans Espagnols, dont chacun auroit dix vaches, quatre bœufs, une jument, une truie, vingt brebis, un coq & six poules. Lorsque ces conditions étoient remplies, on lui accordoit la jurisdiction civile & criminelle en premiere instance pour deux générations, la nomination des officiers municipaux, & quatre lieues quarrées de terrein.

L'emplacement de la cité, les communes, l'entrepreneur absorboient une portion de ce vaste espace. Le reste étoit partagé en portions égales qu'on tiroit au sort & dont aucune ne pouvoit être aliénée qu'après cinq ans d'exploitation. Chaque citoyen devoit avoir autant de lots qu'il auroit de maisons : mais sa propriété ne pouvoit jamais excéder ce que Ferdinand avoit originairement accordé dans Saint-Domingue pour trois cavaliers.

Par la loi, ceux qui avoient des possessions dans les villes déja fondées, étoient exclus des nouveaux établissemens : mais cette rigueur ne s'étendoit pas jusqu'à leurs enfans. Il étoit permis à tous les Indiens qui n'étoient pas retenus ailleurs par des liens indissolubles, de s'y fixer comme domestiques, comme artisans ou comme laboureurs.

Indépendamment des terres que des conventions arrêtées avec la cour assuroient aux

troupes & aux fondateurs des villes, les chefs
des diverses colonies étoient autorisés à en
distribuer aux Espagnols qui voudroient se
fixer dans le nouvel hémisphere. Cette grande prérogative leur fut ôtée en 1591. Philippe II, que son ambition engageoit dans
des guerres continuelles & que son opinia-
treté rendoit interminables, ne pouvoit suffire à tant de dépenses. La vente des champs
d'Amérique, qui avoient été donnés jusqu'à
cette époque, fut une des sources qu'il imagina. Sa loi eut même un effet en quelque
sorte retroactif, puisqu'elle ordonnoit la
confiscation de tout ce qui seroit possédé sans
titre légitime, à moins que les usurpateurs
ne consentissent à se racheter. Une disposition si utile, réellement ou en apparence,
au fisc, ne souffrit de modification dans aucune période, & n'en éprouve pas encore.

Mais il étoit plus aisé d'accorder gratuitement ou de céder à vil prix des terreins à
quelques aventuriers, que de les engager à
en solliciter la fertilité. Ce genre de travail
fut méprisé par les premiers Espagnols que
leur avidité conduisit aux Indes. La voie
lente, pénible & dispendieuse de la culture
ne pouvoit guere tenter des hommes à qui
l'espoir d'une fortune facile, brillante &
rapide faisoit braver les vagues d'un océan
inconnu, les dangers de tous les genres qui
les attendoient sur des côtes mal - saines &
barbares. Ils étoient pressés de jouir, & le

plus court moyen d'y parvenir étoit de fe
jetter fur les métaux. Un gouvernement
éclairé auroit travaillé à rectifier les idées de
fes fujets, & à donner, autant qu'il eût été
poſſible, une autre pente à leur ambition.
Ce fut tout le contraire qui arriva. L'erreur
des particuliers devint la politique du miniſtere. Il fut aſſez aveugle pour préférer des
tréfors de pure convention, dont la quantité
ne pouvoit pas manquer de diminuer & qui
chaque jour devoient perdre de leur prix
imaginaire, à des richeſſes fans ceſſe renaiſ-
fantes & dont la valeur devoit augmenter
graduellement dans tous les tems. Cette illu-
fion des conquérans & des monarques jetta
l'état hors des routes de fa profpérité, &
forma les mœurs en Amérique. On n'y fit cas
que de l'or, que de l'argent accumulés par
la rapine, par l'oppreſſion & par l'exploitation des mines.

. **XXVII.** Réglemens faits à diverfes époques, pour
l'exploitation des mines.

Dans les premiers tems de la conquête,
il fut décidé que les mines appartiendroient
à celui qui les découvriroit, pourvu qu'il
les fît enregiſtrer au tribunal le plus voifin.
Le gouvernement eut d'abord l'imprudence
de faire fouiller pour fon compte la portion
de ce riche terrein qu'il s'étoit réfervé : mais
il ne tarda pas à revenir d'une erreur fi rui-
neufe, & il contracta l'habitude de la céder
au maitre du reſte pour une fomme infini-

ment modique. Si, ce qui n'arriva presque jamais, ces trésors se trouvoient dans des campagnes cultivées, l'entrepreneur devoit acheter l'espace dont il avoit besoin ou donner le centieme des métaux. Sur d'arides montagnes, le propriétaire étoit plus que suffisamment dédommagé du très-petit tort qu'on lui faisoit, par la valeur qu'une activité nouvelle donnoit aux productions récoltées dans le voisinage.

De toute antiquité les mines, de quelque nature qu'elles fussent, livroient au fisc, en Espagne, le cinquieme de leur produit. Cet usage fut porté au Nouveau-Monde: mais avec le tems, le gouvernement fut obligé de se réduire au dixieme pour l'or, & même en 1735 pour l'argent au Pérou. Il lui fallut aussi baisser généralement le prix du mercure. Jusqu'en 1761, cet agent nécessaire avoit été vendu 432 livres le quintal. A cette époque, il ne coûta plus que 324 livres ou même 216 livres pour les mines peu abondantes ou d'une exploitation trop dispendieuse.

Tout porte à penser que la cour d'Espagne sera obligée, un peu plus tôt, un peu plus tard, à de nouveaux sacrifices. A mesure que les métaux se multiplient dans le commerce, ils ont moins de valeur, ils représentent moins de marchandises. Cet avilissement doit faire un jour négliger les meilleures mines comme il a fait abandonner successivement les médiocres, à moins qu'on n'allege

N v

encore le fardeau de ceux qui les exploitent.
Le tems n'eſt peut-être pas éloigné où il
faudra que le miniſtère Eſpagnol ſe contente
des deux réaux ou 1 l. 7 ſ. qu'il perçoit par
marc pour la marque ou pour la fabrication.

Ce qui pourroit donner un grand poids
à ces conjectures, c'eſt qu'il n'y a plus guere
que des hommes dont les affaires ſont dou-
teuſes ou délabrées qui entrent dans la carriere des mines. S'il arrive quelquefois qu'u-
ne avidité ſans bornes y pouſſe un riche négociant, c'eſt toujours ſous le voile d'un myſtere
impénétrable. Ce hardi ſpéculateur peut bien
-conſentir à expoſer ſa fortune, mais jamais
ſon nom. Il n'ignore pas que ſi ſes engagemens étoient connus, ſa répütation & ſon
crédit ſeroient perdus ſans reſſource. Ce n'eſt
que lorſque le ſuccès le plus éclatant a couronné ſa témérité, qu'il oſe avouer les riſques qu'il avoit courus.

XXVIII. Impôts établis dans l'Amérique Eſpagnole.

Lorſque le gouvernement ſera forcé de
renoncer à ce qu'il perçoit encore de droits
ſur les métaux, il lui reſtera de grandes
reſſources pour ſes dépenſes de ſouveraineté.
La principale auroit dû être la dixme que
Ferdinand s'étoit fait céder par la cour de
Rome : mais Charles-Quint, par des motifs
qu'il n'eſt pas aiſé de deviner, s'en dépouilla
pour les évèques, pour les chapitres, pour
les curés, pour les hôpitaux, pour la conſ-
truction des temples, pour des hommes &

des établissemens déja trop riches ou qui ne tarderent pas à le devenir. A peine ce prince en transmit-il la neuvieme partie à ses successeurs. Il fallut qu'un tribut arraché aux Indiens remplît un vuide fait si inconsidérément au trésor public. Les classes supérieures de la société ne furent pas plus ménagées. Tout le Nouveau-Monde fut assujetti à l'alcavala.

C'est un droit levé seulement sur tout ce qui se vend en gros & qui ne s'étend pas aux consommations journalieres. Il vient originairement des Maures. Les Espagnols l'adopterent en 1341 & l'établirent à raison de cinq pour cent. Il fut porté dans la suite à dix & poussé même à quatorze : mais en 1750, il fut fait des arrangemens qui le ramenerent à ce qu'il avoit été dans les premiers tems. Philippe II, après le désastre de cette flotte si connue sous le titre fastueux d'invincible, fut déterminé, en 1591, par ses besoins, à exiger ce secours de toutes ses possessions d'Amérique. Il ne fut d'abord que de deux pour cent. En 1627, il monta à quatre.

Le papier timbré, ce moyen sagement imaginé pour assurer la fortune des citoyens & qui est devenu par-tout un des principes de leur ruine dans les mains du fisc, le papier timbré fut introduit en 1641 dans toutes les provinces Espagnoles du Nouveau-Monde.

Le monopole du tabac commença à affliger

le Pérou en 1752, le Mexique en 1754, & dans l'intervalle de ces deux époques toutes les parties de l'autre hémisphere dépendantes de la Castille.

Dans des tems divers, la couronne s'appropria, dans le Nouveau - Monde comme dans l'ancien, le monopole de la poudre, du plomb & des cartes.

Cependant le plus étrange des impôts est la croisade. Il prit naissance dans les siecles de folie & de fanatisme où des millions d'Européens alloient se faire assommer dans l'orient pour le recouvrement de la Palestine. La cour de Rome le ressuscita en faveur de Ferdinand qui, en 1509, vouloit faire la guerre aux Maures d'Afrique. Il existe encore en Espagne où il n'est jamais au-dessous de 12 sols 6 deniers, ni au-dessus de 4 livres. On le paie plus chèrement dans le Nouveau-Monde, où il n'est perçu que tous les deux ans & où il s'éleve depuis 35 s. jusqu'à 13 l. selon le rang & la fortune des citoyens. Pour cet argent, les peuples obtiennent la liberté de se faire absoudre par leurs confesseurs des crimes réservés au pape & aux évèques ; le droit d'user dans les jours d'abstinence de quelques nourritures prohibées ; une foule d'indulgence pour des péchés déja commis ou pour ceux qu'on pourroit commettre. Le gouvernement n'oblige pas strictement ses sujets à prendre cette bulle : mais les prêtres refuseroient les consolations de la religion

à ceux qui la négligeroient ou la dédaigne-
roient; & il n'y a pas peut-être dans toute
l'Amérique Espagnole un homme assez hardi
ou assez éclairé pour braver cette censure
ecclésiastique.

Je ne m'adresserai donc pas à des peuples
imbécilles qu'on exhorteroit inutilement à
secouer le double joug sous lequel ils se
tiennent courbés; & je ne leur dirai point :
Quoi ! vous ne concevez pas que la Provi-
dence qui veille à votre conservation, en
vous présentant des alimens qui vous sont
propres & en perpétuant sans interruption
le besoin que vous en avez, vous en permet
un libre usage : que si le ciel se courrouçoit
lorsque vous en mangez dans un tems pro-
hibé, il n'y a sur la terre aucune autorité qui
pût vous dispenser de lui obéir: qu'on abuse
de votre stupide crédulité, & que par un trafic
infame, un être qui n'est pas plus que vous,
une créature qui n'est rien aux yeux de son
maître & du vôtre, s'arroge le droit de vous
commander en son nom ou de vous affranchir
de ses désordres pour une piece d'argent. Cette
piece d'argent, la prend-il pour lui ou la
donne-t il à son Dieu? Son Dieu est - il indi-
gent ? Vit-il de ressources ? Thésaurise-t-il ?
Que s'il est dans une autre vie un juge rému-
nérateur des vertus & vengeur des crimes,
ni l'or que vous avez donnez, ni les pardons
que vous aurez acquis avec cet or ne feront
pas incliner sa balance. Que si sa justice vé-

nale se laissoit corrompre , il seroit aussi vil,
aussi méprisable que ceux qui siegent dans vos
tribunaux. Que si son représentant avoit pour
lui-même le pouvoir qu'il vous a persuadé
qu'il avoit pour vous , il seroit impunément
le plus méchant des hommes , puisqu'il n'y
auroit aucun forfait dont il ne possédât l'ab-
solution. Je ne m'adresserai pas non plus aux
ministres subalternes de ce chef orgueilleux,
parce qu'ils ont un intérêt commun avec lui,
& qu'au lieu de me répondre, ils allumeroient
un bûcher sous mes pieds. Mais je m'adresserai à ce chef & à tout le corps qu'il préside,
& je lui dirai :

Renoncez , il en est tems , renoncez à cet
indigne monopole qui vous dégrade & qui
déshonore & le dieu que vous préchez , &
le culte que vous professez. Simplifiez votre
doctrine. Purgez-la d'absurdités. Abandonnez
de bonne grace tous ces postes où vous serez
forcés. Le monde est trop éclairé pour se
repaitre plus long-tems d'incompréhensibili-
tés qui répugnent à la raison, ou pour donner
dans des mensonges merveilleux qui , communs à toutes les religions , ne prouvent
pour aucune. Revenez à une morale praticable & sociale. Passez de la réforme de votre
théologie à celle de vos mœurs. Puisque vous
jouissez des prérogatives de la société , par-
tagez-en le fardeau. N'objectez plus vos
immunités aux tentatives d'un ministere
équitable qui se proposeroit de vous ramener

à la condition générale des citoyens. Votre intolérance & les voies odieuses par lesquelles vous avez acquis & vous entassez encore richesse sur richesse, ont fait plus de mal à vos opinions que tous les raisonnemens de l'incrédulité. Si vous eussiez été les pacificateurs des troubles publics & domestiques, les avocats du pauvre, les appuis du persécuté, les médiateurs entre l'époux & l'épouse, entre les peres & les enfans, entre les citoyens, les organes de la loi, les amis du trône, les coopérateurs du magistrat : quelque absurdes qu'eussent été vos dogmes, on se seroit tu. Personne n'eût osé attaquer une classe d'hommes si utiles & si respectables. Vous avez divisé l'Europe pour des futilités. Toutes les contrées ont fumé de sang, & pourquoi ? On rougit à présent d'y penser. Voulez-vous restituer à votre ministere sa dignité ? Soyez humbles, soyez indulgens, soyez même pauvres, s'il le faut. Votre fondateur le fut. Ses apôtres, ses disciples, les disciples de ceux-ci qui convertirent tout le monde connu, le furent aussi. Ne soyez, ni charlatans, ni hypocrites, ni simoniaques ou marchand de choses que vous donnez pour saintes. Tâchez de redevenir prètres, c'est-à-dire les envoyés du Très-Haut, pour prêcher aux hommes les vertus, & pour leur en montrer des exemples. Et vous, pontife de Rome, ne vous appellez plus le serviteur des serviteurs de Dieu, ou foyez-le. Songez que le fiecle de vos bulles, de vos indulgences, de vos pardons, de vos difpenfes eft paffé. C'eft inutilement que vous voudriez vendre le Saint-Efprit, fi l'on ne veut plus l'acheter. Votre revenu fpirituel va toujours en diminuant; il faut qu'un peu plutôt, un peu plus tard il fe réduife à rien. Quels que foient les fubfides, les nations qui les paient, tendent naturellement à s'en dé-livrer. Le prétexte le plus léger leur fuffit. Puifque de pêcheur, vous vous êtes fait prin-ce temporel, devenez comme tous les bons fouverains le promoteur de l'agriculture, des arts, des manufactures, du commerce, de la population. Alors, vous n'aurez plus befoin d'un trafic qui fcandalife. Vous refti-tuerez aux travaux de l'homme les jours précieux que vous leur dérobez, & vous recouvrerez notre vénération que vous avez perdue.

Les finances du continent Efpagnol de l'autre hémifphere furent long-tems & très-long-tems une énigme pour le miniftere même. Ce c hos fut un peu débrouillé par M. de la Enfenada. Chacune des douze années de fon heureufe adminiftration, la couronne retira de ces régions, ou des droits qu'elle per-cevoit au départ & au retour des flottes, 17,719,448 livres 12 fols. Depuis, cette reffource du gouvernement s'eft beaucoup accrue, & par l'importance des nouvelles taxes, & par la févérité qui a été employéa

dans la perception des anciennes. Aujour-
d'hui le revenu public du Mexique s'élève à
54,000,000l. ; celui du Pérou à 27,000,000 l.
celui du Guatimala, du nouveau royaume,
du Chili & du Paraguay à 9,100,000 livres.
C'est en tout 90,100,000 liv. Les dépenses
locales absorbent 56,700,000 livres. Il reste
donc pour le fisc 34,500,000 liv. Ajoutez
à cette somme 20,584,450 liv. qu'il perçoit
en Europe même sur tous les objets envoyés
aux colonies ou qui en arrivent ; & vous
trouverez que la cour de Madrid tire annuellement 55,084,450 liv. de ses provinces du
Nouveau-Monde. Cependant toutes ces richesses n'entrent pas dans les caisses royales
de la métropole. Une partie est employée
dans les isles Espagnoles de l'Amérique, pour
des dépenses de souveraineté, & pour la
construction des vaisseaux ou pour l'achat du
tabac.

XXIX. *Principes destructeurs sur lesquels l'Espagne fonda*
d'abord ses liaisons avec le Nouveau-Monde.

A peine l'Espagne avoit découvert cet
autre hémisphere, qu'elle eut l'idée d'un
système inconnu aux peuples de l'antiquité,&
que les nations modernes ont depuis adopté,
celui de s'assurer de toutes les productions
de ses colonies & de leur approvisionnement
entier. Dans cette vue, on ne se contenta
pas d'interdire à ces nouveaux établissemens,
sous des peines capitales, toute liaison étran-

gere ; le gouvernement pouſſa la rigueur
juſqu'à rendre toute communication entre
eux impraticable, juſqu'à leur défendre d'en.
voyer aucun de leurs navires dans le lieu
de leur origine. Cet eſprit de jalouſie ſe ma-
nifeſta dans la métropole mème. Il y fut
d'abord permis, à la vérité, de partir de
différens ports : mais les retours devoient
tous ſe faire à Séville. Les richeſſes que cette
préférence accumula dans le ſein de cette
ville, la mirent bientôt en état d'obtenir que
les bâtimens ſeroient expédiés de ſa rade,
comme ils devoient y revenir. La riviere qui
baigne ſes murs ne ſe trouvant pas ſuffiſante
dans la ſuite pour recevoir des vaiſſeaux qui,
peu-à-peu, avoient acquis de la grandeur, ce
fut la preſqu'iſle de Cadix qui devint l'entrepôt général.

Il fut défendu à tous les négocians étrangers, fixés dans ce port devenu célebre, de
prendre part directement à un commerce ſi
lucratif. En vain ils repréſenterent que, con-
ſommant les denrées du royaume, payant
les impoſitions, encourageant l'agriculture,
l'induſtrie, la navigation, ils devoient ètre
regardés comme citoyens. Ces raiſons ne furent jamais ſenties dans une cour où la coutume étoit la loi ſuprème. Il fallut toujours
que ces hommes riches, actifs, éclairés, qui
ſoutinrent ſeuls pendant long-tems les liaiſons de l'ancien & du Nouveau-Monde, cou-
vriſſent, avec plus de dégoûts & d'embarras

qu'on ne le croiroit, leurs moindres opérations d'un nom Espagnol.

La liberté de faire des expéditions pour
les grands établissemens qui se formoient de
toutes parts dans l'autre hémisphere, fut très-
limitée pour les naturels du pays eux-mêmes.
Le gouvernement prit le parti de régler tous
les ans le nombre des bâtimens qu'il convenoit d'envoyer, & le tems de leur départ. Il
entra dans sa politique de rendre ces voyages rares, & la permission d'équiper un navire devint une faveur très - signalée. Pour
l'arracher, on remplissoit d'intrigues la capitale de l'empire, & on entretenoit la corruption dans tous les bureaux.

Sous prétexte de prévenir les fraudes ;
d'établir un ordre invariable, de procurer
une sûreté entiere à des vaisseaux richement
chargés, on multiplia tellement les lenteurs,
les visites, les inquisitions, les équipages,
les formalités de tous les genres, en Europe
& en Amérique, que les faux-frais double-
rent la valeur de quelques marchandises, &
augmenterent beaucoup la valeur de toutes.

L'oppression des douanes acheva de tout
perdre. Les objets exportés pour l'autre hémisphere, furent assujettis à des droits tels
qu'il n'en avoit jamais existé dans aucun siecle, ni sur aucune partie du globe. Le prix
même qu'on en avoit retiré fut imposé. L'or
en retour devoit quatre pour cent, & l'argent en devoit neuf.

XXX. Comment la cour de Madrid perfévéra-t-elle
dans fon mauvais fyſtême ?

Mais comment la cour de Madrid avoit-
elle pu fe tromper fi groffierement fur fes
intérèts ? comment, fur-tout, pouvoit elle
perfévérer dans fon erreur ? Effayons, s'il
fe peut, de démèler les caufes de cet aveuglement étrange.

L'empire des Efpagnols fur le Nouveau-
Monde s'établit dans un fiecle d'ignorance
& de barbarie. Tous les principes de gouvernement étoient alors oubliés ; & l'on ne
s'étonnera pas, fans doute, que dans l'ivreffe
de leurs triomphes, des conquérans fuperbes
n'aient pas ramené la lumiere, bannie depuis
dix ou douze fiecles de l'Europe entiere.

A cette époque d'un aveuglement univer-
fel, la cour de Madrid ne devina pas que
les établiffemens qu'elle formoit fous un autre
hémifphere, ne feroient utiles qu'autant qu'ils
deviendroient un encouragement pour fon
agriculture, fon induftrie & fa navigation.
Loin de fubordonner les colonies à la métropole, ce fut, en quelque forte, la métropole
qui fut fubordonnée aux colonies. Toute
économie politique fut ou négligée ou dé-
daignée ; & l'on ne vit la grandeur de la monarchie que dans l'or & dans l'argent de l'A-
mérique. Les peuples avoient la même ambition. Ils abandonnoient en foule leur pays
natal pour courir après des métaux. Ces émigrations immenfes & continuelles laiffoient

dans la population de la patrie principale un vuide qui n'étoit pas rempli par les étrangers que l'orgueil & l'intolérance ne cessoient de repousser.

L'Espagne fut affermie, par des succès assez long-tems soutenus, dans les fausses routes qu'elle s'étoit d'abord tracées. Un ascendant qu'elle devoit uniquement aux circonstances, lui parut une conséquence nécessaire de son administration & de ses maximes.

Les calamités, qui, dans la suite, l'assaillirent de toutes parts, pouvoient l'éclairer. Une chaîne rarement interrompue de guerres plus funestes les unes que les autres, la priva de la tranquillité qu'il lui auroit fallu pour approfondir les vices d'un système suivi avec la plus grande sécurité sans interruption.

Les lumieres acquises ou répandues successivement par les autres peuples étoient bien propres à combattre, à dissiper les erreurs de l'Espagne. Soit orgueil, soit jalousie, cette nation repoussa opiniâtrement les connoissances qui lui venoient de ses rivaux ou de ses voisins.

Au défaut de secours étrangers, l'Espagnol, né avec l'esprit de méditation, avec une sagacité ardente, pouvoit découvrir des vérités importantes à sa prospérité. Ce génie propre à tout se porta, se fixa malheureusement sur des contemplations qui ne pouvoient que l'égarer davantage.

Pour comble de malheur, la cour de Madrid

s'étoit fait de bonne heure une loi de soutenir les partis qu'elle avoit pris, pour qu'on ne pût pas la soupçonner de s'être légerement déterminée. Les événemens, tout fâcheux qu'ils étoient, ne la dégoûterent pas de cette politique dans ses rapports avec l'Amérique; & elle y fut affermie par les suffrages combinés ou séparés d'une multitude d'agens séduits ou infideles, qui assuroient leur fortune particuliere par la continuité d'un désordre universel.

XXXI. *Suites que les funestes combinaisons du ministere Espagnol eurent dans la métropole même.*

Cependant le mal ne se fit pas sentir dans les premiers tems, quoique des écrivains célebres l'aient avancé avec confiance. Dans leur opinion, l'Espagne se voyant la maîtresse de l'Amérique, renonça d'elle-même aux manufactures, à l'agriculture. Cette idée extravagante n'entra jamais dans le système d'aucun peuple. A l'époque où l'autre hémisphere fut découvert, Séville étoit célebre par ses fabriques de soie ; les draps de Ségovie passoient pour les plus beaux de l'Europe, & les étoffes de Catalogne trouvoient un débit avantageux dans l'Italie & dans le Levant. De nouveaux débouchés donnerent une activité nouvelle à cette industrie & à l'exploitation des terres qui en est inséparable. S'il en eût été autrement, comment cette monarchie auroit-elle pu envahir tant de provinces; soutenir tant de guerres longues & sanglantes;

oudoyer tant d'armées étrangeres & natio-
nales ; équiper des flottes fi nombreufes & fi
edoutables ; entretenir la divifion dans les
'tats voifins & y acheter des traîtres ; boule-
erfer les nations par fes intrigues ; donner
e branle à tous les évènemens politiques ?
Comment auroit-elle pu être la premiere &
prefque la feule puiffance de l'univers ?

Mais tous ces efforts occafionnerent une
confommation immenfe d'hommes : mais il
en paffa beaucoup dans le Nouveau-Monde :
mais cet autre hémifphere, plus riche & plus
peuplé, demanda plus de marchandifes : mais
les bras manqueront pour tous les travaux.
Alors, ce furent les nations étrangeres, où
le numéraire étoit encore rare & par conféquent la main-d'œuvre à un prix modique,
qui fournirent des fubfiftances à l'Efpagne,
qui fournirent le vêtement à fes colonies. En
vain des réglemens févères les excluoient de
ce trafic. Amies ou ennemies, elles le firent
fans interruption & avec fuccès fous le nom
des Efpagnols eux-mêmes, dont la bonne-
foi mérita toujours les plus grands éloges.
Le gouvernement crut remédier à ce qu'il
croyoit un défordre & qui n'étoit qu'une
fuite naturelle de l'état des chofes, en renou-
vellant l'ancienne défenfe de toute exportation d'or, de toute exportation d'argent. A
Séville & enfuite à Cadix, des braves appellés *Metedores* portoient au rempart des lin-
gots qu'ils jettoient à d'autres Metedores

chargés de les délivrer à des chaloupes qui s'étoient approchées pour les recevoir. Ja. mais ce verſement clandeſtin ne fut troublé par des commis ou par des gardes qui étoient tous payés pour ne rien voir. Plus de ſévé. rité n'auroit fait que hauſſer le prix des mar. chandiſes par une plus grande difficulté d'en retirer la valeur. Si, conformément à la ri. gueur des ordonnances, on eût ſaiſi, jugé & condamné à mort quelque contrevenant & qu'on eût confiſqué ſes biens : cette atro. cité, loin d'empêcher la ſortie des métaux, l'auroit augmentée, parce que ceux qui s'é. toient contentés juſqu'alors d'une gratifica. tion médiocre, exigeant un ſalaire propor. tionné au danger qu'ils devoient courir, euſ. ſent multiplié leurs profits par leurs riſques, & fait ſortir beaucoup d'argent, pour en avoir eux-mêmes davantage.

Tel étoit l'état de l'Eſpagne, lorſqu'elle même aggrava volontairement ſes calamités par l'expulſion des Maures.

Cette nation avoit long-tems régné ſur la péninſule preſque entiere. De poſte en poſte, elle ſe vit ſucceſſivement pouſſée juſqu'à Gre-nade, où, après dix ans de ſanglans combats, on la réduiſit encore, en 1492, à ſubir le joug. Par ſa capitulation, il lui étoit permis de profeſſer ſon culte : mais bientôt, ſous di-vers prétextes, le vainqueur voulut la dé-pouiller de ce droit ſacré ; & elle prit les ar-mes pour le maintenir. La fortune ſe déclara

contre

contre ces infortunés musulmans. Un grand
nombre périrent par le glaive. On vendit à
quelques-uns le droit de se réfugier en Afrique. Le reste fut condamné à paroître chrétien.

Cette démonstration, dont Ferdinand &
Charles avoient voulu se contenter, blessa
Philippe II. Ce prince inquisiteur voulut que
les infideles fussent réellement de sa religion.
Dans l'espérance de les y amener plus sûrement & en moins de tems, il ordonna, en
1568, que ces peuples renonçassent à leur
idiome, à leurs noms, à leurs vêtemens, à
leurs bains, à leurs usages, à tout ce qui pouvoit les distinguer de ses autres sujets. Le
despotisme fut poussé au point de leur défendre de changer de domicile sans l'aveu du
magistrat, de se marier sans la permission de
l'évêque, de porter ou même de posséder des
armes sous aucun prétexte. Une résistance
vive devoit être la suite de cette aveugle tyrannie. Malheureusement des hommes qui
manquoient de chefs, de discipline, de moyens
de guerre, ne purent faire que des efforts im-
puissans contre des armées nombreuses, accoutumées au carnage & commandées par des
généraux expérimentés. Les habitans des
villes & des campagnes, qui étoient entrés
dans la rebellion, furent presque généralement exterminés. La servitude devint le partage de tous les prisonniers des deux sexes.
Ceux même des Maures, qui étoient restés

paifiblement dans leurs foyers, furent tranf-portés dans les provinces intérieures du royaume, où ils ne trouverent que des infultes & de l'opprobre.

Cette difperfion, cette humiliation ne produifirent pas l'effet qu'on en attendoit. Les cruautés, qu'un tribunal de fang renouvelloit fans ceffe, ne furent pas plus efficaces. Il parut au clergé qu'il ne reftoit de parti à prendre que celui de chaffer de la monarchie tous ces ennemis opiniâtres de fa doctrine ; & fon vœu fut exaucé, en 1610, malgré l'oppofition de quelques hommes d'état, malgré la réclamation plus vive encore des grands qui comptoient dans leurs palais ou fur leur domaine beaucoup d'efclaves de la nation que pourfuivoit la fuperftition.

On trouve par-tout que cette profcription coûta à l'Efpagne un million de fes habitans. Des pieces authentiques, recueillies par Bleda, auteur fage & contemporain, démontrent qu'il faut réduire ce nombre à quatre cens vingt-neuf mille trois cens quatorze. Ce n'étoit pas tout ce qui avoit échappé de Maures à l'animofité des guerres, au fanatifme des vainqueurs, à des émigrations quelquefois tolérées & plus fouvent furtives. Le gouvernement retint les femmes mariées à d'anciens chrétiens, ceux dont la foi n'étoit pas fufpecte aux évêques, & tous les enfans au-deffous de fept ans.

Cependant l'état perdoit la vingtieme partie de sa population, & la partie la plus laborieuse, comme l'ont toujours été, comme le seront toujours les sectes proscrites ou persécutées. Quelles que fussent les occupations de ce peuple ; que ses bras nerveux s'exerçaient dans les champs, dans les atteliers, ou dans les plus vils offices de la société, il se fit un grand vuide dans les travaux ; il s'en fit un grand dans les tributs. Le fardeau qu'avoient porté les infideles, fut principalement jetté sur les tisserands. Cette surcharge en fit passer beaucoup en Flandre, beaucoup en Italie ; & les autres, sans sortir d'Espagne, renoncerent à leur profession. Les soies de Valence, les belles laines d'Andaloufie & de Castille, cesserent d'être travaillées par les mains des Espagnols.

Le fisc n'ayant plus de manufactures à opprimer, opprima les cultivateurs. Les impôts qu'on en exigea, furent également vicieux par leur nature, par leur multiplicité & par leurs excès. Aux impositions générales, se joignirent ce qu'on appelle en finance affaires extraordinaires, qui est une maniere de lever de l'argent sur une classe particuliere de citoyens : imposition qui, sans aider l'état, ruine les contribuables, pour enrichir le traitant qui l'a imaginée. Ces ressources ne se trouvant pas suffisantes pour les besoins urgens du gouvernement, on exigea des financiers des avances considérables. A cette époque, ils devinrent les maitres de l'état : ils

O ij

furent autorifés à fous-affermer les diverfs parties de leur bail. Les commis, les gênes & les vexations, fe multiplierent avec ce défordre. Les loix que ces hommes avides eurent la liberté de faire, ne furent que des pieges tendus à la bonne-foi. Avec le tems, ils ufurperent l'autorité fouveraine, & par. vinrent à décliner les tribunaux du prince, à fe choifir des juges particuliers, & à les payer.

Les propriétaires des terres, écrafés par cette tyrannie, ou renoncerent à leurs pof. feffions, ou en abandonnerent la culture. Bientôt cette fertile péninfule, qui, malgré les fréquentes féchereffes qu'elle éprouve, nourriffoit treize à quatorze millions d'habi. tans avant la découverte du Nouveau-Mon. de, & qui avoit été plus anciennement le gre. nier de Rome & de l'Italie, fe vit couverte de ronces. On contracta la funefte habitude de fixer le prix des grains; on imagina de former dans chaque communauté des greniers publics, qui étoient nécessairement dirigés fans intelligence, fans zele, fans probité. D'ailleurs, que peut-on attendre de ces perfides reffources ? Qui jamais imagina de s'oppofer au bon prix des bleds, pour les multiplier; de groffir les frais des fubfiftances, pour les rendre moins cheres ; de faciliter le monopole, pour l'écarter ?

Quand la décadence d'un état a commencé, il eft rare qu'elle s'arrête. La perte de la po-

pulation, des manufactures, du commerce,
de l'agriculture, fut suivie des plus grands
maux. Tandis que l'Europe s'éclairoit rapidement, & qu'une industrie nouvelle ani-
moit tous les peuples; l'Espagne tomboit dans
l'inaction & la barbarie. Les droits des anciennes douanes, qu'on avoit laissé subsister
dans le passage d'une province à l'autre, furent poussés à l'excès, & interrompirent entre elles toute communication. Il ne fut pas
permis de porter l'argent de l'une à l'autre.
Bientôt on n'apperçut pas la trace d'un chemin public. Les voyageurs se trouvoient arrêtés au passage des rivieres, où il n'y avoit
ni pont, ni bateaux. Il n'y eut pas un seul
canal, pas un seul fleuve navigable. Le peuple de l'univers, que la superstition condam-
ne le plus à faire maigre, laissa tomber ses
pêcheries, & acheta tous les ans pour douze
millions de poissons. Hors un petit nombre
de bâtimens mal armés, qui étoient destinés
pour ses colonies, il n'y eut pas un seul navire national dans ses ports. Les côtes furent
en proie à l'avidité, à l'animosité, à la férocité des Barbaresques. Pour éviter de tomber
dans leurs mains, on fut obligé de fréter de
l'étranger jusqu'aux *avisos* qu'on envoyoit
aux Canaries & en Amérique. Philippe IV,
avec toutes les riches mines de l'Amérique,
vit tout-à-coup son or changé en cuivre, &
fut réduit à donner aux monnoies de ce vil
métal, un prix presqu'aussi fort qu'à l'argent.

O iij

Ces défordres n'étoient pas les plus grands de la monarchie. L'Efpagne, remplie d'une vénération ftupide & fuperftitieufe pour le fiecle de fes conquètes, rejettoit avec dédain tout ce qui n'avoit pas été pratiqué dans ces tems brillans. Elle voyoit les autres peuples s'éclairer, s'élever, fe fortifier, fans vouloir rien emprunter d'eux. Un mépris décidé pour les lumieres & les mœurs de fes voifins, formoit la bafe de fon caractere.

L'inquifition, cet effroyable tribunal, établi d'abord pour arrèter les progrès du judaïfme & de l'alcoran, avoit dénaturé le caractere des peuples. Il les avoit formés à la réferve, à la défiance, à la jaloufie. Et comment en fût-il arrivé autrement? Lorfqu'un fils put accufer fon pere, une mere fon fils & fon époux, un ami fon ami, un citoyen fon concitoyen; lorfque toutes les paffions devinrent également délatrices, également écoutées; lorfqu'au milieu de vos enfans, la nuit, le jour, les mains des fatellites vous faifirent & vous jetterent dans l'obfcurité des cachots; lorfqu'on vous contraignit à vous défendre vous-même, & qu'emprifonné pour une faute que vous n'aviez pas commife, vous fûtes détenu & jugé fur une faute fecrète que vous aviez avouée; lorfque l'inftruction de votre procès fe commença, fe pourfuivit, s'acheva fans aucune confrontation avec les témoins; lorfqu'on entendit la lecture de fa fentence fans avoir eu la liberté de fe défen-

dre ? Alors les yeux fe familiariferent avec
le fang.par les fpectacles les plus atroces.Alors
les ames fe remplirent de ce fanatifme qui fe
déploya fi cruellement dans les deux hémifpheres. L'Efpagne ne fut, il eft vrai, ni troublée,ni dévaftée par les querelles de religion;
mais elle refta ftupide dans une profonde
ignorance. L'objet de ces difputes , quoique
toujours miférable & ridicule , exerce au
moins l'efprit. On lit, on médite. On re-
monte aux fources primitives. On étudie
l'hiftoire, les langues anciennes. La critique
nait. On prend un goût folide. Bientôt le
fujet qui échauffoit les efprits , tombe dans
le mépris. Les livres de controverfe paffert,
mais l'érudition refte. Les matieres de religion reffemblent à ces parties actives, qui
exiftent dans tous les corps propres à la fermentation : elles troublent d'abord la limpi-
dité de la liqueur ; mais elles agitent bientôt
toute la maffe. Dans ce mouvement elles fe
diffipent ou fe précipitent. Le moment de
la dépuration arrive , & il furnage un fluide
doux, agréable & vigoureux , qui fert à la
nutrition de l'homme. Mais dans la fermentation générale des difputes théologiques ,
toute la lie de ces matieres refta en Efpagne.
La fuperftition y avoit abruti les efprits , au
point que l'état s'applaudiffoit de fon aveuglement.

Au lieu d'une énergie néceffaire pour porter la vie dans toutes les parties d'une domi-

nation trop étendue & trop dispersée s'établit une lenteur qui ruinoit toutes les affaires. Les formalités, les précautions, les conseils, qu'on avoit multipliés à l'infini pour n'être pas trompé, empêchoient seulement d'agir.

La guerre n'étoit pas mieux conduite que la po'itique. Une population, qui suffisoit à peine pour les nombreuses garnisons qu'on entretenoit en Italie, dans les Pays-Bas, en Afrique, & dans les Indes, ne laissoit nuls moyens de mettre des armées en campagne. Aux premieres hostilités, il falloit recourir à des étrangers. Loin que le petit nombre d'Espagnols'qu'on faisoit combattre avec ces troupes mercenaires pussent les contenir, leur fidélité étoit souvent altérée par ce commerce. On les vit se révolter plusieurs fois de concert, & ravager ensemble les provinces commises à leur défense.

Une solde réguliere auroit infailliblement prévenu, ou bientôt dissipé cet esprit de sédition. Mais pour payer des armées, & les tenir dans cette dépendance & cette subordination nécessaires à la bonne discipline; il auroit fallu supprimer cette foule d'officiers inutiles, qui, par leurs appointemens & leurs brigandages, absorboient la plus grande partie des revenus publics; ne pas aliéner à vil prix, ou ne pas laisser envahir les droits les plus anciens de la couronne; ne pas dissiper ses trésors à entretenir des espions, à acheter des traîtres dans tous les états. Il auroit fallu sur-tout ne pas faire consister la grandeur du prince, à accorder des pensions & des graces à tous ceux qui n'avoient d'autres titres pour les obtenir, que l'audace de les demander.

Cette noble & criminelle mendicité étoit devenue une mode générale. L'Espagnol né généreux, & devenu fier, dédaignant les occupations ordinaires de la vie, ne respiroit qu'après les gouvernemens, les prélatures, les principaux emplois de la magistrature.

Ceux qui ne pouvoient parvenir à ces emplois brillans, se glorifiant d'une superbe oisiveté, gardoient le ton de la cour, & mettoient autant de gravité dans leur ennui public, que les ministres dans les fonctions du gouvernement.

Le peuple même auroit cru souiller ses mains victorieuses, en les employant à la plupart des travaux utiles. Il se portoit nonchalamment à ceux même qui étoient le plus en honneur & se reposoit pour tous les autres sur des étrangers qui rapportoient dans leur patrie un argent qui la fertilisoit ou l'enrichissoit.

Les hommes nés sans propriété, préférant bassement une servitude oisive à une liberté laborieuse, briguoient de grossir ces légions de domestiques que les grands traînoient à leur suite, avec ce faste qui étale magnifiquement l'orgueil de la condition la plus inu-

tile, & la dégradation de la claffe la plus néceffaire.

Ceux qui, par un refte de vanité, ne vouloient pas vivre fans quelque confidération,
fe précipitoient en foule dans les cloitres,
où la fuperftition avoit préparé depuis long-
tems un afyle commode à leur pareffe, & où
l'imbécillité alloit jufqu'à leur prodiguer des
diftinctions.

Les Efpagnols même qui avoient dans le
monde un bien honnète, languiffoient dans
le célibat, aimant mieux renoncer à leur pof-
térité, que de s'occuper à l'établir. Si quelques-uns, entrainés par l'amour & la vertu,
s'engageoient dans le mariage, à l'exemple
des grands, ils confioient d'abord leurs enfans à l'éducation fuperftitieufe des collèges,
& des l'âge de quinze ans, les livroient à des
courtifannes. Le corps & l'efprit de ces jeunes gens vieillis de bonne heure, s'épuifoient
également dans ce commerce infâme, qui fe
perpétuoit même parmi ceux qui avoient
contracté des nœuds légitimes.

C'eft parmi ces hommes abrutis, qu'é-
toient pris ceux que la faveur deftinoit à tenir les rênes du gouvernement. Leur admi-
diftration rappelloit à chaque inftant l'école
n'oifiveté & de corruption d'où ils fortoient.
Rien n'étoit fi rare que de leur voir des fentimens de vertu, que'ques principes d'équité, le plus léger defir de faire le bonheur de
leurs femblables. Ils n'étoient occupés qu'à

piller les provinces confiées à leurs foins, pour aller diffiper à Madrid, dans le fein de la volupté le fruit de leurs rapines. Cette conduite étoit toujours impunie; quoiqu'elle occafionnât fouvent des féditions, des révoltes, des confpirations, quelquefois même des révolutions.

Pour comble de malheur, les états unis par des mariages ou par des conquêtes à la Caftille, confommoient fa ruine. Les Pays-Bas ne donnoient pas de quoi payer les garnifons qui les défendoient. On ne tiroit rien de la Franche-Comté. La Sardaigne, la Sicile & le Milanois étoient à charge. Naples & le Portugal voyoient leurs tributs engagés à des étrangers. L'Aragon, Valence, la Catalogne, le Rouffillon, les isles Baléares & la Navarre, prétendoient ne devoir à la monarchie qu'un don gratuit que leurs députés régloient toujours, mais rarement au gré d'une cour avide & épuifée par fes folles largeffes.

XXXII. Calamités que l'aveuglement de la cour d'Efpagne accumula fur les colonies.

Pendant que la métropole dépériffoit, il n'étoit pas poffible que les colonies profpéraffent. Si les Efpagnols euffent connu leurs vrais intérêts, peut-être à la découverte de l'Amérique fe fuffent-ils contentés de former avec les Indiens des nœuds honnêtes, qui auroient établi entre les deux nations une dépendance & un profit réciproques. Les productions des atteliers de l'ancien-monde, euffent été échangées contre celles des mines du nouveau ; & le fer ouvragé eût été payé, à poids égal, par de l'argent brut. Une union ftable, fuite nécessaire d'un commerce paisible, fe feroit formée fans répandre du fang, fans dévafter des empires. L'Efpagne n'en feroit pas moins devenue maitreffe du Mexique & du Pérou ; parce que tout peuple qui cultive les arts, fans en communiquer les procédés & la pratique, aura une fupériorité réelle fur ceux auxquels il en vend les productions.

On ne raifonna pas ainfi. La facilité qu'on avoit trouvée à fubjuguer les Indiens ; l'afcendant que prit l'Efpagne fur l'Europe entiere ; l'orgueil fi ordinaire aux conquérans ; l'ignorance des vrais principes du commerce: ces raifons, & plufieurs autres, empêcherent d'établir dans le Nouveau-Monde une adminiftration fondée fur de bons principes.

La dépopulation de l'Amérique fut le déplorable effet de cette confufion. Les premiers pas des conquérans furent marqués par des ruiffeaux de fang. Auffi étonnés de leurs victoires, que le vaincu l'étoit de fa défaite, ils prirent dans l'ivreffe de leurs fuccès, le parti d'exterminer ceux qu'ils avoient dépouillés. Des peuples innombrables difparurent de la terre à l'arrivée de ces barbares; & c'eft la foif de l'or, c'eft le fanatifme qu'on accufoit de tant de cruautés abominables.

Mais la férocité naturelle de l'homme, qui n'étoit enchaînée ni par la frayeur des châtimens, ni par aucune espece de honte, ni par la présence de témoins policés, ne déroboit-elle pas aux yeux des Espagnols, l'image d'une organisation semblable à la leur, base primitive de la morale; & ne les portoit-elle pas à traiter sans remords leurs freres nouvellement découverts, comme ils traitoient les bêtes sauvages de l'ancien hémisphere? La cruauté de l'esprit militaire ne s'accroit-elle pas à raison des périls qu'on a courus, de ceux qu'on court, & de ceux qui restent à courir? Le soldat n'est-il pas plus sanguinaire à une grande distance, que sur les frontieres de sa patrie? Le sentiment de l'humanité ne s'affoiblit-il pas à mesure qu'on s'éloigne de son pays? Pris dans les premiers momens pour des dieux, les Espagnols ne craignirent-ils pas d'être démasqués, d'être massacrés? Ne se défierent-ils pas des démonstrations de bienveillance qu'on leur prodiguoit? La premiere goutte de sang versée, ne crurent-ils pas que leur sécurité exigeoit qu'on le répandit à flots? Cette poignée d'hommes enveloppée d'une multitude innombrable d'indigenes, dont elle n'entendoit pas la langue, & dont les mœurs & les usages lui étoient inconnus, ne fut-elle pas saisie d'alarmes & de terreurs bien ou mal fondées?

Semblable aux Visigots, dont ils étoient les descendans ou les esclaves, les Espagnols

partagerent entre eux les terres défertes &
les hommes qui avoient échappé à leur épée.
La plupart de ces miférables victimes ne fur-
vécurent pas long-tems au carnage, dans un
état d'efclavage pire que la mort. Les loix
faites de tems en tems pour modérer la dureté de cette fervitude, ne produifirent que
peu de foulagement. La férocité, l'orgueil,
l'avidité fe jouoient également des ordres d'un
monarque trop éloigné, & des larmes des
malheureux Indiens.

Les mines furent encore une plus grande
caufe de deftruction. Depuis la découverte
du Nouveau-Monde, ce genre de richeffe
abforboit tous les fentimens des Efpagnols.
Inutilement quelques hommes plus éclairés
que leur fiecle, leur crioient : laiffez l'or, fi
la furface de la terre qui le couvre peut produire un épi dont vous faffiez du pain, un
brin d'herbe que vos brebis puiffent paitre.
Le feul métal dont vous ayez vraiment befoin, c'eft le fer. Conftruifez-en vos fcies,
vos marteaux, les focs de vos charrues;
mais ne les transformez pas en outils meurtriers. La quantité d'or néceffaire aux échanges des nations eft fi petite ; pourquoi donc
la multiplier fans fin ? Quelle importance
y a-t-il à repréfenter cent aunes de toile
ou de drap, par une livre ou par vingt
livres d'or ? Les Efpagnols firent comme
le chien de la fable, qui lâcha l'aliment qu'il
portoit à fa gueule, pour fe jetter fur fon

image qu'il voyoit au fond des eaux , où il fe
noya.

Malheureufement les Indiens devinrent
les victimes de cette erreur funefte. Précipités dans des abimes profonds , où ils étoient
privés de la lumiere du jour , du bonheur de
refpirer un air doux & fain , de la confolation de mêler leurs pleurs avec les larmes
de leurs proches & de leurs amis, ces infortunés creufoient leur tombeau fous des voûtes
ténébreufes qui récelent aujourd'hui plus de
cendres de morts que de pouffiere ou de
grains d'or. Comme toutes les nations de l'u-
nivers étoient révoltées de ces barbaries, les
écrivains Efpagnols effayerent de prouver
que le travail des mines n'avoit rien de dangereux: mais on en croyoit aux démonftra-
tions phyfiques. On n'ignoroit point que
l'on n'habite pas les entrailles obfcures de la
terre, fans inconvénient pour les yeux; qu'on
ne refpire pas des vapeurs mercurielles , ful-
fureufes, arfenicales, toutes peftilentielles,
fans inconvénient pour la poitrine ; qu'on ne
reçoit pas par les pores de la peau, qu'on n'a-
vale pas par la bouche des eaux mal-faines ,
fans inconvénient pour l'eftomac & pour les
humeurs du corps. On voyoit fortir de nos
mines la mort fous toutes les formes , avec
la toux cruelle, avec l'hideufe atrophie, avec
le noir marafme, avec les convulfions, le
raccourciffement, les diftorfions des membres. On voyoit aux mineurs les rides , la

foibleſſe, le tremblement, la caducité, à l'âge
de la ſanté vigoureuſe ; & loin d'accorder
quelque créance au récit des Eſpagnols, on
s'indignoit de leur mauvaiſe foi , lorſqu'on
ne ſe moquoit pas de leur ignorance.

Pour ſe dérober à ces tombeaux & aux
autres actes de la tyrannie Européenne, beau.
coup d'Américains ſe réfugierent dans des
forêts , dans des montagnes inacceſſibles.
Dans ces climats âpres & ſauvages , ils con-
tractoient un caractere féroce qui coûta ſouvent des larmes & du ſang à leurs impitoyables oppreſſeurs.

Dans quelques cantons, le déſeſpoir fut
porté ſi loin, que , pour ne pas laiſſer des
héritiers de leur infortune , les hommes ré-
ſolurent unanimement de n'avoir aucun commerce avec les femmes. Cette triſte conjura-
tion contre la nature & contre le plus doux
de ſes plaiſirs, l'unique évènement de cette
eſpèce, que l'hiſtoire nous ait tranſmis, ſem-
ble avoir été réſervée à l'époque de la découverte du Nouveau-Monde , pour caractéri-
ſer à jamais la tyrannie Eſpagnole. Que pouvoient oppoſer les Américains à la ſoif de détruire , que l'horrible vœu de ne ſe repro-
duire jamais? Ainſi la terre fut doublement
ſouillée ; du ſang des peres , & du germe des
enfans.

Dès-lors, cette terre fut comme maudite
pour ſes barbares conquérans. L'empire qu'ils
avoient fondés s'écroula bientôt de toutes

parts. Les progrès du défordre & du crime
furent rapides. Les forterelles les plus importantes tomberent en ruine. Il n'y eut dans
le pays ni armes, ni magafins. Le foldat qui
n'étoit ni exercé, ni nourri, ni vêtu, devint
mendiant ou voleur. On oublia jufqu'aux
élémens de la guerre & de la navigation,
jufqu'au nom des inftrumens propres à ces
deux arts fi nécelaires.

Le commerce ne fut que l'art de tromper.
L'or & l'argent, qui devoient entrer dans les
coffres du fouverain, furent continuellement
diminués par la fraude, & réduits au quart de
ce qu'ils devoient être. Tous les ordres corrompus par l'avarice, fe donnoient la main
pour empêcher la vérité d'arriver au pied
du trône, ou pour fauver les prévaricateurs
que la loi avoit proferits. Les premiers &
les derniers magiftrats agirent toujours de
concert pour appuyer leurs injuftices réciproques.

Le cahos où ces brigandages plongerent
les affaires, amena le funefte expédient de
tous les états mal adminiftrés; des impofi-
tions fans nombre. On paroiffoit s'être propofé la double fin d'arrêter toute induftrie,
& de multiplier les vexations.

L'ignorance marchoit de front avec l'injuftice. L'Europe étoit alors peu éclairée.
La lumiere même qui commençoit à s'y répandre, étoit repouffée par l'Efpagne. Cependant un voile plus épais encore couvroit

l'Amérique. Les notions les plus simples sur les objets les plus importans, y étoient entierement effacées.

Comme l'aveuglement est toujours favorable à la superstition, les ministres de la religion un peu moins aveuglés que les co'ons, prirent sur lui un ascendant décidé dans toutes les affaires. Plus assurés de l'impunité, ils furent toujours plus hardis à violer tout principe d'équité, toute regle de mœurs & de décence. Les moins corrompus faisoient le commerce ; les autres abusoient de leur ministere & de la terreur des armes ecclésiastiques, pour arracher aux Indiens tout ce qu'ils avoient.

La haine qui se mit entre les Espagnols nés dans le pays, & ceux qui arrivoient d'Europe, acheva de tout perdre. La cour avoit imprudemment jetté les semences de cette division malheureuse. De faux rapports lui peignirent les créoles comme des demi-barbares, presque comme des Indiens. Elle ne crut pas pouvoir compter sur leur intelligence, sur leur courage, sur leur attachement ; & elle prit le parti de les éloigner de tous les postes utiles ou honorables. Cette résolution injurieuse les aigrit. Loin de travailler à les appaiser, les dépositaires de l'autorité se firent un art d'envenimer leur chagrin par des partialités humiliantes. Il s'établit entre les deux classes, dont l'une étoit accablée de faveurs & l'autre de refus, une aversion insurmontable.

Elle se manifesta par des éclats, qui, plus d'une fois, ébranlerent l'empire de la métropole dans le Nouveau-Monde. Ce levain étoit fomenté par le clergé créole & le clergé Européen, qui avoient aussi contracté la contagion de ces discordes.

XXXIII. *L'Espagne commence à sortir de sa léthargie.*

Il nous est doux de pouvoir penser, de pouvoir écrire que la condition de l'Espagne devient tous les jours meilleure. La noblesse n'affecte plus ces airs d'indépendance qui embarrassoient quelquefois le gouvernement. On a vu arriver des hommes nouveaux, mais habiles, au maniement des affaires publiques qui furent trop long-tems l'apanage de la naissance seule. Les campagnes, mieux peuplées & mieux cultivées, offrent moins de ronces & plus de récoltes. Il sort des atteliers de Grenade, de Malaga, de Séville, de Priego, de Tolede, de Talavera, & sur-tout de Valence, des soieries qui ont de la réputation & qui la méritent. Ceux de Saint-Ildephonse donnent de très-belles glaces; ceux de Guadalaxara & d'Escaray des draps fins & des écarlates; ceux de Madrid des chapeaux, des rubans, des tapisseries, de la porcelaine. La Catalogne entiere est couverte de manufactures d'armes & de quincaillerie, de bas & de mouchoirs de soie, de toiles peintes de coton, de lainages communs, de galons & de dentelles. Des communications de la capitale avec les provinces commencent à s'ou-

vrir , & ces magnifiques voies font plantées
d'arbres utiles ou agréables. On creufe des
canaux d'arrofemens ou de navigation , dont
le projet , conçu par des étrangers , avoit fi
long - tems révolté l'orgueil du miniftere &
celui des peuples. D'oxcellentes fabriques de
papier ; des imprimeries de très-bon goût ;
des fociétés confacrées aux beaux-arts , aux
arts utiles & aux fciences , étoufferont tôt
ou tard les préjugés & l'ignorance. Ces fages établiffemens feront fecondés par les jeunes gens que le miniftere fait inftruire dans
les contrées dont les connoiffances ont étendu la gloire ou les profpérités. Le vice des
tributs , fi difficile à corriger, a déja fubi des
réformes très-avantageufes. Le revenu national, anciennement fi borné , s'eft élevé , dit-
on , à 140,400,000 liv. Si le cadaftre , dont
la confection occupe la cour de Madrid depuis 1749 , eft fait fur de bons principes , &
qu'il foit exécuté, le fifc verra encore croître
fes reffources , & les contribuables feront
foulagés.

A la mort de Charles - Quint , le tréfor
public étoit fi obéré , qu'on mit en délibé-
ration, s'il ne convenoit pas d'annuller tant
d'engagemens funeftes. Ils furent portés à
un milliard , ou peut-être plus, fous le regne
inquiet & orageux de fon fils Philippe. L'intérêt des avances faites au gouvernement abforboit, en 1688 , tout le produit des impo-
fitions ; & ce fut alors une néceffité de faire

une banqueroute entiere. Les évènemens
qui fuivirent cette grande crife furent tous
fi malheureux, que les finances retomberent
fubitement dans le cahos, d'où une réfolu-
tion extrème, mais néceffaire, les avoit tirées.
Une adminiftration plus éclairée mit au commencement du fiecle un ordre dans les recouvremens, une regle dans les dépenfes qui
auroient libéré l'état, fans les révolutions
qui s'y fuccéderent avec une rapidité qu'on
a peine à fuivre. Cependant la couronne ne
devoit, en 1759, que 160,000,000 de liv.
que Ferdinand laiffoit dans fes coffres. Son
fucceffeur employa la moitié de cette fomme
à la liquidation de quelques dettes. Le refte
fut confommé par la guerre de Portugal, par
l'augmentation de la marine, par mille dépenfes néceffaires pour tirer la monarchie de
la langueur où deux fiecles d'ignorance &
d'inertie l'avoient plongée.

La vigilance du nouveau gouvernement
ne s'eft pas bornée à réprimer une partie des
défordres qui ruinoient fes poffeffions d'Europe. Il a été porté un œil attentif fur quelques-uns des abus qui arrètoient la profpérité de fes colonies. Leurs chefs ont été choi-
fis avec plus de foin & mieux furveillés. On
a réformé quelques-uns des vices qui s'é-
toient gliffés dans les tribunaux. Toutes les
branches d'adminiftration ont été améliorées.
Le fort même des Indiens eft devenu moins
malheureux.

XXXIV. Moyens qu'il conviendroit à l'Espagne d'employer pour accélérer ses prospérités en Europe & en Amérique.

Ces premiers pas vers le bien, doivent faire espérer au ministere Espagnol qu'il arrivera à une bonne administration, lorsqu'il aura saisi les vrais principes, & qu'il emploiera les moyens convenables. Le caractere de la nation n'oppose pas des obstacles insurmontables à ce changement, comme on le croit trop communément. Son indolence ne lui est pas aussi naturelle qu'on le pense. Pour peu qu'on veuille remonter au tems où ce préjugé défavorable s'établissoit, on verra que cet engourdissement ne s'étendoit pas à tout; & que si l'Espagne étoit dans l'inaction au-dedans, elle portoit son inquiétude chez ses voisins, dont elle troubloit sans cesse la tranquillité. Son oisiveté ne vient en partie que d'un fol orgueil. Parce que la noblesse ne faisoit rien, on a cru qu'il n'y avoit rien de si noble que de ne rien faire. Le peuple entier a voulu jouir de cette prérogative; & l'Espagnol décharné, demi-nud, nonchalamment assis à terre, regarde avec pitié ses voisins, qui, bien nourris, bien vêtus, travaillent & rient de sa folie. L'un méprise par orgueil, ce que les autres recherchent par vanité; les commodités de la vie. Le climat avoit rendu l'Espagnol sobre, & il l'est encore devenu par indigence. L'esprit monacal, qui le gouverne depuis long-tems, lui fait une vertu de cette même pauvreté qu'il doit à fes vices. Comme il n'a rien, il ne defire rien; mais il méprife encore moins les richelles qu'il ne hait le travail.

De fon ancien caractere, il n'est resté à ce peuple, pauvre & fuperbe, qu'un penchant démefuré pour tout ce qui a l'air de l'élévation. Il lui faut de grandes chimeres, une immenfe perfpective de gloire. La fatisfaction qu'il a de ne plus relever que du trône depuis l'abaislement des grands, lui fait recevoir tout ce qui vient de la cour avec refpect & avec confiance. Qu'on dirige à fon bonheur ce puillant reslort; qu'on cherche les moyens, plus aifés qu'on ne croit, de lui faire trouver le travail honorable; & l'on verra la nation redevenir ce qu'elle étoit avant la découverte du Nouveau-Monde, dans ces tems brillans, où, fans fecours étrangers, elle menaçoit la liberté de l'Europe.

Après avoir guéri l'imagination des peuples, après les avoir fait rougir de leur inaction orgueilleufe, il faudra fonder d'autres plaies. Celle qui affecte le plus la malle de l'état, c'est le défaut de population. Le propre des colonies bien adminiltrées, est d'augmenter la population de la métropole, qui, par les débouchés avantageux qu'elle fournit à leurs productions, augmente réciproquement la leur. C'est fous ce point de vue, intéreslant à la fois pour l'humanité & pour la

politiqué, que les nations éclairées de l'an.
cien hémisphere ont envisagés leurs établif.
femens du nouveau. Le fuccès a par-tout
couronné un fi noble & fi fage deffein. Il n'y
a que l'Efpagne, qui avoit formé fon fyftème
avant que la lumiere fût répandue, qui ait
vu fa population diminuer en Europe, à
mefure que fes poffeffions augmentoient en
Amérique.

Lorfque la difproportion entre un territoire & fes habitans n'eft pas extrème, l'activité, l'économie, une grande faveur accordée
aux mariages, une longue paix peuvent, avec
le tems, rétablir l'équilibre. L'Efpagne, qui
par le récenfement très-exact de 1768 n'a
que neuf millions trois cens fept mille huit
cens quatre habitans de tout âge & de tout
fexe, & qui ne compte pas dans fes colonies
la dixieme partie des bras qu'exigeroient leur
exploitation, ne peut ni fe peupler, ni les
peupler fans des efforts extraordinaires &
nouveaux. Il faut, pour augmenter les claffes
laborieufes du peuple, qu'elle diminue fon
clergé qui énerve & dévore également l'état.
Il faut qu'elle renvoie aux arts les deux tiers
de fes foldats, que l'amitié de la France &
la foibleffe du Portugal lui rendent inutiles.
Il faut qu'elle s'occupe du foulagement des
peuples, auffi-tôt que les poffeffions de l'ancien & du Nouveau Monde auront été tirées
du cahos où deux fiecles d'inertie, d'ignorance & de tyrannie les avoient plongées. Il
faut

fant, avant tout, qu'elle aboliffe l'infâme tribunal de l'inquifition.

La fuperftition, quelle qu'en foit la caufe, eft répandue chez tous les peuples fauvages, ou policés. Elle eft née fans doute de la crainte du mal, & de l'ignorance de fes caufes, & de fes remedes. C'en eft affez du moins pour l'enraciner dans l'efprit de tous les hommes. Les fléaux de la nature, les contagions, les maladies, les accidens imprévus, les phénomenes deftructeurs, toutes les caufes cachées de la douleur & de la mort, font fi univerfelles fur la terre, qu'il feroit bien étonnant que l'homme n'en eût pas été, dans tous les tems & dans tous les pays, vivement affecté.

Mais cette crainte naturelle aura toujours fubfifté ou groffi, à proportion de l'ignorance & de la fenfibilité. Elle aura enfanté le culte des élémens qui font les grands ravages fur la terre, tels que font les déluges, les incendies, les peftes; le culte des animaux foit venimeux, foit voraces, mais toujours nuifibles; le culte des hommes qui ont fait les plus grands maux à l'homme, des conquérans, des heureux fourbes, des faifeurs de prodiges apparens, bons ou mauvais; le culte des êtres invifibles, que l'imagination fuppofe cachés dans tous les inftrumens du mal. L'étude de la nature & la méditation auront infenfiblement diminué le nombre de ces êtres, & l'efprit humain fe fera élevé de l'i-

dolâtrie au théifme : mais cette derniere idée
fimple & fublime, fera toujours reftée infor-
me dans les efprits grofliers, & mêlée d'une
foule d'erreurs & de fantômes.

La révélation perfectionnoit la doctrine
d'un être unique ; & il alloit s'établir peut-
être une religion plus épurée, fi les barbares
du Nord, qui inonderent les provinces de
l'empire Romain, n'euffent apporté des préjugés facrés qu'on ne pouvoit chafler que
par d'autres fables. Le chriftianifme vint fe
préfenter malheureufement à des efprits incapables de le bien entendre. Ils ne le reçurent qu'avec cet appareil merveilleux, dont
l'ignorance eft toujours avide. L'intérèt le
chargea, le défigura de plus en plus, & fit
imaginer chaque jour des dogmes & des prodiges d'autant plus révérés qu'ils étoient
moins croyables. Les peuples occupés durant
douze fiecles à fe partager, à fe difputer les
provinces de la monarchie univerfelle, qu'une
feule nation avoit formée en moins de deux
cens ans, admirent fans examen toutes les
erreurs que les prètres, après bien des chica-
nes, étoient convenus entre eux d'enfeigner
à la multitude. Mais le clergé, trop nombreux pour s'accorder, avoit entretenu dans
fon fein un germe de divifion, qui devoit, tôt
ou tard, fe communiquer au peuple. Le moment vint où l'efprit d'ambition & de cupidité qui devoroit toute l'églife, heurta avec
beaucoup d'éclat & d'animofité, un grand

nombre de superstitions le plus généralement reçues.

Comme c'étoit l'habitude qui avoit fait adopter les puérilités dont on s'étoit laissé bercer, & qu'on n'y étoit attaché ni par principe de raisonnement, ni par esprit de parti; ceux qui avoient le plus d'intérêt à les soutenir, se trouverent hors d'état de les défendre, lorsqu'elles furent attaquées avec un courage propre à fixer l'attention publique. Mais rien n'avança les progrès de la réformation de Luther & de Calvin, comme la liberté qu'elle accordoit à chaque particulier de juger souverainement des principes religieux qu'il avoit reçus. Quoique la multitude fût incapable d'entreprendre cette discussion, elle se sentit fiere d'avoir à balancer de si grands, de si chers intérêts. L'ébranlement étoit si général, qu'on peut conjecturer que les nouvelles opinions auroient par-tout triomphé des anciennes, si le magistrat ne s'étoit cru intéressé à arrêter le torrent. Il avoit besoin, ainsi que la religion, d'une obéissance implicite, sur laquelle son autorité étoit principalement fondée; & il craignit qu'après avoir renversé les fondemens antiques & profonds de la hiérarchie Romaine, on n'examinât ses propres titres. L'esprit républicain qui s'établissoit naturellement parmi les réformés, augmentoit encore cette défiance.

Les rois d'Espagne, plus jaloux de leurs usurpations que les autres souverains, voulurent leur donner de nouveaux appuis, dans des superstitions plus uniformes. Ils ne virent pas que les systèmes des hommes ne peuvent pas être les mêmes sur un être inconnu. En vain la raison crioit à ces imbécilles monarques, que nulle puissance n'est en droit de prescrire aux hommes ce qu'ils doivent penser ; que la société n'a pas besoin, pour se soutenir, d'ôter aux ames toute espece de liberté ; & qu'exiger par la force une formule de foi, c'est imposer un faux serment qui rend un homme traitre à sa conscience, pour en faire un sujet fidèle ; que la politique doit préférer tout citoyen qui sert la patrie, à celui qui est inutilement orthodoxe. Ces principes éternels & incontestables, ne furent pas écoutés. Leur voix étoit étouffée par l'apparence d'un grand intérêt , & encore plus par les cris furieux d'une foule de prêtres fanatiques, qui ne tarderent pas à s'emparer de l'autorité. Le prince devenu leur esclave, fut forcé d'abandonner ses sujets à leurs caprices, de les laisser opprimer, d'être spectateur oisif des cruautés qu'on exerçoit contre eux. Dès-lors des mœurs superstitieuses , utiles seulement au sacerdoce , devinrent nuisibles à la société. Des peuples ainsi corrompus & dégénérés , furent les plus cruels des peuples. Leur obéissance pour le monarque, fut subordonnée à la volonté du prêtre. Il opprima tous les pouvoirs ; il fut le vrai souverain de l'état.

L'inaction fut la suite nécessaire d'une superstition qui énervoit toutes les facultés de
l'ame. Le projet que les Romains formerent
dès leur enfance de devenir les maitres du
monde, se manifesta jusques dans leur religion. C'étoit la Victoire; Bellone, la Fortune, le Génie du peuple Romain, Rome
mème, qui étoient leurs dieux. Une nation
qui aspiroit à marcher sur leurs traces, &
qui songeoit à devenir conquérante, adopta
un gouvernement monacal, qui a détruit
tous les ressorts, qui les empêchera de se rétablir en Espagne & en Amérique, s'il n'est
renversé lui-mème avec toute l'horreur qu'il
doit inspirer. L'abolition de l'inquisition doit
hâter ce grand changement. Il est doux d'espérer que si la cour de Madrid ne se détermine pas à cet acte nécessaire, elle y sera quelque jour réduite par un vainqueur humain,
qui, dans un traité de paix, dictera pour
premiere condition, que *les auto-da-fé seront
abolis dans toutes les possessions Espagnoles de
l'ancien & du Nouveau-Monde.*

Ce moyen tout nécessaire qu'il est au ré-
tablissement de la monarchie, n'est pas suffisant. Quoique l'Espagne ait mis à cacher sa
foiblesse plus d'art peut-être qu'il n'en auroit
fallu pour acquérir des forces, on connoît
ses plaies. Elles sont si profondes & si invétérées, qu'il lui faut des secours étrangers pour
les guérir. Qu'elle ne les refuse pas, & elle
verra ses provinces de l'un & l'autre hémis-

fphere, remplies de nouveaux habitans, qui leur donneront mille branches d'induſtrie. Les peuples du Nord & ceux du Midi, poſſé. dés de l'ambition des richeſſes qui caractéri. ſe notre ſiecle, iront en foule dans des con. trées ouvertes à leur émulation. La fortune pub'ique ſuivra les fortunes particulieres. Celles des étrangers deviendront elles-mèmes une richeſſe nationale, ſi ceux qui les auront élevées en peuvent jouir avec aſſez de ſûreté, d'agrément & de diſtinction, pour perdre le ſouvenir de leur pays natal.

L'Eſpagne verroit bientôt arriver ſa popu. lation au point où elle doit la deſirer, ſi elle n'ouvroit pas ſeulement ſon ſein aux peuples de ſa communion, mais indiſtinctement à toutes les ſectes. Elle le pourroit ſans bleſſer les principes de la religion, ſans s'écarter des maximes de la politique. Les bons gouver. nemens ne ſont pas troublés par la diverſité des opinions, & un chriſtianiſme bien enten- du ne proſcrit pas la liberté de conſcience. Ces vérités ont été portées à un tel degré d'é. vidence, qu'elles ne doivent pas tarder de ſervir de regle à toutes les nations un peu éclairées.

Lorſque l'Eſpagne aura acquis des bras, elle les occupera de la maniere qui lui ſera le plus avantageuſe. Le chagrin qu'elle avoit de voir les tréſors du Nouveau-Monde paſſer chez ſes rivaux & ſes ennemis, lui a fait croi- re qu'il n'y avoit que le rétabliſſement de ſes

manufactures qui pût la mettre en état d'en
retenir une partie. Ceux de ces écrivains
économiques qui ont le plus appuyé ce
système, nous paroissent dans l'erreur. Tant
que les peuples qui sont en possession de fabriquer des marchandises qui servent à l'approvisionnement de l'Amérique, s'occupe-
ront du soin de conserver leurs manufactures, celles qu'on voudra céder ailleurs en
soutiendront difficilement la concurrence.
Elles pourront peut-être obtenir à aussi bon
marché·les matieres premieres & la main-
d'œuvre : mais il faudra des siecles pour les
élever à la même célérité dans le travail,
à la même perfection dans l'ouvrage. Une
révolution qui transporteroit en Espagne les
meilleurs ouvriers, les plus habiles artistes
étrangers, pourroit seule procurer ce grand
changement. Jusques à cette époque, qui ne
paroit pas prochaine, les tentatives qu'on
hasardera auront une issue funeste.

Nous irons plus loin, & nous ne craindrons
pas d'avancer, que quand l'Espagne pourroit se procurer la supériorité dans les manufactures de luxe, elle ne devroit pas le
vouloir. Un succès momentané seroit suivi
d'une ruine entiere. Qu'on suppose que cette
monarchie tire de son sein toutes les marchandises nécessaires pour l'approvisionnement de ses colonies, les trésors immenses,
qui seront le produit de ce commerce, concentrés dans sa circulation intérieure, y avi-

P iv

liront bientôt le numéraire. La cherté des productions de sa terre, du salaire de ses ouvriers, sera une suite infaillible de cette abondance de métaux. Il n'y aura plus aucune proportion entre elle & les peuples voisins. Ceux-ci, dès-lors en état de donner leurs marchandises à plus bas prix, la forceront à les recevoir, parce qu'un bénéfice exorbitant surmonte tous les obstacles. Ses habitans, sans occupation, seront réduits à en aller chercher ailleurs; & elle perdra en même tems son industrie & sa population.

Puisqu'il est impossible à l'Espagne de retenir le produit entier des mines du Nouveau-Monde, & qu'elle le doit partager nécessairement avec le reste de l'Europe, toute sa politique doit tendre à en conserver la meilleure part, à faire pencher la balance de son côté, & à ne pas rendre ses avantages excessifs, afin de les rendre permanens. La pratique des arts de première nécessité, l'abondance & l'excellente qualité de ses productions naturelles, lui assureront cette supériorité.

Le ministere Espagnol, qui a entrevu cette vérité, s'est mépris, en ce qu'il a regardé les manufactures comme le seul mobile de l'agriculture. C'est une vérité incontestable, que les manufactures favorisent la culture des terres. Elles sont même nécessaires par-tout où les frais de transport arrêtant la circulation & la consommation des denrées, le cul-

tivateur se trouve découragé par le défaut de
vente. Mais dans tout autre cas, il peut se
passer de l'encouragement que donnent des
manufactures. S'il a le débouché de ses productions, peu lui importe que ce soit par une
consommation locale ou par l'exportation
qu'en fait le commerce ; il se livrera au travail.

L'Espagne vend tous les ans à l'étranger
en laine, en soie, en huile, en vin, en fer,
en soude, en fruits, pour plus de 80,000,000
de livres. Ces exportations, dont la plupart
ne peuvent être remplacées par aucun sol de
l'Europe, sont susceptibles d'une augmentation immense. Elles suffiront, indépendamment des Indes, pour payer tout ce que l'é-
tat pourra consommer de marchandises étrangeres. Il est vrai qu'en livrant ainsi aux autres nations ses productions brutes, elle aug-
mentera leur population ; leurs richesses &
leur puissance : mais elles entretiendront, elles
étendront dans son sein un genre d'industrie
bien plus sûr, bien plus avantageux. Son
existence politique ne tardera pas à devenir
relativement supérieure ; & le peuple cultivateur l'emportera sur les peuples manufac-
turiers.

L'Amérique ajoutera beaucoup à ces avantages. Elle deviendra utile à l'Espagne par ses
métaux & par ses denrées.

On n'a que des notions vagues sur la quantité de métaux, sur la quantité de denrées

P v

que l'ancien monde recevoit du nouveau, dans les premiers tems qui fuivirent la conquête. Les lumieres augmentent, à mefure qu'on approche de notre âge. Actuellement l'Efpagne tire tous les ans du continent de l'Amérique 89,065,052 livres en or ou en argent, & 34,653,902 livres en productions. En tout 123,748,954 livres. En prenant ce calcul pour regle, il fe trouveroit que la métropole a reçu de fes colonies, dans l'efpace de deux cens quatre-vingt-fept années, 35,515,949,798 livres.

On ne peut diffimuler qu'autrefois il arrivoit moins de productions qu'il n'en vient aujourd'hui : mais alors les mines étoient plus abondantes. Voulez-vous vous en tenir à la multiplication des métaux feulement ? l'Efpagne n'aura reçu que 25,570,279,924 l. Nous compterons pour rien les 9,945,669,874 l. de productions.

Il feroit poffible d'augmenter la maffe des métaux & des denrées. Pour atteindre le premier but, il fuffiroit que le gouvernement fît paffer des gens plus habiles dans la métallurgie & qu'il fe relâchât fur les conditions auxquelles on permet d'ouvrir des mines. Mais ce fuccès ne feroit jamais que paffager. La raifon en eft fenfible. L'or & l'argent ne font pas des richeffes ; ils repréfentent feulement des richeffes. Ces fignes font très-durables, comme il convient à leur deftination. Plus ils fe multiplient, & plus ils perdent de leur valeur, parce qu'ils repréſentent moins de choſes. A meſure qu'ils ſont devenus communs depuis la découverte de l'Amérique, tout a doublé, triplé, quadruplé de prix. Il eſt arrivé que ce qu'on a tiré des mines, a toujours moins valu, & que ce qu'il en a coûté pour les exploiter, a toujours valu davantage. La balance, qui penche toujours de plus en plus du côté de la dépenſe, peut rompre l'équilibre, au point qu'il faudra renoncer à cette ſource d'opulence. Mais ce ſeroit toujours un grand bien que de ſimplifier ces opérations, & d'employer toutes les reſſources de la phyſique à rendre ce travail moins deſtructeur qu'il ne l'a été. Il eſt un autre moyen de proſpérité pour l'Eſpagne, qui, loin de s'affoiblir, acquerra tous les jours de nouvelles forces. C'eſt le travail des terres.

Tel eſt le but important auquel la cour de Madrid doit tendre. Si, plaçant les métaux dans l'ordre inférieur qui leur convient, elle ſe détermine à fonder ſpécialement la félicité publique ſur les productions d'un ſol fécond & vaſte; le nouvel hémiſphere ſortira du néant où on l'a trouvé, où on l'a laiſſé. Le ſoleil qui n'a lui juſqu'ici que ſur des déſerts en friche, y ſécondera tout par ſon influence.

Au nombre des denrées que ſes rayons, ſecondés par le travail & l'intelligence de l'homme, y feront éclorre, l'on comptera les denrées qui enrichiſſent actuellement les isles

P vj

du Nouveau-Monde, dont la confommation augmente de jour en jour, & qui, après avoir été long-tems des objets de luxe, commencent à être placées parmi les objets d'une nécessité indispensable.

Il est possible qu'on fasse prospérer les aromates, les épiceries de l'Asie, qui font annuellement fortir dix ou douze millions de la monarchie. Cet espoir est plus particulierement fondé pour la cannelle. Elle croit naturellement dans quelques-unes des vallées des Cordelieres. En la cultivant, on lui donneroit peut-être quelques-unes des qualités qui lui manquent.

Plusieurs provinces du Mexique récoltoient autrefois d'excellentes foies que les manufactures d'Espagne employoient avec succès. Cette richesse s'est perdue par les contrariétés fans nombre qu'elle a essuyées. Rien n'est plus aisé que de la ressusciter & de l'étendre.

La laine de vigogne est recherchée par toutes les nations. Ce qu'on leur en fournit n'est rien en comparaison de ce qu'elles en demandent. Le plus sûr moyen de multiplier ces toisons précieuses ne seroit-il pas de laisser vivre l'animal qui les donne, après l'en avoir dépouillé ?

Qui pourroit nommer les productions que des régions si vastes, des climats si variés, des terreins si différens pourroient voir éclorre? Dans tant d'especes de culture ne s'en trou-

veroit-il pas quelqu'une du goût des Indiens?
Quelqu'une ne fixeroit-elle pas de petites
nations toujours errantes ? Diſtribuées avec
intelligence, ces peuplades ne ſerviroient-
elles pas à établir des communications entre
des colonies , maintenant ſéparées par des eſ-
paces immenſes & inhabités ? Les loix , qui
ſont toujours ſans force parmi des hommes
trop éloignés les uns des autres & du magiſtrat, ne ſeroient-elles pas obſervées ? Le commerce, continuellement interrompu par l'impoſſibilité de faire arriver les marchandiſes à
leur deſtination , ne ſeroit-il pas plus animé ?
En cas de guerre , ne ſeroit-on pas averti à
tems du danger , & ne ſe donneroit-on pas
des ſecours prompts & efficaces ?

Il faut reconnoître que le nouveau ſyſtème ne s'établira pas ſans difficulté. L'habitude de l'oiſiveté, le climat, les préjugés con-
trarieront ces vues ſalutaires : mais des lumieres ſagement répandues , des encouragemens bien ménagés, des marques de conſidération placées à propos , ſurmonteront, avec
le tems , tous les obſtacles.

On accéléreroit beaucoup le progrès des
cultures , en ſupprimant la pratique devenue générale des majorats ou ſucceſſions perpétuelles , qui engourdit tant de bras dans
la métropole, & qui fait encore plus de mal
dans les colonies. Les premiers conquérans
& ceux qui marchoient ſur leurs traces, uſur-
perent ou ſe firent donner de vaſtes contrées,

Ils en formerent un héritage indivisible pour l'ainé de leurs enfans ; & les cadets se virent, en quelque sorte, voués au célibat, au cloitre ou au sacerdote. Ces énormes possessions sont restées en friche & y resteront jusqu'à ce qu'une main vigoureuse & sage en permette ou en ordonne la division. Alors le nombre des propriétaires, aujourd'hui si borné, malgré l'étendue des terres, se multipliera, & les productions se multiplieront avec les propriétés.

Les travaux avanceroient plus rapidement s'il étoit permis aux étrangers d'y prendre part. Le chemin des Indes Espagnoles leur fut indistinctement fermé à tous, à l'époque même de la découverte. Les loix prescrivoient formellement de renvoyer en Europe ceux qui y auroient pénétré de quelque maniere que ce pût être. Pressé par ses besoins, Philippe II autorisa, en 1596, ses délégués à naturaliser le peu qui s'y étoient glissés, pourvu qu'ils payássent cette adoption au prix qu'on leur fixeroit. Cette espece de marché a été renouvellé à plusieurs reprises, mais plutôt pour des artistes nécessairement utiles au pays, que pour des marchands qu'on supposoit devoir un jour se retirer avec les richesses qu'ils auroient acquises. Cependant le nombre des uns & des autres a toujours été excessivement borné, parce qu'il est défendu d'en embarquer aucun dans la métropole, & que les colonies elles-mêmes, soit

défiance, soit jalousie, les repoussent. Le progrès des lumieres autorise à penser que cette
insociabilité aura un terme. Le gouvernement comprendra enfin ce que c'est qu'un
homme de vingt-cinq & trente ans, sain, vigoureux ; quel dommage il cause au pays dont
il s'expatrie, & quel présent il fait à la nation étrangere chez laquelle il porte ses bras
& son industrie ; l'étrange stupidité qu'il y
auroit à faire payer le droit de l'hospitalité
à celui qui viendroit multiplier par ses travaux utiles, ou les productions du sol, ou
les ouvrages des manufactures ; la profondeur de la politique d'un peuple qui invite-
roit, soit à se fixer dans ses villes, dans ses
campagnes, soit à traverser ses provinces, les
habitans des contrées adjacentes ; quel tribut
il imposeroit sur les nations qui lui fourni-
roient, & des ouvriers, & des cultivateurs,
& des consommateurs ; combien l'intolérance qui exile est funeste ; quel fonds de richesse
on appelle chez soi par la tolérance ; & combien il est indifférent à la valeur des denrées
qu'elles doivent leur naissance à des mains
orthodoxes ou à des mains hérétiques, à des
mains Espagnoles ou à des mains Hollan-
doises.

Mais les plus grands encouragemens au
travail des terres, mais toutes les faveurs
qu'il seroit possible d'y ajouter ne produi-
roient rien, sans l'assurance d'un débouché
facile & avantageux pour leurs productions.

M. de la Enſenada comprit le premier que l'extraction en ſeroit impraticable, tout le tems que le commerce du Nouveau-Monde ſeroit conduit comme il l'avoit été. Auſſi, malgré les obſtacles qu'on lui oppoſa, malgré les préjugés qu'il falloit vaincre, ſubſtitua-t-il, en 1740, des vaiſſeaux détachés, à l'appareil ſi antique & ſi révéré des galions & des flottes. Il méditoit des changemens plus avantageux encore, lorſqu'une diſgrace imprévue l'arrêta au milieu de ſa brillante carriere.

La moitié du bien qu'avoit fait ce miniſtre hardi & habile fut annullé, en 1756, par le rétabliſſement des flottes : mais le mal fut en partie réparé huit ans après par l'établiſſement des paquebots qui, de la Corogne, devoient porter tous les mois à la Havanne les lettres deſtinées pour les colonies ſeptentrionales, & tous les deux mois à Buenos-Aires pour les colonies méridionales. On autoriſa ces batimens, aſſez conſidérables, à ſe charger à leur départ de marchandiſes d'Europe, & à leur retour de denrées d'Amérique.

La ſortie des métaux étoit prohibée ſous des peines capitales. On ſe jouoit de cette défenſe abſurde, parce qu'il falloit bien que le commerce étranger retirât la valeur des marchandiſes qu'il avoit fournies. Les gouvernemens anciens, qui avoient pour les loix le reſpect qu'elles méritent, n'auroient pas manqué d'en abroger une dont l'obſervation

auroit été démontrée chimérique. Dans nos
tems modernes, où les empires font plutôt
conduits par les caprices des adminiftrateurs
que par des principes raifonnés, l'Efpagne fe
contenta, en 1748, de permettre l'extraction
de l'or & de l'argent, pourvu qu'on payât
au fifc un droit de trois pour cent. Cette redevance fut portée vingt ans après à quatre,
quoique des fraudes continuelles avertiffent
fans ceffe le gouvernement qu'il étoit de fon
intérèt de la diminuer.

L'an 1774 fut l'époque d'une autre innovation heureufe. Jufqu'alors toute liaifon
entre les différentes parties du continent Américain avoit été févérement profcrite. Le Mexique, Guatimala, le Pérou, le nouveau royaume : ces régions étoient forcément étrangeres l'une à l'autre. Cette action, cette réac-
tion qui les auroient toutes fait jouir des
avantages que la nature leur avoit partagés,
étoient placées au rang des crimes, & très-
févérement punies. Mais pourquoi n'avoit-
on pas étendu la profcription d'une ville à
une autre ville ; d'une habitation à l'habitation voifine, dans le même canton ; d'une
famille à une autre famille, dans la même cité ? Le doigt de la nature a-t-il tracé fur le
fol qu'habitent les hommes, quelque ligne de
démarcation ? Comment fous la même domination un lieu placé à égale diftance entre
deux autres lieux peut-il exercer librement à
l'Orient un privilege qui lui eft interdit à

l'Occident ? Un pareil édit, bien interprété, ne signifie-t-il pas ? défendons à chaque contrée de cultiver au-delà de sa propre consommation, & à chacun de leurs habitans d'avoir besoin d'autre chose que des productions de son sol. Une communication libre fut enfin ouverte à ces provinces ; & on leur permit de se croire concitoyens, de se traiter en freres.

Une loi du mois de février 1778 autorise tous les ports d'Espagne à faire des expéditions pour Buenos-Aires, à en faire pour la mer du Sud.. Au mois d'octobre de la même année, cette liberté a été accordée pour le reste du continent, excepté pour le Mexique qui ne doit pas tarder à jouir du même avantage. Ce sera un grand pas de fait : mais il ne sera pas suffisant comme on s'en flatte, pour interrompre le commerce interlope, l'objet de tant de déclamations.

Tous les peuples, que leurs possessions mettoient à portée des établissemens Espagnols, chercherent toujours à s'en approprier frauduleusement les trésors & les denrées. Les Portugais tournerent leurs vues vers la riviere de la Plata. Les François, les Danois, les Hollandois sur la côte de Caraque, de Carthagene & de Porto-Belo. Les Anglois, qui connoissoient & qui pratiquoient ces voies, trouverent dans les cessions qui furent faites à leur nation par les traités, des routes nouvelles pour se procurer une part plus

confidérable à cette riche dépouille. Les uns
& les autres atteignirent leur but en trompant
ou en corrompant les garde-côtes, & quelquefois aussi en les combattant.

Loin de remédier au désordre, les chefs
l'encourageoient le plus qu'il étoit possible.
Plusieurs avoient acheté leur poste. La plupart étoient pressés d'élever leur fortune,
& vouloient être payés des dangers qu'ils
avoient courus en changeant de climat. Il n'y
avoit pas un moment à perdre, parce qu'il
étoit rare qu'on fût continué au-delà de trois
ou de cinq ans dans les places. Entre les
moyens de s'enrichir, le moins dangereux
étoit de favoriser la contrebande ou de la faire soi-même. Personne, en Amérique, ne
réclamoit contre une conduite favorable à
tous. Si les cris de quelques négocians Européens arrivoient jusqu'à la cour, ils étoient
aisément étouffés par des largesses versées à
propos sur les maitresses, sur les confesseurs
ou les favoris. Le coupable ne se mettoit pas
seulement à l'abri de la punition, il étoit encore récompensé. Rien n'étoit si bien établi,
si généralement connu que cet usage. Un
Espagnol qui revenoit du Nouveau-Monde
où il avoit rempli un emploi important, se
plaignoit à quelqu'un des bruits qu'il trouvoit semés contre l'honnêteté de son administration. " Si l'on vous calomnie, lui dit
» son ami, vous êtes perdu sans ressource :
» mais si l'on n'exagere pas vos brigandages,

„ vous en ferez quitte pour en facrifier une
„ partie ; vous jouirez paifiblement & mê.
„ me glorieufement du refte. „

Le commerce frauduleux continuera juf.
qu'à ce qu'on l'ait mis dans l'impoffibilité de
foutenir les frais qu'il exige, de braver les
dangers auxquels il expofe ; & jamais on y
parviendra que par la diminution des droits,
dont on a fucceffivement furchargé celui qui
fe fait par les rades Efpagnoles. Depuis mê.
me les facrifices faits par le gouvernement
dans les arrangemens de 1778, le naviga.
teur interlope a foixante - quatre pour cent
d'avantage fur les liaifons autorifées.

La révolution, qu'une politique judicieufe
ordonne, formera un vuide & un grand vuide
dans le tréfor public : mais l'embarras qui en
réfultera ne fera que momentané. Combien
de richeffes couleront un jour, de cet ordre
de chofes fi long-temps attendu !

Dans le nouveau fyftême, l'Efpagne, qui
n'a fourni jufqu'ici annuellement que mille
fept cens quarante-un tonneaux de vin ou
d'eau-de-vie, dont le cultivateur n'a pas retiré 1,000,000 de liv. y en enverroit dix ou
douze fois davantage. Cette exportation fer-
tiliferoit un terrein en friche, & dégoûteroit
le Mexique, ainfi que quelques autres provinces du Nouveau-Monde, des mauvaifes
boiffons que la cherté de celles qui ont paffé
les mers leur fait confommer.

Les manufactures, que l'impoffibilité de

payer celles qui venoient de l'ancien hémifphere a fait établir, ne se soutiendroient pas.

C'eût été le comble de la tyrannie de les
détruire par autorité, comme quelques miniftres inconfidérés, corrompus ou defpotes
n'ont pas craint de le propofer ; mais rien
ne feroit plus raifonnable que d'en dégoûter
ceux qui s'en habillent, en leur offrant à un
prix proportionné à leurs facultés des toiles
& des étoffes qui flatteroient leur goût ou
leur vanité. Alors la confommation des marchandifes d'Europe, qui ne paffe pas tous
les ans six mille six cens douze tonneaux,
s'éleveroit au double, &, avec le tems,
beaucoup davantage.

Les bras, que les métiers occupent, fe
porteroient à l'agriculture. Elle eft actuellement très bornée. Cependant les ports de
toutes les nations font librement ouverts à
fes denrées. Peut-être plufieurs peuples s'op-
poferoient-ils à ce que l'Efpagne mît fes ifles
en valeur, parce qu'une femblable amélior-
tion porteroit néceffairement un préjudice
notable à leurs colonies : mais tous defirent
qu'elle multiplie dans le commerce les productions de fon continent, qui, la plupart
font néceffaires & ne peuvent pas être remplacées.

Ce nouvel arrangement feroit également
favorable aux mines. On r'ouvriroit celles
qui, ne pouvant pas foutenir le prix du mercure & des autres marchandifes, ont été aban-

données. Celles dont l'exploitation n'a pas
été interrompue feroient fuivies avec de plus
grands moyens & plus de vivacité. L'abondance des métaux ouvriroit à l'induftrie des
débouchés que les plus habiles ne foupçon-
nent pas.

Les Américains, plus riches & plus heureux, fe défieroient moins du gouvernement.
Ils confentiroient fans peine à payer des im-
pofitions, dont la nature & la perception ne
peuvent être fagement réglées que fur les
lieux même, & après une étude réfléchie du
caractere, des ufages des peuples. Ces tributs,
quelque foibles qu'on les fuppofe, feroient
plus que remplir le vuide qu'auroit opéré
dans les caiffes publiques la modération des
douanes.

La couronne, jouiffant d'un revenu plus
confidérable, n'abandonneroit plus fes provinces à la rapacité de fes agens. Elle en di-
minueroit le nombre, paieroit convenablement ceux qu'elle auroit confervés, & les
forceroit à refpecter les droits des peuples,
les intérèts du gouvernement. C'eft mal con-
noitre les reffources d'une autorité bien dirigée, que de croire impoffible de faire régner cet efprit de juftice. Campillo y réuffit
pendant fon auftere miniftere, quoiqu'alors
les adminiftrateurs de l'Amérique euffent
contracté l'habitude du brigandage, & qu'ils
n'euffent pas des appointemens fuffifans à la
repréfentation que paroiffoit exiger leurrang,

Il ne faut pas diſſimuler que la liberté du commerce de toute l'Eſpagne avec l'Améri-que a paſſé pour une chimere. Les ports de cette péninſule ſont, a-t-on dit, ſi pauvres que, quoiqu'on faſſe, celui de Cadix reſtera ſeul en poſſeſſion de ce monopole. Sans dou-te, qu'il en arriveroit ainſi, ſi l'on ne s'écar-toit qu'en ce point de l'ancien ſyſtème: mais qu'on dirige le nouveau plan ſur les princi-pes déja établis, déja pratiqués chez les na-tions commerçantes ; & il ſe trouvera, dans la plupart des rades du royaume, des fonds ſuffiſans pour faire des expéditions. Bien-tôt même les armemens ſe multiplieront, par-ce que la modicité du fret & des droits per-mettra d'envoyer des marchandiſes commu-nes, de recevoir en retour des denrées peu précieuſes. Avec le tems, la navigation de la métropole avec ſes colonies du continent qui n'occupe maintenant que trente à trente-deux navires chaque année, prendra des ac-croiſſemens dont les ſpéculateurs les plus har-dis n'oſeroient fixer le terme.

On a prétendu, avec plus de fondement, qu'auſſi-tôt que l'Amérique ſeroit ouverte à tous les ports de la monarchie & qu'il n'exiſ-teroit plus aucun genre d'oppreſſion dans les douanes, le commerce, débarraſſé de ſes en-traves, exciteroit une émulation ſans bornes. L'avidité, l'imprudence des négocians doi-vent préparer à ce déſordre. Peut-être ſera-ce un bien. Les colons, encouragés par le bon

marché à des jouiffances qu'ils n'avoient jamais été à portée de fe procurer, fe feront de
nouveaux befoins, & fe livreront par conféquent à de nouveaux travaux. Quand même
l'excès de la concurrence pourroit être un
mal, il ne feroit jamais que momentané.
Chercher à détourner cet orage par des loix
deftructives de tout bien, c'eft vouloir prévenir une révolution heureufe par une op-
preffion continuelle.

Enfin, l'objection qui a le plus occupé la
cour de Madrid, a été, à ce qu'il paroît, que
toutes les nations de l'Europe verroient augmenter, par ces arrangemens, leur activité.
C'eft une vérité inconteftable. Mais l'induftrie Efpagnole ne feroit-elle pas également
encouragée, puifque débarraffée de l'impôt
que les marchandifes étrangeres continueroient de payer à l'entrée du royaume, elle
conferveroit tous fes avantages? Mais le gouvernement ne percevroit-il pas toujours les
droits qu'il auroit cru devoir laiffer fubfifter
fur ces productions ? mais fes navigateurs
ne gagneroient-ils pas toujours leur fret?
mais fes négocians ne feroient-ils pas les
agens de ce commerce ? mais fes fujets du
Nouveau-Monde n'obtiendroient-ils pas à
meilleur marché tout ce qu'on leur porte ?
Il eft peut-être heureux pour cette puiffance
d'être obligée de parager avec les autres peuples l'approvifionnement de fes poffeffions
d'Amérique. S'il en étoit autrement, les
puif-

puissances maritimes feroient les plus grands
efforts pour l'en dépouiller. Y réussiroit-on?
C'est ce qui reste à examiner.

**XXXV. La domination Espagnole a-t-elle une base so-
lide dans le Nouveau-Monde.**

Les Hollandois furent les premiers qui
oserent tourner leurs armes contre le Pérou.
Ils y envoyerent, en 1643, une foible escadre qui s'empara sans peine de Valdivia, le
seul port fortifié du Chili & la clef de ces
mers paisibles. Leurs navigateurs dévoroient
dans leur cœur les trésors de ces riches contrées, lorsque la disette & les maladies ébranlerent leur espoir. La mort d'un chef accrédi-
té augmenta leurs inquiétudes, & les forces
qu'on envoya de Callao contre eux acheverent de les déconcerter. Leur courage mollit
dans cet éloignement de leur patrie, & la
crainte de tomber dans les fers d'une nation
dont ils avoient si souvent éprouvé la haine,
les détermina à se rembarquer. Avec plus de
constance, ils se seroient maintenus vraisemblablement dans leurs conquêtes jusqu'à l'arrivée des secours qui seroient partis de Zui-
derzée, lorsqu'on y auroit appris leurs premiers succès.

Ainsi le pensoient ceux des François qui,
en 1595, unirent leurs fortunes & leur audà-
ce pour aller piller les côtes du Pérou & pour
former, à ce qu'on croit, un établissement
dans la partie du Chili, négligée par les Espagnols. Ce plan eut l'approbation de Louis

XIV, qui, pour en faciliter l'exécution, accorda fix vaiffeaux de guerre. L'efcadre voagua très-heureufement, fous les ordres du brave de Gènes, jufques vers le milieu du détroit de Magellan. On croyoit toucher au fuccès, lorfque les navigateurs, opiniâtrément repouffés par les vents contraires & affaillis de toutes les calamités poffibles, fe virent réduits à reprendre la route de l'Europe. Ces aventuriers, toujours avides de périls & de richeffes, s'occupoient à former une nouvelle affociation ; mais les événemens donnerent aux deux couronnes les mêmes intérèts.

¦ L'Angleterre avoit, avant les autres peuples, jetté des regards avides fur cette région. Ses mines la tenterent dès 1624 : mais la foibleffe du prince, qui tenoit alors les rènes de l'empire, fit diffoudre une affociation puiffante qu'un fi grand intérèt avoit formée. Charles II reprit cette idée brillante. Il fit partir Norboroug pour obferver ces parages peu connus & pour effayer d'ouvrir quelque communication avec les fauvages du Chili. Ce monarque étoit fi impatient d'apprendre le fuccès de cette expédition, qu'averti que fon confident étoit de retour aux Dunes, il fe jetta dans fa berge, & alla au-devant de lui jufqu'à Gravefend.

Quoique cette tentative n'eût rien produit d'utile, le miniftere Britannique ne fe découragea point. L'élévation du duc d'Anjou au

trône d'Espagne alluma un incendie universel. L'Angleterre, qui s'étoit mise à la tête
de la confédération formée pour dépouiller
ce prince, vit par tout prospérer ses armes,
mais cette gloire lui fut cherement vendue.
La nation gémissoit sous le poids des taxes,
& cependant le fisc avoit contracté des engagemens immenses. Il paroissoit difficile de les
remplir & de continuer la guerre, lorsqu'on
eut l'idée d'une association qui auroit exclusivement la liberté de naviguer vers la mer
du Sud & d'y former des établissemens, mais
à condition qu'elle se chargeroit de liquider
la dette publique. Telle étoit l'opinion qu'on
avoit alors des richesses du Pérou & des grandes fortunes qu'il seroit aisé d'y faire, que
les régnicoles & les étrangers verserent avec
enthousiasme leurs capitaux dans cette entreprise. L'administration en fut confiée au
grand trésorier Oxford, auteur du projet, &
il employa aux dépenses de l'état des fonds
destinés pour tout autre usage.

Alors, les actions de la nouvelle société
tomberent dans le plus grand avilissement :
mais elles ne tarderent pas à se relever. A la
paix, la cour de Londres obtint de celle de
Madrid que la compagnie du Sud pourroit
enfin remplir sa destination. Le commerce
du Pérou lui fut solemnellement livré. Elle
s'enrichissoit tranquillement, lorsqu'une
guerre sanglante changea la situation des choses. Une escadre commandée par Anson, rem-

plaça ces négocians avides. Il eſt vraiſembla-
ble qu'elle auroit exécuté les terribles opérations dont elle étoit chargée, ſans les malheurs qu'elle éprouva pour avoir été forcée
par des arrangemens vicieux à doubler le cap
de Horn dans une ſaiſon où il n'eſt pas praticable.

Depuis la derniere paix , les François ont
entrepris, en 1764, & les Anglois en 1766
de former un établiſſement, non loin de la
côte des Patagons, ou à cinquante & un degrés trente minutes de latitude auſtrale, dans
trois isles que les uns ont appellées Malouі-
nes & les autres Falkland. L'Eſpagne alar-
mée de voir des nations étrangeres dans ces
parages, a obtenu aiſément de la cour de
Verſailles le ſacrifice de ſa foible colonie:
mais les plus vives inſtances n'ont rien produit à celle de Londres qui n'avoit pas les mêmes motifs de ménagement & de complaiſan-
ce. Les eſprits ſe ſont aigris. Le port d'Eg-
mont, nouvellement occupé, a été inopinément attaqué & pris ſans réſiſtance. On alloit encore voir les deux hémiſpheres inon-
dés de ſang, ſi l'aggreſſeur ne ſe fût enfin déterminé à reſtituer un poſte dont il n'auroit
pas dû s'emparer dans un tems où l'on avoit
ouvert des négociations pour l'éclairciſſement
des droits réciproques. L'Angleterre s'eſt depuis engagée, par une convention verbale
du 22 janvier 1771, à laiſſer tomber peu-à-
peu ce foible, inutile & diſpendieux établiſ-

sement. Il n'y restoit plus, en effet, que vingt-cinq hommes, lorsqu'on l'évacua, au mois de mai 1774, en y laissant une inscription qui attestât aux siecles à venir que ces isles avoient appartenu & n'avoient pas cessé d'appartenir à la Grande - Bretagne. En s'éloignant, ces navigateurs, occupés de la dignité de leur nation, insultent à la puissance rivale. C'est par condescendance & non par crainte qu'ils veulent bien se désister de leurs droits. Lorsqu'ils promettent à leur empire une durée éternelle, ils oublient que leur grandeur peut s'évanouir aussi rapidement qu'elle s'est élevée. De toutes les nations modernes, qu'est-ce qui restera dans les annales du monde ? Les noms de quelques illustres personnages, les noms d'un Christophe Colomb, d'un Descartes, d'un Newton. Combien de petits états, avec la prétention ridicule aux grandes destinées de Rome !

Sans le secours de cet entrepôt ni d'aucun autre, Anson croyoit voir des moyens pour attaquer avec avantage l'empire Espagnol dans l'Océan Pacifique. Dans le plan de ce fameux navigateur, douze vaisseaux de guerre partis d'Europe avec quatre ou cinq mille hommes de débarquement, tourneroient leurs voiles vers la mer du Sud. Ils trouveroient des rafraîchissemens à Bahia, à Rio-Janeiro, à Sainte-Catherine, dans tout le Brésil qui desire avec passion l'abaissement des Espagnols. Les réparations, qui pourroient de-

venir néceffaires dans la fuite, fe feroient avec
fûreté fur la côte inhabitée & inhabitable
des Patagons, dans le port Defiré, ou dans
celui de Saint-Julien. L'efcadre doubleroit le
cap de Horn ou le détroit de Magellan, fuivant les faifons. En cas de féparation, on fe
réuniroit à l'isle déferte de Socoro, & l'on
fe porteroit en force fur Valdivia.

Cette fortification, la feule qui couvre le
Chili, emportée par une attaque brufque &
impétueufe, que pourroient, pour la défenfe
du pays, des bourgeois amollis & inexpéri-
mentés contre des hommes vieillis dans les
exercices de la guerre & de la difcipline?
Que pourroient-ils contre les Arauques & les
autres fauvages, toûjours difpofés à renou-
veller leurs cruautés & leurs ravages?

Les côtes du Pérou feroient encore moins
de réfiftance. Elles ne font protégées que
par Callao, où une mauvaife garnifon de fix
cens hommes ne tarderoit pas à capituler. La
prife de ce port célebre ouvriroit le chemin
de Lima, qui n'en eft éloigné que de deux
lieues & qui eft abfolument fans défenfe. Les
foibles fecours qui pourroient venir aux deux
villes de l'intérieur des terres, où il n'y a
pas un foldat, ne les fauveroit pas; & l'efcadre intercepteroit aifément tous ceux que
Panama pourroit leur envoyer par mer. Panama lui-même, qui n'a qu'un mur fans fof-
fé & fans ouvrages extérieurs, feroit obligé

de se rendre. Sa garnison, continuellement affoiblie par les détachemens qu'elle envoie à Chágre, à Porto-Belo, à d'autres postes, seroit hors d'état de repousser le moindre assaillant.

Anson ne pensoit pas que les côtes, une fois soumises, le reste de l'empire pût balancer à se soumettre. Il fondoit son opinion sur la mollesse, sur la lâcheté, sur l'ignorance des peuples dans le maniement des armes. Selon ses lumieres, un ennemi audacieux ne devoit avoir guere moins d'avantage sur les Espagnols qu'ils en eurent eux-mêmes sur les Américains, à l'époque de la découverte.

Telles étoient, il y a trente ans, les idées d'un des plus grands hommes de mer qu'ait eu l'Angleterre. Tiendroit-il aujourd'hui le même langage? Nous ne le pensons point. La cour de Madrid, reveillée par les humiliations & les malheurs de la derniere guerre, a fait passer au Pérou des troupes aguerries. Elle y a confié ses places à des commandans expérimentés. L'esprit des milices est entiérement changé dans cette partie du Nouveau-Monde. Ce qui peut-être étoit possible ne l'est plus. Une invasion deviendroit sur-tout chimérique, si dans cette région éloignée, les forces de terre étoient appuyées par des forces maritimes proportionnées. On ne craindra pas même d'assurer que la réunion de ces deux moyens en écarteroit infailliblement le pavillon de toutes les nations.

Q iv

Les opérations de l'escadre ne devroient pas se borner à combattre ou à éloigner l'ennemi. Les vaisseaux, qui la composeroient, seroient utilement employés à faire naître ou à recueillir sur ces côtes des denrées qui n'y croissent pas ou qui s'y perdent par la difficulté des exportations. Ces facilités tireroient vraisemblablement les colons d'une léthargie qui dure depuis trois siecles. Assurés que le produit de leurs cultures arriveroit sans frais à Panama & y seroit embarqué sur le Châgre pour passer en Europe avec des frais médiocres, ils aimeroient des travaux dont la récompense ne seroit plus douteuse. L'activité augmenteroit, si la cour de Madrid se déterminoit à creuser un canal de cinq lieues qui acheveroit la communication des deux mers, déja si avancée par un fleuve navigable. Le bien général des nations, l'utilité du commerce exigent que l'isthme de Panama, que l'isthme de Suez, ouverts à la navigation, rapprochent les limites du monde. Depuis trop long-tems, le despotisme oriental, l'indolence Espagnole privent le globe d'un si grand avantage.

Si de la mer du Sud nous passons dans celle du Nord, nous trouverons que l'empire Espagnol s'y prolonge depuis le Mississipi jusqu'à l'Orenoque. On voit dans cet espace immense beaucoup de plages inaccessibles, & un plus grand nombre encore où un débarquement ne ferviroit de rien. Tous les poftes regardés comme importans : Vera-Crux, Chágre, Porto-Belo, Carthagène, Puerto-Cabello font fortifiés, & quelques-uns le font dans les bons principes. L'expérience a cependant prouvé qu'aucune de ces places n'étoit inexpugnable. Elles pourroient donc être forcées de nouveau : mais qu'opéreroient ces fuccès ? Les vainqueurs, auxquels il feroit impoffible de pénétrer dans l'intérieur des terres, fe verroient confinés dans des forterefles, où un air dangereux dans toutes les faifons & mortel durant fix mois de l'année pour des hommes accoutumés à un ciel tempéré, creuferoit plus ou moins rapidement leur tombeau.

Quand même, contre toute probabilité, la conquête feroit achevée, peut-on penfer que les Efpagnols Américains, idolâtres par goût, par pareffe, par ignorance, par habitude, par orgueil, de leur religion & de leurs loix, ne romproient pas, un peu plutôt, un peu plus tard, les fers dont on les auroit chargés ? Que fi, pour prévenir la révolution, on fe déterminoit à les exterminer, ce cruel expédient ne feroit pas moins infenfé en politique qu'horrible en morale ? Le peuple qui fe feroit porté à cet excès de barbarie ne pourroit tirer parti de fes nouvelles poffeffions qu'en leur facrifiant fa population, fon activité, fon induftrie, & avec le tems toute fa puiffance.

Q v

Tant d'obſtacles à l'envahiſſement de l'A-
mérique Eſpagnole avoient, dit-on, fait naître en Angleterre durant les dernieres hoſti-
lités, un ſyſtème étonnant pour le vulgaire.
Le projet de cette puiſſance, alors maitreſſe
de toutes les mers, étoit de s'emparer de la
Vera-Crux, & de s'y fortifier d'une maniere redoutable. On n'auroit pas propoſé au Mexique un joug étranger, pour
lequel on lui connoiſſoit trop d'éloignement.
Le plan étoit de le détacher de ſa métropole, de le rendre arbitre de ſon ſort, &
de le laiſſer le maitre de ſe choiſir un ſouverain ou de ſe former en république. Comme il n'y avoit point de troupes dans le
pays, la révolution étoit aſſurée; & elle ſe
feroit également faite dans toutes les provinces de ce vaſte continent qui avoient
les mêmes motifs de la deſirer, les mêmes facilités pour l'exécuter. Les efforts
de la cour de Madrid pour recouvrer ſes
droits devoient être impuiſſans; parce que
la Grande-Bretagne ſe chargeoit de les
repouſſer, à condition que les nouveaux
états lui accorderoient un commerce excluſif, mais infiniment moins défavorable
que celui ſous lequel ils avoient ſi long-
tems gémi.

S'il étoit vrai que de pareilles idées
euſſent jamais occupé ſérieuſement le ca-
binet de Londres, il doit avoir renoncé
à ces vues ambitieuſes depuis que la cour

de Madrid a pris le parti d'entretenir des troupes regulieres & Européennes dans ses possessions du Nouveau-Monde. Ces forces contiendront les peuples, elles repousseront l'ennemi, appuyées comme elles le sont maintenant par une marine respectable.

Les Espagnols eurent à peine découvert un autre hémisphere, qu'ils songerent à s'en approprier toutes les parties. Pour donner de l'éclat à leur administration, les chefs des grands établissemens déja formés, tentoient tous les jours de nouvelles entreprises; & les particuliers, passionnés pour la même renommée, suivoient généralement ces traces brillantes. Les calamités inséparables d'une carriere si peu connue n'avoient pas encore altéré ce courage actif & infatigable; lorsque des navigateurs hardis & entreprenans oserent tourner leurs voiles vers des régions interdites à toute autre nation qu'à celle qui les avoit conquises. Les succés qui couronnerent cette audace firent juger à Philippe II qu'il étoit tems de mettre des bornes à son ambition; & il renonça à des acquisitions qui pouvoient exposer ses armes ou ses escadres à des insultes. Cette politique timide ou seulement prudente eut des suites plus considérables qu'on ne l'avoit prévu. L'enthousiasme s'éteignit; l'inaction lui succéda. Il se forma dans les Indes une nou-

velle race d'hommes. Les peuples fe plongerent dans une mollesse superbe, & ceux
qui les gouvernoient ne s'occuperent plus
qu'à accumuler des tréfors dont on acheta
les diftinctions autrefois réfervées aux talens, au zèle, aux fervices. A cette époque s'arrêta la navigation en Amérique; à
cette époque, elle s'arrêta en Europe.

Il ne fortit plus des ports de la métropole
que peu de vaiffeaux mal conftruits, mal
armés, mal équipés, mal commandés. Les
coups terribles que lui portoient fes ennemis, les vexations ruineufes qu'elle éprou-
voit de la part de fes alliés : rien ne tiroit
l'Efpagne de fa léthargie.

Enfin, après deux fiecles d'un fommeil
profond, les chantiers fe font ranimés. La
marine Efpagnole a acquis une vraie force.
Soixante-huit vaiffeaux, depuis cent quatorze jufqu'à foixante canons, dont cinq
font en conftruction; quatre-vingt-huit
bâtimens, depuis cinquante-fix jufqu'à douze
canons, la forment au tems où nous écrivons. Elle compte fur fes regiftres cinquante mille matelots. Un grand nombre d'entre eux fervent dans les armemens que le
gouvernement ordonne. La navigation mar-
chande de la Bifcaye, de Majorque, de la
Catalogne en occupent beaucoup auffi. Il
en faut pour une centaine de petits navires deftinés régulierement pour les isles

d'Amérique qui en voyoient fi peu autrefois. Ils fe multiplieront encore, lorfque les expéditions au continent de l'autre hémifphere fe feront avec toute la liberté qu'annoncent de premiers arrangemens. Les mers, qui féparent les deux mondes, fe couvriront d'hommes robuftes, actifs, intelligens, qui deviendront les défenfeurs des droits de leur patrie, & rendront fes flottes redoutables.

Monarques Efpagnols, vous êtes chargés des félicités des plus brillantes parties des deux hémifpheres. Montrez-vous dignes d'une fi haute deftinée. En rempliffant ce devoir augufte & facré, vous réparerez le crime de vos prédéceffeurs & de leurs fujets. Ils ont dépeuplé un monde qu'ils avoient découvert; ils ont donné la mort à des millions d'hommes; ils ont fait pis, ils les ont enchaînés; ils ont fait pis encore, ils ont abruti ceux que leur glaive avoit épargnés. Ceux qu'ils ont tués n'ont fouffert qu'un moment; les malheureux qu'ils ont laiffé vivre ont dû cent fois envier le fort de ceux qu'on avoit égorgés. L'avenir ne vous pardonnera que quand les moiffons germeront de tant de fang innocent dont vous avez arrofé les campagnes, & qu'il verra les efpaces immenfes que vous avez dévaftés couverts d'habitans heureux & libres. Voulez-vous favoir l'époque à laquelle vous ferez peut-être abfous de tous vos forfaits ? C'eſt lorſque reſſuſcitant par la penſée quelqu'un des anciens monarques du Mexique & du Pérou, & le replaçant au centre de ſes poſſeſſións, vous pourrez lui dire, Vois l'état actuel de ton pays et de tes sujets ; interroge-les, et juge-nous.

Fin du huitieme Livre.

TABLE

ALPHABÉTIQUE

DES MATIERES

CONTENUES DANS CE VOLUME:

A.

B.

C.

D

E

H

I

M

OJEDA

O

P

Q

T

V

Fin de la Table des Matieres du quatrieme volume.